佐伯啓思

Saeki Keishi

異論のススメ

朝日新聞 2015年〜2018年掲載

正論のススメ

産経新聞 2009年〜2018年掲載

A&F

異論のススメ
正論のススメ

異論のススメ
正論のススメ

目次

異論のススメ 朝日新聞2015年〜2018年掲載

正論のススメ 産経新聞2009年~2018年掲載

異論のススメ

日本の主権 本当に「戦後70年」なのか

朝日新聞
2015年4月3日

今月から毎月、このコラムを担当することとなった。いささか耳障りで、読後感がざわつくようなことも、時には書かせていただきたいと思う。「わたし」の常識は必ずしも「あなた」の常識ではないだろうし、「あなた」にとって自明のことが「わたし」には大いに疑わしかったりする。しかしそのとき、異論や異説にただ目をつむるのではなく、それと出会うことによって、われわれの考え方は多少はきたえられるだろう。そんなことを考えながら、書いてみたい。

ところで、のっけから奇妙なことを書くが、今年（2015年）は、本当に「戦後70年」なのだろうか。確かに、1945年の8月15日は終戦の日で、それから勘定すると、戦後70年である。新聞や雑誌でも戦後70年特集が組まれている。しかし本当にそうなのだろうか。

この何年か、新入生に、4月28日は何の日かを聞いてみた。知っているものはほぼいない。5月3日でもかなりあやしいのだから、仕方がないのではあるが、これでは、確かに「本当に戦後70年なのか」などといっても詮《せん》ないのかもしれない。

5月3日はいうまでもなく憲法記念日であり、4月28日はといえば、サンフランシスコ講和条約が発効した日付である。この条約の第1条には、日本と連合国との戦争状態は、この条約の発効とともに終了する、とある。この講和条約は主として西洋諸国との間であって、中国やソ連を含むものではなかったが、いずれにせよ日本は、国際法的な意味では、１９５２年の4月28日に公式に戦争を終結したのである。

これは案外と重要なことである。正式かつ公式的には日本の「戦後」は52年から始まったことになる。「本当」は今年で戦後63年である。

それを、われわれは、「戦後」は45年8月15日から始まる、として疑わない。奇妙なことである。

では、45年から52年の間は何だったのか。いうまでもなく連合国の占領下に置かれていた。だから、この「二つの戦後」のとり方によって、占領政策を「戦後」に繰り入れるのか、あくまでアメリカの支配期間と見なすのか、ここに実は大きな相違がうまれる。

2年前、政府は4月28日に主権回復の記念祝典を主催した（これには、当時、主権が回復しなかった沖縄から抗議がだされたが）。確かに、サンフランシスコ講和条約には、連合国は日本国民の「完全な主権」を承認する、とある。「完全な主権」が何を意味するかは、多少、議論の余地はあるが、少なくとも、それ以前には、日本は通常の意味での主権国家とはいえなかった、ということになる。事実上、主権は奪われていた。

とすればどういうことになるか。日本はポツダム宣言を受け入れ、１９４５年8月15日に国民に公表された。敗戦を認めた。しかし、その後に生じたことは連合国による「占領」であり、主権の事実上の剝奪《はくだつ》であった。

つまり、45年の8月15日とは、敗北を認めた、いわば「敗戦の日」であり、52年の4月28日が正式な「終戦の日」ということになる。

いまさら、誰もこんなことはいわない。今頃になってそんなことをいって何になるのか、と多くの人はいうだろう。しかし、実は、ここには大問題が潜んでいる。

というのは、もしも、45年から52年まで、日本は事実上、主権を剝奪されていたとすれば、この間の様々な決定は、日本の主体的な意思に基づいた決定とはいえないからである。いうまでもなく、このことが大きな問題を引き起こすのは、まさにこの間に戦後憲法が制定されたからである。

主権国家ではない国が、果たして憲法を制定できるのか。これは、憲法というものの理念からして、決定的な問題であろう。多くの場合、戦後憲法についての議論は、アメリカによる「押し付け」の妥当性をめぐって行われる。しかし、問題はそうではない。「押し付け」であろうがなかろうが、憲法の実質的な正当性にかかわるのである。

事実上、主権を持たない国家が、主権の最高の発動である憲法を制定できるのだろうか（明治憲法の大改正であるとしても）。こう問えば、私は否定的にならざるをえない。「押し付け」論の妥当性や、内容の評価より以前に、その正当性が疑わしい、といわざるをえない。

といっても、もちろん、いまさら、あの戦後日本国憲法は無意味であり、無効でした、などというわけにはいかない。それこそ戦後68年、われわれがそれを擁してきた、という事実は消せるものではない。私がいうのは原則論であり、原則論がそのまま現実論になるわけではない。ただ、われわれは、それこそ70年にわたって、戦後は45年8月15日に始まると信じて疑わなかったのである。だから、この日を期して、侵略戦争を犯した軍国主義の反省にたって、その上で民主的日本へと再生した、という「物語」を作り出した。

しかし、実際には、この日（正確には、日本が降伏文書に署名した9月2日）から、日本は事実上の主権を剥奪され、占領下におかれたのである。この事実から目を背けるべきではない。護憲であれ、改憲であれ、廃憲であれ、結論は人それぞれでよい。しかし、上に述べた「原則論」はやはり押さえておくべきことであろう、と思う。

近代立憲主義への疑問
市民革命なき国の憲法は

朝日新聞
2015年5月1日

5月3日は憲法記念日だが、「憲法」という言葉を前にして私はどうも居心地がよくない。実は、「憲法」というものがよくわからないのである。

かつて、大学の授業で、学生に向かって、「君たちは憲法がよくわかるか」と聞いてみたことがある。ひとりの学生が「僕はよくわかっています。主要な条文は暗記しました」という。もちろん私がいうのは、そんなことではない。しかし、それを説明するのは結構難しい。

前回のこのコラムで、現行憲法は、占領下にあり日本から主権が奪われた中で制定されたものだから、原則論としていえば無効ではないか、と書いた。今回、もう一度、憲法について書いてみたいと思うのは、それとはまた少し違ったことで、われわれは本当に「憲法」とは何か、わかっているのだろうか、ということなのだ。

私は、以前からずっと「憲法」についてのある根本的な疑問を払拭《ふっしょく》できないできた。それは、「根本規範」である「憲法」を正当化するものは何か、ということである。どうしてそれが「根本的」な正当性を持ちえるのか、ということである。

近代憲法の根本は、「国家権力」に対する個人の基本的権利の保護にある、としばしばいわれる。いわゆる近代立憲主義もそのように理解されてきた。ではどうして、それが根本におかれるのか。

それは、生命、財産、自由といった「人権」こそは人類の普遍的権利だからだ、とされる。ところが、他方で、近代憲法のもうひとつの柱は国民主権である。つまり、「国家権力」を構成しているものは「国民の意思」とされる。

するとたちまち疑問がでてくるだろう。基本的人権保障という憲法の根本理念は、この「国民の意思」を制限し、それに対抗することになるからだ。しかし、「主権」とは、絶対的な統治権のことなのである。

もちろん、「主権」は何をしでかすかわからない危険なものであるから、この権力から個人の権利を保護するという理屈はわからないではない。しかし、それでも、「国民」が「主権者」だという、もうひとつの近代憲法の基本原則とは、時には矛盾してしまう。しかも、実は、国民主権の根底には、そもそも憲法の制定者は国民だ、という前提がある。とすれば、憲法の根拠は、普遍的な人権保障にあるのか、それとも国民主権にあるのか、どうなのか。

私は、つい、このような原理的な疑問を抱いてしまうのだが、実は、憲法の歴史過程を思い起こせば、これもさして問題ともいえないのかもしれない。

というのは、近代憲法の成立は、その典型であるフランスにせよ、アメリカにせよ、王権を否定し、新たな市民政府を打ち立てるという血みどろの政治的変革と切り離せないからである。革命や独立によって王権という絶対的な権力を破壊したり、分離したりして政府を樹立した。

そのいわば正当性を国民主権と基本的人権保障によって宣言したのである。だから、国民主権も基本的人権保障も、絶対王権や専制権力との対抗を想定しており、その限りでは一致する。しかし、それでは、市民が主権者である民主政治では一体どうなるのであろうか。ここでは整合性がとれないのである。

しかも、もしも人権保障を第一義とする近代憲法が、王権や専制権力との抗争、そして革命のなかから生まれたとすれば、そもそも、そのような近代市民革命をやっていない国では、近代憲法はありうるのだろうか。これもまた大いなる疑問だ。

実際、王権を廃止するという激しい闘争を経験しなければ、近代憲法を持つことは難しい。その代表的な国がイギリスで、イギリスにはわれわれが言う意味での憲法は存在しない。成文法としての近代憲法をイギリスは持っていない。それは、イギリスには王権を廃するような革命がなかったからである。したがって、イギリスはいまだに君主国であり、実際の政体は議会主義ということになる。だが、誰も、イギリスには基本的人権保障がないとは考えないし、民主主義が根付いていないとも思わない。それは、慣習法として、イギリスの歴史のうちに含みこまれているのである。

では、われわれはどうなのであろうか。戦後の日本では、フランス、アメリカに範をとった近代憲法を絶対視する風潮が支配的であった。しかし、激しい近代市民革命を経験していない、という点では、日本はむしろイギリスに近いのである。少なくとも、それぞれの国に、その国にあった憲法の考え方があるべきではなかろうか。

憲法（コンスティテューション）とは、また「国のかたち」という意味でもある。耳障りな言葉をあえて使えば「国体」ということになる。政治体制も含めて、「国のかたち」は、歴史的な継続性と変化のなかで、その国固有のあり方で形作られるものであろう。「近代的憲法」とは別に、その国の固有の歴史的文脈に即した、いわば「歴史的憲法」というべきものがあってもよいのではなかろうか。

私には、フランス人やアメリカ人に比して、今日の日本人はどうも憲法意識がかなり弱いようにみえる。その理由の一端は、自らの手で、自らの「国」にあった憲法を構想しようという試みを怠ってきたからではないか、と思う。

日米同盟の意味 日本にあるか、米国の覚悟

朝日新聞
2015年6月5日

55年前の今頃は、デモ隊が国会を取り巻いて連日騒然としていた。いわゆる60年安保で、5月20日未明に岸内閣による日米新安保条約の衆議院での採決がなされ、6月19日の自然成立を待つという流れの中にあった。安倍首相は、当時まだ5歳であったが、祖父の岸首相の家で「アンポハンタイ」などとはしゃいでいた、という。私も小学5年生で、連日学校で「アンポハンタイごっこ」をやっていた。上が「安保」とくれば下は自動的に「反対」の2文字へ接続したものである。

この5月末から集団的自衛権の行使にかかわる法的整備が国会審議されている。55年前に比べれば、国民的な関心は低調であり、国会周辺も静かなものである。われわれの防衛や安全保障についての意識は果たして成熟したのだろうか。

「集団的自衛権は保持するものの行使はできない」などという姑息《こそく》な従来の内閣解釈を改め、一定限度内での集団的自衛権の行使を可能とする安倍首相の方針は、私にはまずは当然に見える。日米安保体制は相互的な防衛体制であるから、集団的自衛権を日本側が行使できない、という方が異常であった。

戦後世界は、決して日本国憲法が想定しているような「平和を愛する諸国民の公正と信義に信頼して」という状態ではない。ますます世界各地で緊張が生じているのである。では日本の防衛はどうするのか。他国との安全保障の枠組みを前提とする以上、集団的自衛権の行使を可能として相互協力体制を強化することは、当然といわねばならない。

ところが、ここには実はきわめて大事なことがある。われわれは、ずっと日米安保体制とは、日本が米軍に基地を提供する代わりに、日本の防衛を米軍に委ねるという相互的防衛体制だと考えてきた。だが、この意味での日米安保体制は21世紀にはいって大きく変質してきた。

ひとつの転機は小泉・ブッシュ政権時代の２００５年に示された「日米同盟：未来のための変革と再編」であり、ここで、日米同盟とは「世界における課題に効果的に対処する」ために、日米が協力して「共通の戦略目標を追求する」とされたのだった。これは、従来の日米安保体制の大きな変質であり、今回の安倍首相の集団的自衛権行使にかかわる方針転換もその延長線上にある。２００５年にはこの方針転換はすでに打ち出されており、しかも当時はほとんど論争にさえならなかった。

アメリカが「世界の課題に対処する」という方針を打ち出した背後には、いうまでもなく、対テロ戦争やイラク戦争があった。テロとの戦いは世界中を舞台とする。そのために日本との「同盟」を効果的に使用しようという。そして、当時、小泉政権は日米関係の強化のためにアメリカの意図を全面的に受け入れたわけである。

しかし、実はその伏線はもともとの安保条約にあった。いわば日米安保体制のはらむ二重の性格である。1951年の日米安保条約にも米軍は「極東における国際の平和と安全の維持に寄与し…」とあり、60年の新安保条約にも「極東における国際の平和及び安全の維持に寄与するため…」とある。ここには、冷戦の開始とともに、日本の基地を日本防衛のみならず、対共産主義の前線基地とする、というアメリカの戦略が見て取れる。

しかし、われわれは、日米安保条約とは、あくまで米軍による日本の防衛と理解してきた。その結果、アメリカは常に世界戦略の中に日米同盟を位置づけ、日本はそれをもっぱら日本の防衛と理解する、という二重構造ができあがった。

そして冷戦が終わった。すると、アメリカの「世界戦略」は、対テロ戦争や中東の不安定化、中国の大国化などを契機に、文字通り「世界化」してしまったのである。では日本はどうすべきなのか。

安倍首相はひとつの方向を打ち出した。日本は、可能な範囲でできるだけアメリカの「世界戦略」に協力すべきだという。「積極的平和主義」である。テロ組織や軍事大国化する中国やロシアなど「国際社会」への挑戦者とは積極的に対峙《たいじ》すべきだという。従来、われわれが安住してきた「一国平和主義」からの脱却である。

しかし気になることがある。それは、安倍首相が日米同盟の基礎は、日米両国の価値観の共有にある、と述べている点だ。本当にそうであろうか。アメリカの価値観は、ただ自由や民主主義や法の支配を説くだけではなく、それらの価値の普遍性と世界性を主張し、そのためには先制攻撃も辞さない強力な軍事力の行使が正義にかなうとする。

簡単にいえば、アメリカ流儀の自由や民主主義によってアメリカが世界秩序を編成すべきだ、という。これがアメリカの価値観であろう。これはこれでたいへんな覚悟のいることだ。そんな覚悟が日本にあるのだろうか。その前に、果たしてこの種の価値観を日本は共有しているのであろうか。

安倍首相が提起した問題はたいへんに大きい。日米同盟の意味をわれわれは改めて問い直さなければならない。そのためには、そもそもこれまで、日本独自の「世界観」も「戦略」もわれわれは持ち得なかった、という反省から始めなければならない。さもなければ、日本はただアメリカの戦略上の持ち駒となってしまいかねないであろう。

日米安保と憲法
国を守るのは誰か

朝日新聞
2015年7月3日

政府が進めようとする安保法制に関して、集団的自衛権の合憲性が論議の的になっている。確かに、法制化となれば、憲法との関係は無視できないし、また瑣末《さまつ》な論点までつめる必要もあろう。しかし、現状のように、ほぼすべてが合憲か否かといった論点に集約されてしまったのでは、われわれは何やら「憲法」の一語の前にたたずんで、そこでフリーズしてしまったようにみえる。

そもそも、問題の発端は「憲法」よりも「防衛」にあった。冷戦以降、確かに「国際環境」は変化しており、アメリカの力は低下し、アジアは不確定要因に包まれている。集団的自衛権の部分的容認を求める安倍首相の今回の提案は、その賛否はともかく、この状況への新たな対応を目指すものであった。

だから、野党がもしもこれに反対し、従来の平和憲法のもとで対処できるというのなら、その根拠を示さなければならないだろう。それを回避している限り、国会での論争は生産的なものにはならない。

現在、野党のみならず多くの識者が、集団的自衛権の行使は違憲だといっている。そこで仮に違憲の可能性が高いとしよう。とすれば、問題は、では日本の防衛はどうあるべきか、という点に移る。もし日米同盟が日本の防衛上不可欠であり、集団的自衛権の行使が必要だというならば、憲法改正を提案すべきである。

しかしそうではなく、もし憲法の平和主義を堅持すべきだというのなら、改めて、日本の防衛はいかに、という問いの前に立たされる。

というのも、戦後日本の防衛の核は、実際上、米軍による抑止だったからである。「防衛」という面からみれば、平和憲法と日米安保体制はセットであった。憲法平和主義の背後には実は米軍が控えていたという欺瞞《ぎまん》をどう釈明するのだろうか。

昔、初めて憲法を読み、「陸海空軍その他の戦力は、これを保持しない」という9条の条文を読んだとき、いささか唖然《あぜん》としたものだ。文字通りに読めば、確かに自衛隊は「戦力」にあたらないというほかない。もし戦力であれば、自衛隊は憲法違反である。しかし、戦力がなければ、他国の攻撃に対してどのようにして戦うのか。私には、自衛権そのものが否定されているようにしか思えなかったのである。

さすがに、今日、いっさいの自衛権まで否定されているとは考えにくく、政府解釈では通常、個別的自衛権は行使できるとされる。だが同時に、戦うための「戦力」は保持しないという。依然として不可解かつ不透明というほかない。

さて、憲法論議が今回のコラムの趣意ではなかった。そもそもの「防衛」ということについて少し考えてみたいのである。

近代国家のもっとも重要な役割は、人々の生活の安全を保障すること、とりわけ外敵から国民の生命や財産を守ることである。したがって、国の主権者の第一の義務は、社会秩序を維持し、人々の生命や財産の安全確保にある。だからこそ、国家には巨大な公的権力が委ねられている。だから、もしも主権者が王であれば、王は国民（臣下）の生命・財産を外敵から守る義務がある。

では民主政治のもとではどうなるのか。民主主義では国民が主権者であるから、国民が自らの手で、自らの生命・財産を守る義務がある。これは端的にいえば、国民皆兵ということだ。民主主義とは、市民に大きな権利を与えるが、同時に、厳しい義務も要求するものである。

これが民主社会の「原則」なのだ。もちろん、「原則」がそのまま「現実」である、という理由はない。現実の防衛体制は、実効性や軍事的効率性や国民感情など多様な要因によって決定されるであろう。しかし、民主主義を標榜《ひょうぼう》する近代国家においては、国民皆兵による防衛こそが「原則」であることを知っておかなければならない。だからこそ、近年に至るまで多くの民主主義国では徴兵制がしかれていたのである。

したがって、戦後日本のように、民主主義と平和主義の結合を自明視するほうが特異であった。それでも、日本は「平和主義」によって国を守ってきた、というとすれば、それは、日米安保体制から目を背けた欺瞞というほかなかろう。

防衛を米軍に委ねる限り、日本は本来の意味で、あるいは厳密な意味で主権国家とはいえない。じっさいに憲法9条の「国権の発動たる戦争と……を放棄する」の部分の英語（原文？）

は次のようになっている。“renounce war as a sovereign right of the nation” これを直訳すれば、「国家の主権的権利としての戦争を放棄する」となろう。日本は主権を一部、自ら放棄するといっていることになる。

ここでも私にいえることは原則論だけである。それがそのまま現実になるものではない。自主防衛などといっても現実には不可能に近いであろう。しかし、近代国家にあっては、主権者が自らの生命や財産を守る義務を持つ、という原則は、かりに現実化されないにしても、それ自体がひとつの精神のあり方を示している。福沢諭吉が口をすっぱくして述べたように、「独立」とはまずは、「独立の気風」なのである。「個」として「自立」するというその同じ精神が「国」の「自立」を求めるという。もちろん諭吉の明治とこの平成では時代は大きく違うが、国を守るという精神の基本においてまったく異なるとは、私には思えない。

押し付けられた米国的歴史観
ポツダム宣言の呪縛

朝日新聞
2015年8月7日

8月のこの時期になると、子供の頃の情景が浮かんでくる。1学期が終わり夏休みに入った長い時間。照りつくような日ざしと、夕方になるとやってくる夕立。高校野球の応援の音やセミの声。そして、それらは8月の6日あたりから15日までの、あの、どことなくセレモニアルな独特の時間としっかり結びついたものであった。

8月6日と9日の、アメリカによる広島、長崎への原爆投下の日は、子供心にも何か特別な日であると感じられ、15日のいわゆる「終戦の日」は、暑い日ざしの続くなかで、その部分だけが切り取られたような厳粛さを持っていた。昭和30年代から40年代にかけてのことである。あの悲惨な戦争の最終局面で、その悲惨の総仕上げとでもいうべきふたつの原爆投下によって、ふたつの町が廃墟と化し、20万以上の市民が犠牲となり、日本は連合国に無条件降伏をした。こうしたことはいわば「国民的な記憶」というべきものであった。

とはいえ、今、改めて思えば、われわれは一体、何を知っていたというのだろうか。たとえば、戦争終結は日本がポツダム宣言を受諾することによって行われた。その後に始まる占領体制の根拠を与えたのもポツダム宣言であり、憲法学者によると、日本の政治体制を戦前の天皇主権から戦後の国民主権へ転換した根拠もポツダム宣言にある、という。今年（２０１５年）は戦後70年だといわれるが、占領期も含めて「戦後70年」の基をつくったのはポツダム宣言なのである。

大学での講義中に、時々、学生にポツダム宣言を読んだことがあるか、と聞いてみたが、ほとんどいない。かくいう私自身も、心して読んでみたのはまだ遠くない過去だから、学生に苦言を呈する資格もない。それほどまでに、われわれは、われわれの「戦後」の初発に対して無関心なのである。

たとえば、近年は多少認識されるようになったが、ポツダム宣言は、決して日本の無条件降伏など要求していない（無条件降伏は「カイロ宣言」に書かれている）。ポツダム宣言が要求しているのは、「日本国政府が、直ちに全日本国軍隊の無条件降伏を宣言する」ということなのである。「軍隊の無条件降伏」がいつのまにか、「日本の無条件降伏」になってしまったのである。

それよりも明白なのは、ここに示された戦争観・歴史観であろう。要約的にいえば、ポツダム宣言はこういう立場で書かれている。無分別な打算に突き動かされた日本の軍国主義者たちは、日本国民をだまして、世界を征服しようとたくらんだ。これに対して、世界の自由な人民は蜂起してドイツを降伏させた。この「世界の自由なる人民の力」は、今や連合国の「軍事力の最高度の使用」を支持している。これによって日本の軍隊は壊滅するだけではなく、日本国本土の完全な破壊がもたらされる、と。おそるべき文言というほかない。

ポツダム宣言は事実上、アメリカが作成したものであり、ここにはあの戦争に関わるアメリカの歴史観がまぎれもなく示されている。それは、あの戦争は、世界征服を意図したファシズムと自由な人民との戦いであり、ファシズム国家を壊滅させる必要がある、というものだ。「軍事力の最高度の使用」とは、いうまでもなく原爆投下である。

ここには、歴史を、常に、正義と悪の戦いと見なし、世界征服を意図する「悪」に対する、自由や民主主義という「正義」を奉じる人民の戦い、と見るアメリカの歴史観が反映されている。第1次大戦、第2次大戦、冷戦、ベトナム戦争からイラク攻撃、対テロ戦争にいたる20世紀以降の戦争をめぐるアメリカの歴史観は、この意味では一貫している。

しかし、本当に、われわれはその歴史観に納得し、同調できるのだろうか。ポツダム宣言のユニークかつ巧妙なところは、圧倒的な軍事力によって日本に降伏を迫るものでありながら、同時に、ひとつの歴史観を押し付け、さらに日本を道徳的、道義的に誤った国家である、と断罪する点にあった。だから、この「悪」に対する原爆の使用はまったく問題ない。「悪」に染まった国の一般市民の大量虐殺は道徳的に許容される、というのである。

本当にわれわれは、このような考えを受け入れられるのであろうか。

ポツダム宣言の受諾によって、日本は戦争を終結した。戦争に敗れ、占領を経験し、次の段階へと移行するには、確かにポツダム宣言を受け入れるほかなかったのかもしれない。ポツダム宣言の最後には次のようにある。「右以外の日本国の選択は、迅速かつ完全なる壊滅あるのみとす」。これを無条件降伏要求といえばいえなくもなく、受諾する以外に道はなかっただろう。

しかしそれでも、ポツダム宣言に示されたアメリカ的歴史観にまで「無条件降伏」する必要はない。にもかかわらず、戦後日本は、この歴史観を受け入れ、戦前の日本を道義的に誤ったファシズム国家と見なしたのである。そうだとすれば、われわれは、今日のイラク戦争にも、対テロ戦争にも反対する根拠はなくなる。「自由と民主主義」を守るために、アメリカと協調するほかない。それがいやなら、もう一度、ポツダム宣言を読み直し、あの「戦後のはじまり」に何があったのか、を再考するほかあるまい。さもなければ、70年たって、「右」も「左」もいまだにポツダム宣言に呪縛されたまま、ということになるであろう。

金融市場の乱高下 アベノミクスに欠けるもの

朝日新聞
2015年9月4日

中国経済が減速するのではないか、というもっともな不安が広がり、世界中の株式市場が激しく乱高下した。金融市場の不安定な動きが完全に解消されたわけではなく、いつまた大きな変動が生じても不思議ではない。

資本とは、それを元手にして利益を生み出す資金である。したがって、資本主義とは、元手となる資本をたえず増殖させる運動である。この資本増殖が、われわれの生活に役立つモノの生産やサービスの提供をもたらせば問題はないのだが、ただ金融市場を資本が回るだけで元手が増えるとすれば、困ったことである。有益なモノの生産へ向けた投資ではなく、株や為替の投機によって大きな利潤が得られる。これぞまさに、もっとも手軽な「資本」主義である。しかし、この手軽で即物的でむき出しの資本主義こそが、健全な経済活動を破壊しかねない。

実際、今日の資本主義は、過剰な資本の供給によって、この種の危険にさらされている。しかも、過剰な資本は、金融自由化によって世界中の金融市場を駆け巡り、地球の裏側で生じたささいな出来事さえもが、自国の経済を攪乱《かくらん》しかねない。数年前のリーマン・ショックがその典型であった。

どうしてこういうことになったのか。今日の先進国では、どれほど新たな技術開発を行い、新製品を次々と市場へ送り出しても、さして大きな利益は得られないからである。そこで中国などの新興国の市場を当てにすることになる。しかし新興国経済は十分に安定していない。となると、先進国もたえず景気後退への不安を抱えることになり、また傾向的な成長率の低下にさいなまれる。つまり、グローバル市場は激しい競争をもたらすわりには、さして成果を生み出していないのだ。

そこでどうするか。各国中央銀行はこぞって自国通貨を金融市場へ供給し、景気を支えようとしてきた。ところが、供給された貨幣は、長期的な研究開発や設備投資にまわって生産を活性化するというより、まずは金融商品へ向かって投機的利潤を生み出すのである。

こうなると、金融市場はきわめて活発化する割には、さして実体経済はよくならない、という何ともバランスの悪い状態に陥る。それが極端になれば、「根拠なき熱狂」というバブルになる。そしてバブルはいずれはじけ、金融市場の混乱が実体経済を攪乱する。

われわれは今日、こうした不安定性に直面している。本来はモノの生産を活性化し、サービスを向上させ、流通を円滑にするはずの貨幣が、金融商品の間をかけめぐり、投機的な資本へと変身してしまう。本末転倒である。「資本」の増殖が、われわれの生活の実質と無関係に自己目的化してしまうのだ。

さて、次の自民党の総裁選挙では安倍総裁の続投が決まる模様であり、安倍首相のもと、アベノミクスが継続されるだろう。確かに、アベノミクスは、脱デフレと景気回復を掲げたいわば緊急措置であった。「何でもあり」なのである。とりわけ、第一の矢である「異次元的金融緩和」は、脱デフレに向けた強力なカンフル剤であった。そして、一定の成果をあげたことも間違いない。

しかし、それがさらに過剰な貨幣供給をもたらし、投機資本に餌をばら撒くという危険と隣り合わせであったことも事実だ。実際、日本の株式市場は強気な投機筋にあおられて値を上げ続けてきた。それが景気を刺激したとしても、本当にわれわれの生活をよくしたのか、となれば、たとえば地方都市をみれば、簡単にうなずくわけにはいかない。

アベノミクスは、脱デフレ、景気回復からさらに日本経済を力強い成長軌道に押し上げようとする。しかし、そもそも景気が十分に浮上しない最大の原因は、日本経済はすでに資本も生産能力も過剰になっている点にある。日本社会は、少子高齢化、人口減少へと向かっている。こうした社会においては、市場はさして拡張しない。つまり、モノをいくら生産しても、それを吸収するだけの十分な需要が発生しないのである。

とすれば、いくら異次元の金融緩和によって資本を供給しても、貨幣はもっぱら金融市場へ流れるであろう。結果として、日本経済全体が、ますますグローバルな金融市場の不安定性に巻き込まれ、投機的資本の思惑に翻弄《ほんろう》されることになる。

重要なことは、ただやみくもに貨幣を供給することではない。その貨幣をグローバルな金融市場の投機筋の餌にすることではなく、逆に、その貨幣をグローバルな金融市場の投機筋から守ることなのである。

そのことは何を意味するのだろうか。「異次元的に」供給される資金を、国内の長期的な産業基盤や生活基盤として国内で循環させることこそが重要である。しかも、これらの長期的な産業基盤や、少子高齢化に向かう生活の基盤づくりは、決して即効の利益を生み出すものではない。とすれば、それを市場競争に委ねるのは無理なのである。政府が、一定の将来ビジョンのもとで、その資本の行き先をある程度、指示することが必要となるであろう。短期的な市場の成果主義ではなく、長期的な公共政策こそが求められているのだ。そこで初めて、異次元的な金融緩和も意味を持ってくるであろう。われわれは、一刻も早く、貪欲《どんよく》で即物的な金融中心のグローバル資本主義から決別しなければならない。

憲法9条と戦争放棄 そもそも「平和」とは何か

朝日新聞
2015年10月2日

先ごろ参議院において成立した安全保障関連法に対しては、国会の内外で賛否両論が激しく対立した。いささか興味深いのは、どちらの陣営も「平和」の名目で賛成し、また反対したということだ。「平和」というものの理解において、国論が二分されているわけである。

とりわけ国会を取り巻くデモの参加者たちは、「憲法守れ」「戦争法案反対」「平和を守れ」を合言葉にした。安倍首相の進める安保法制は、「平和」への挑戦だというのである。

しかし、そもそも「平和」とは何なのだろうか。憲法9条を守るという「平和主義者」たちは、戦争とは殺人であり、したがって、平和とは戦争のない（人が殺されない）状態だ、という。そして戦争放棄の憲法9条は、日本が他国の戦争に巻きこまれない（人殺しをしない）仕組みである、という。つまり、私も殺人を犯さないから、私も殺されないようにする条文だという。

もう少し理念的にいえば、国民主権、基本的人権の尊重、平和主義という日本国憲法の三原則は相互に深い関連があって、人々が自己の生命や財産に対して持つ基本的権利を守るには平和主義が不可欠であり、それを実現するには国民主権が伴う、という。確かにこの背後には、「平和とは戦争（人殺し）のない状態」という理解がある。

だがもしそうであるなら、たちまち疑問がでてくる。人殺しは悪だとしても、だからといって人殺しがなくなることはないだろう。とすれば、戦争もまた同じではないか。だがまたこうもいえる。いわゆる人殺しと戦争は同じではない。いやそもそも人殺しと戦争を同一視する方がおかしいのではないか。とすれば、戦争をそれなりに回避する仕組みを作ることは可能ではないか。こういう疑問である。

「平和（ピース）」とは、そのラテン語の語源からもわかるように、もともと「支配による平和（パックス）」という意味を含んでおり、強国の支配によって作り出された秩序という含意を持っている。つまり、「平和」とは、ある強国によって平定され、そこに秩序が生み出されるという歴史的事実と無関係ではない。だから、「ローマによる平和（パックス・ロマーナ）」や「アメリカによる平和（パックス・アメリカーナ）」などという。冷戦後には「パックス・コンソルティス（国際協調による平和）」という概念も唱えられた。

かくて、欧米における「平和」とは、多くの場合、ある「覇権」を前提とし、そのもとでの秩序形成や、あるいは、覇権争いの結果としての勢力均衡を意味することになる。だから、冷戦は、冷たい戦争であったと同時に「長い平和」でもあった。それは、米ソ両国でかろうじて軍事バランスをとったからである。

ここには、殺人と同様に、決して戦争はなくならないという「人間観」がある。その背後には、日本などと比べればはるかにひんぱんに、民族的自尊や集団的利害や宗教的信念などの理由で対立と殺戮《さつりく》を繰り広げてきた西洋の歴史がある。戦争は生命を賭けてでも獲得しなければならない何ものかのためにもなされてきた。だから「平和」もまた「力」を前提とする。それは、「力による平定」に対する同意が生み出す秩序であり、または、「力」のバランスの維持なのであった。

とすれば、戦後日本の「平和主義」が、その意味での「世界標準」から相当にズレていることをわれわれはまずは知らなければならない。もちろん、「世界標準」が正しいという理由もなければ、それに合わせなければならない、という理由もない。だが、このズレを国是にするとなると、相当な覚悟が必要である。仮に他国からの侵攻があったときに、われわれは基本的には無抵抗主義をとらねばならない。私はこの理想を個人的には称賛し、感情的には深く共鳴するものの、それを国是にするわけにはいかない。

フランスの社会人類学者のエマニュエル・トッドが、日本の平和主義についてこんなことを書いている。「私が日ごろから非常に不思議だと感じているのは、日本の侵略を受けた国々だけではなく、日本人自身が自分たちの国を危険な国であると、必要以上に強く認識している点です」(「文藝春秋」2015年10月号)。

長い歴史のなかで日本が危険なことをしたのはほんの短い期間であり、しかもそれはヨーロッパの帝国主義のさなかの出来事であった。日本はただその世界情勢に追随しただけだった、と彼はいっている。

このトッドの見解に私も同感である。日本の憲法平和主義は、自らの武力も戦力も放棄することで、ことさら自らの手足を縛った。しかし、他国は武力を放棄していないのである。こうなると、われら日本人だけが、危険極まりない侵略的傾向を持った国民だということになってしまう。トッドのような疑問がでるのは当然であろう。

「平和への祈り」や「平和への希求」は当然のことで、それが憲法の精神を形作ることには何の問題もない。しかし、憲法9条の平和主義はそうではない。われわれ自身への過度な不信感と、終戦直後のあまりに現実離れした厭戦《えんせん》感情の産物であるように思える。私には、われわれ日本人は歴史的にみても、法外なほど好戦的で残虐な性癖を持っているとは思われない。われわれはいまだに敗戦後の自己不信に縛りつけられているのではないだろうか。

大学改革 短期的な成果主義は無用

朝日新聞
2015年11月6日

今年（２０１５年）の3月、大学を退職した。毎年3月最後の会議で退職者は簡単なあいさつをする。そしてこの数年、多くの人の口から次のような言葉がポロリとでてくる。自分はかろうじてよき大学人の生活を送ることができた、これから残る人は大変だろうが、がんばっていただきたい、と。この嘆息とも苦情ともとれる口上が最近は恒例になっている。

私も最後の数年、同様の感想を持っていた。はっきりいえば大学は音をたてて崩壊しているようにさえ思える。表面的にみれば、どの大学もかつてなくダイナミックに変化し、社会の動きに必死で歩調を合わせようとしている。しかし、残念ながらその動向は、私などが考える大学ではなくなりつつある。

つい先ごろも文部科学省が国立大学の人文社会系を縮小するという方針を打ち出し、大学側からの強い反発を招いた。文科省は誤解だというが、すでに地方国立大学では、先手を打たんと、学部の再編や新設などの動きを打ち出している。

確かに、正面きって文科省が人文社会系の学問を不必要だといったわけではない。しかし、すでに事態は明らかにその方向へと動いていた。たとえば、２０１３年にだされた「国立大学改革プラン」では、「グローバル化」「イノベーション」「人材養成」が求められており、特に科学技術分野でのイノベーション創出を強くうたっている。そして、限られた予算の枠内で科学技術上のイノベーションを創出するには、人文社会系の分野を縮小して予算を捻出するほかなかろう。また「グローバル化」も「人材養成」も、人文社会系というよりは自然科学・技術系の分野により適合的であろう。

端的にいえば、社会に役立つ学問成果を発信し、社会の役に立つ人材を育成せよという。この点で成果を示した分野には重点的に予算を配分するが、そうでない分野は縮小する、というわけだ。この動向は、すでに04年の国立大学の法人化から始まっていた。国立大学の法人化の動きは、もともと国の財政縮減を目的としたものであったが、また同時に各大学の独自性を高め、よりよい研究や教育の可能性を高めるはずのものでもあった。しかし、実際に生じたことはまったく違っていた。

各大学は数年ごとに中期目標を設定し、その成果を評価に付され、それに応じて予算（運営費交付金）を受け取る。一見したところ、各大学の自由度は大きくなるようにみえる。しかし、実際に起きることはどういうことか。

たとえば、国がグローバル化や社会還元を重視せよ、といった大方針を打ち出す。すると、グローバル化の名目で留学生を多量に受け入れ、海外との学術交流に精を出し、学問の社会還元として公開講座を行い、学内イベントを頻発するといったことになり、そのために大学人は忙殺される。また、学問的成果、それも実践的成果を要求されると、こういっては悪いが、かなり底の浅い速成の「成果」が次々と量産されかねない。

しかもこの方向での「改革」に対して予算が配分されるとなると、結果としてどうなるか。どの大学も概して似たような「改革」を打ち出す。文科省としては、各大学をただ改革競争へ駆り立てることで、大方針へ向けて大学を動かすことができる。かくて、大学は、徒労感を抱きつつも、もう10年以上もひたすら「改革」を続けているのだ。

もちろん、グローバル化やイノベーションで「社会に役立つ」という方向が全面的に悪いわけでもないし、特に理系の先端分野では恩恵を得ている分野もかなりあるだろう。だが、この即戦力的な成果主義は、そもそも人文社会系の学問には合わないのである。

人文社会系の学問の基本的な性格は、時には社会を批判的に見る目を養い、人間というものについての思考を鍛え、それを学ぶことで人生や社会生活をよりよきものにする点にこそある。一昔前には教養やヒューマニティーと呼ばれた総合的な知識が基礎になる。それは、ある程度、現実社会から距離をおき、いくぶんかはゆったりと流れる時間のなかで行われるほかないものなのである。

今日、われわれに欠けているものは、この種の人文的なものへの理解と関心である。そして、この関心の欠如はたいへんに深刻な事態だと思う。本来は自然科学の諸分野であろうと、グローバル人材であろうと、まずは確かな人文的な思考を前提にしなければなるまい。しかも、しばしば政治や経済の劣化が憂慮され、官僚の質の低下が問われるのなら、すぐれた政治家や官僚を生み出すためにも、短期的な成果主義とは一線を画した分厚い人文社会的教育の充実こそが求められるはずであろう。

もっとも問題は政府の大学行政の側にのみあるのではない。大学の側も学問についての確かな見識を失いつつあるように見える。大学は、社会から距離をおく分、社会の動向からは多少ズレている。それは多忙を極め、常に成果を求められるビジネスの論理とは異なった論理と精神を持っている。これを特権といえば特権であろう。だからこそ、大学人には、そのことに対する自覚と自己規律が強く求められる。ところが、今日、現実の人文社会系の学問は過度に専門化して、分厚いヒューマニティーからは遠ざかってしまった。学問が衰弱しているように見えるのである。だがその点はまた稿を改めて論じてみたい。

パリの同時多発テロ「われわれ」に突きつけたもの

朝日新聞
2015年12月4日

11月13日（2015年）のパリでの同時多発テロからしばらくたち、改めて、この悲惨な出来事が「われわれ」に何を突きつけたのかを書いてみたい。

フランス政府は、このテロは市民の無差別殺傷をねらった蛮行であり、「文明」への挑戦であるという。狙われたのは、自由や民主主義という「文明」だというこの言い方は2001年の9・11テロにおけるアメリカ政府の立場と同じだ。

フランス市民たちは、サッカースタジアムでも、また追悼集会でも、フランス国歌「ラ・マルセイエーズ」を胸を張って唱和していた。「武器をとれ、人々よ……けがれし血をわれらが畑に注がしめよ」という勇ましい歌は、いうまでもなくフランス革命のさなかに作られたもので、勝ち取った自由や民主主義を守る戦いの歌なのである。そしてフランスは、自由や民主主義を守るために、過激派組織「イスラム国」（IS）への空爆をさらに強化した。

日本は「有志連合」に加わっている。安倍首相は、日本も国際社会と連携し、対テロ戦争に積極的に協力する、という。一方、ISは、日本も含む「有志連合」はすべてテロ対象国だと宣言した。

こういう光景をみて、多くのものは戸惑いを禁じえないだろう。テロリズムが自由や民主主義への挑戦だとすれば、その同じ価値を奉じる「われわれ」もフランスと連帯して「文明」のために戦うべきだ、というのはひとつの理屈であろう。しかしまた、いったい、ISと「われわれ」の間にどのような関係があるのか、という疑問も生じるであろう。

ISとイスラムを同一視することはできないが、このテロの背後には、西洋とイスラムの対立と抗争の長い歴史が横たわっている。そしてその事実は、20年ほど前にアメリカの政治学者ハンチントンが述べた「文明の衝突」論を思い起こさせる。冷戦以降の世界を動かすものは、西洋とイスラムという異なった文明の間の衝突だというのである。

そして、問題の根底に「文明の衝突」があるとすれば、今回のテロも、本質的には、深層にある西洋とイスラムの歴史的な確執の一幕であって、それが「われわれ」とどうかかわるのか、という気にもなる。

しかし、ハンチントンが述べた「文明の衝突」論は、知識人にもジャーナリストにも評判は悪く、この粗雑な議論はまともに取り上げられてこなかった。もちろん、国内に多数のイスラム教徒を抱えるアメリカ政府もフランス政府もこの議論は採らない。ただ、テロという「野蛮」による「文明」への挑戦だという。もし「われわれ」もそれに同調するなら、自由と民主主義を守る戦いに参加するほかない。

だが、次のように考えてみてはどうだろうか。西洋とイスラムの対立とは何か。「原理的」にいえば、イスラムがアラー（神）への絶対的帰依を説く宗教なのに対して、西洋は、一応、政治を含む世俗生活と宗教を切り離し、個人の自由・平等や民主主義を社会の基盤にすえた。しかも、それらの理念をきわめて優れた普遍的価値だと宣言する。ということは、この高度な普遍的価値を認めないイスラムは「文明」とは呼べない、ということになる。

そして、今日、自由な民主主義、個人の基本的権利、合理主義と科学技術、市場競争原理などが普遍的な価値とされ、それが世界を覆いつつある。こうして出来あがった「グローバリズム」のなかで、イスラムが信奉する宗教原理は分が悪い。彼らが西洋による抑圧を感じ、対抗してイスラム文化の尊厳を持ち出すのは、ある意味では当然であろう。

とすれば、西洋に起源を持つ、自由や民主主義による普遍文明（グローバリズム）の拡散のなかで、イスラムのような固有の文化が西洋の普遍主義と摩擦を起こしているというべきではなかろうか。「文明の衝突」ではなく、「文明と文化の衝突」といってもよいし、あるいは「文明の内なる衝突」といってもよいであろう。

では、「われわれ」はどこに位置するのか。西洋が生み出した「グローバルな文明」の側なのか、それとも、イスラムとは別の意味での「日本的な文化」なのか。実は、われわれ自身が引き裂かれているというべきであろう。それが「われわれ」に戸惑いをおこさせる。

少なくとも、戦後アメリカにつきしたがって受容した「グローバルな文明」は、どこか借り物であった。だから、「文明を守るための戦い」といってもピンとこない。何かひとごとなのである。しかし「文明と文化の衝突」は、実は「われわれ」自身のうちで生じているのである。

今日、明らかになってきたことは、むしろ、自由や民主主義の限界というべきであろう。自由はグローバルな金融中心の資本主義へとゆきつき、民主政治は大衆的な情緒や気分で不安定に流動する。しかも、アメリカが後押ししたアラブの民主化はアラブを大混乱に陥れた。西洋の民主主義は壁にぶち当たっている。

「われわれ」もグローバル文明のなかにいる以上、すでに当事者になっている。もし、日本がＩＳによるすさまじいテロにあえば、われわれはＩＳと全面的に対決せざるをえない。「対話」など不可能である。しかし、それは自由や民主主義という「文明」を守るためではなく、ただ、「われわれ」自身の生命や財産を守るためであり、また、いわれなき攻撃に対しては自らの尊厳を守るほかないからである。

18歳選挙権と民主主義「主権者教育」という前に

朝日新聞
2016年1月18日

昨年（２０１５年）は、安保法制をめぐって、国会の内外でも、またメディアにおいても、「民主主義」「憲法」「国民主権」といった言葉がとびかった。今年（２０１６年）は、投票権年齢の引き下げがあり、憲法公布70年にあたり、また、場合によっては、次の参院選で憲法改正が論議される可能性もある。憲法や民主主義といった概念がふたたび焦点になるだろう。

おまけに、「主権者教育」などといわれている。特に若者に政治意識や社会的関心を植え付けようという。私などつい笑ってしまう。微笑ではなく苦笑である。「主権者を教育する」。いったい誰が？　どのように？

総務省あたりが打ち出しているようだが、官庁の主導で「主権者」が教育されるというのも、なさけないものであろう。戦争が終わって、ＧＨＱの占領下で与えられた国民主権は、70年たっても、いまだにその自覚も定まらないようである。

戦後、われわれは、民主主義や国民主権、それに憲法といった概念をすでに目の前にある自明のものと思ってきた。民主主義といえば、誰もわかったような気になってきた。しかし、民主主義も国民主権も憲法も、実は、たいへんわかりにくい概念である。主権者教育というなら、そもそも民主主義とは何か、主権とは何か、といったことをまずはじっくりと考えてみてはどうであろうか。

いまからちょうど100年前、1916年の雑誌「中央公論」の1月号に、吉野作造が「憲政の本義を説いて其《その》有終の美を済《な》すの途を論ず」と題する論文を発表した。これは、日本の民主主義の思想的な記念塔とされ、かくて吉野は大正デモクラシーの立役者とみなされることになる。

この論文は、日本における立憲思想の養成を目的として国民を啓蒙《けいもう》しようとしたものであって、まさに当時の「主権者教育」のごときものであった。

吉野は「民主主義」とはいわずに「民本主義」という。それをさしてしばしば、当時の日本は天皇主権国家であったために、民主主義という言葉を使用できず、やむをえず吉野は民本主義と呼んだ、といわれる。そういう解釈はありうるとは思うが、それではこの論文の大事な点を見落としてしまう。

吉野は、あくまで、民主主義と民本主義は違う、というのである。民主主義では国民が主権者である。しかし、民本主義はそこまではいわない。大事なことは、政治とは国民の利福と意向を目的にして行われる、という一点であって、この人民のための政治を民本主義というのだ。主権がどこにあるかはそれほど重要ではなく、君主政であれ民主政であれ、主権者は人民の利益や福祉のための政治を行わねばならないと彼はいう。だから日本のように天皇主権であっても、イギリスのように君主主権であっても、民本主義はありうる。国民が主権者の政治ではなく、国民を本位とする政治なのである。

吉野は「国民は本来愚かなものである」という衆愚説は採らない。あくまで主体は国民にある。とはいえ、国民は、政策上のいちいちの論点を的確に吟味するほどの時間も材料も関心も持っていない。だとするとどうすればよいのか。国民は、政治家の人物、経歴、人望などを比較して、誰に任せればよいかを判断すればよい。必ずしも個々の問題について自分の積極的見解を持つ必要はない、ということになろう。

つまり代議制である。現実の代議制にかなりの留保をつけつつも、彼は書いている。デモクラシーでは、いずれにせよ、「多数の意向が国家を支配するのであるけれども、之《これ》を精神的に見れば、少数の賢者が国を指導するのである」と。したがって、「少数の賢者」が、国民の知や徳に対して指導的な影響をあたえ、その上で、その影響を受けた多数者が政治を動かすべきだ、というのである。

「少数の賢者」などという言い方に反発する読者もいるであろう。ここには言外に「多数の蒙《もう》昧《まい》の者」というニュアンスが隠されているように感ぜられるかもしれない。しかし、吉野のいっていることは、むしろ至極当然のことであろう。

今日、世界情勢に詳しいものもいるだろうし、経済に詳しいものもいる。教養をつんだものもいるし、政治思想や哲学的思考になじんだものもいる。こうした知的専門家をそのまま「少数の賢者」と呼ぶのは私にもいささか抵抗があるが、しかし、そのなかにも、物事を総合的に判断でき、公共心に富んだものはいるだろう。この種の知者が「賢者」としての役割を果たして、世論を動かし、国民の多数は、その見解を聞きつつ、政治を託するにたるものを選ぶ。こうした代議制は、必ずしも民主主義と呼ぶ必要はない。つまり、代表制に基づく議会主義の政治と、国民主権の民主主義は、理念の上では、かなり異質なものなのである。

われわれは無条件に民主主義は国民主権だからすばらしいと思っている。「国民の意思」を示すのは「世論」であり、政治は「世論」に従うべきだという。そして国民の意思が政治を動かすべきだという。しかし、そもそも国民の意思などというものはどこにもない、「世論」も多様な意見の集積を統計化しただけのことだ。つまり「主権」という言葉はたいへんに危うい言葉である。そのことを「主権者」であるわれわれは決して忘れてはならない。

拡散するナショナリズム われわれの「価値」は何か

朝日新聞
2016年2月5日

ナショナリズムが世界各地でいきおいをましている。七十数年前にあの悲惨な経験をしたわれわれが、ナショナリズムや愛国心という言葉を耳にするやたちまち拒否反応を示すことはわからないではない。しかし、われわれがそれを拒否しようが否定しようが、現実に世界中に拡散しているナショナリズムをどう処遇すればよいのかとなると、「ナショナリズムは危険だ」と唱えるだけでは何の解決にもならない。この数年、世界は急激にナショナリズムの引力に引き寄せられているというまぎれもない現実がある。

中東を見てみよう。過激派組織「イスラム国」（ＩＳ）というきわめて特異な武装組織がかつてのイスラム帝国の復権を訴えて世界中でテロを起こしている。ほぼ無政府状態になったシリアやイラクに対してアメリカのみならずロシアが介入している。ロシアとウクライナはクリミアをめぐって対立し、ロシアはまたトルコとも緊張を高めている。

ＥＵ（欧州連合）は経済の不調と移民・難民の流入に動揺し、移民排斥や時には反イスラムの動きが表面化してくる。またＥＵも崩壊しかねない。中国は南沙諸島を中心に東南海への進出をもくろんでいる。台湾では久しぶりに独立派の民進党から総統が選ばれた。こうしたことを背景にアメリカでは次期大統領選を前に、移民排斥を訴える共和党のトランプ旋風がおさまらない。

書き出せばきりがないほどに、世界中のあちこちで国境をめぐる混乱が生じ、それが各国の国内政治にも影響を与え、ナショナリズムの引き金を引く。どの国でも、人々は他国に対する強硬派の強力な指導者を待望しているのである。

もちろん、これらの混乱や紛争や軋轢《あつれき》をすべて同じ平面で論じるわけにはいかないのだが、大きくいえば、自由や民主主義、市場競争などを軸にした戦後の既存の世界秩序の維持をもくろむ欧米に対して、この欧米中心の「国際社会」に異を唱え、既成の国境線への挑戦を企てるロシアや中国、それにイスラム過激派が対峙《たいじ》するという構図になるだろう。彼らは、問題の発端は欧米の都合による世界秩序にあるという。そして彼らの挑戦がまたブーメランのように欧米にはねかえってきて、そのナショナリズムを刺激している。

では「われわれ」はどう考えればよいのだろうか。さしあたり、日本は、移民、難民、イスラムとの摩擦、テロといった問題は深刻ではない。中国との確執も小康状態にある。韓国とも多少は関係が改善した。そして、表面上をみれば、世界中から観光客が押し寄せ、京都は世界で人気都市1位に選出されたなどといい、「おもてなし文化」は世界中の人から歓迎されている。爆買いにやってきた人たちも、気がつけば、日本びいきになって帰ってゆくそうだ。結構なことであろう。

しかし、この結構さの背後には、深刻な事態が横たわっているように思われる。まずこの平稳はいつまで続くかわからない。世界中が混沌《こんとん》のさなかにあって、日本だけが平穏であるとは考えられない。近隣諸国との間に横たわる問題も決して解決したわけではなく、また、テロが起こる可能性も排除できない。

しかしもっと大事なことがある。先に私は、今日の世界の混乱は、大きくいえば、戦後世界を形成した欧米（特にアメリカ）中心の既成秩序に対するロシア、中国、イスラムなどの挑戦である、といった。ここで国境線をめぐって各国が「力の政治」を繰り広げている。

だが「力」が作用する国境線の背後には「価値の国境線」がある。価値をめぐる対立でもあるのだ。戦後、欧米が世界秩序の原理とした自由や民主主義、市場経済、米国中心の法観念などはもはやうまく機能せず、それらの価値観が挑戦を受けているとも見えるのである。

ロシアも中国もイスラムも欧米の価値を認めない。彼らの国を支えている価値は欧米とは違うという。そこに彼らのナショナリズムがある。ナショナリズムとは、ある集団の人々をひとつにまとめあげ、その結束をはかる価値に他ならないからだ。

では、「われわれ」をまとめる価値とは何であろうか。政府はこういう。戦後日本の繁栄を支えたものは自由や民主主義や法の支配や市場経済や国際平和という価値であった。つまり、日本は戦後の欧米中心の世界秩序の受益者であった。だからアメリカとともに、この既存の秩序を積極的に守らねばならない、と。

「価値」とは、それに対する侵害者や破壊者に対しては身を賭しても守らねばならないものであろう。今日の欧米における反イスラムの風潮は、自由や民主主義を攻撃するイスラム過激派から彼らの価値を断固として守る、という信条をともなったものであり、そこに彼らのナショナリズムが生み出される。

では「われわれ」はどうなのであろうか。果たして自由や民主やそれに平和主義にさえ、それだけの確信と覚悟をおくことができるのだろうか。そうではあるまい。どうやら「われわれ」は戦後、確かな価値を見失ってしまったようにみえる。

とすれば、日本には、実は本当の意味でナショナリズムさえ成立しないことになろう。擁護する側も批判する側もせいぜい「ナショナリズムごっこ」をしているということだ。ナショナリズムの危険云々《うんぬん》より前に、まずは「われわれ」が確信を持って守るべきものは何かを改めて問うことから始めるほかない。

重視されるリーダー育成「普通の」若者にも目線を

朝日新聞
2016年3月4日

先日、米国で宇宙からの重力波が直接検出され、アインシュタインの一般相対性理論の正しさがほぼ証明されたそうである。彼が一般相対性理論を発表したのは第1次大戦のさなか、1916年のことであるから、ちょうど100年前である。1世紀かかってこの理論の正しさが論証されたことになる。

「時間と空間がひずむ」という、素人には何をいっているのかさっぱり理解不能な相対性理論は、しかし、その謎めいた雰囲気によって、物理学とは無縁の者をも魅了するものであった。そして、内容は知らずとも、アインシュタインといえば相対性理論ということになり、あの舌ペロリの愛嬌《あいきょう》ある写真とともに誰もがその名を知る天才ということになった。

さて、今年（2016年）、東大を始めとするいくつかの大学が推薦入試を実施した。いわゆる受験秀才ではない独自の思考力を持った学生を集める、という。いってみれば、将来、国際的に活躍できる超秀才、あるいは天才の卵（そんな言い方があるとして）を入学させようというわけである。まあ、「アイネ・クライネ・アインシュタイン（小アインシュタイン）」を発掘しようということだ。東大の場合、外国語に堪能で、科学オリンピックのコンテスト等でよい成績を収めた者などが候補だという。

その結果をある雑誌が紹介していたが、それによると、ムンバイで開催された国際物理オリンピックで銅メダルを獲得した人が理学部に合格したそうだ。この人は東京都教育委員会による「次世代リーダー育成道場」にも合格した、という。まさに「スーパー高校生」であり、政府の進める「スーパー・グローバル・リーダー」候補であろう。

さらに、高校時代にもっぱら河川の水質と生息生物の研究に没頭して論文を書いた人が工学部に合格。また、高校3年で、ニューヨークの国連本部で「貧困問題」について模擬国連世界大会で優秀賞を獲得した人は法学部に合格したそうである。

ただただ道に迷い、小説を読んでみたり、哲学書をかじってみたり、鬱々《うつうつ》とした高校時代を送ってきた私などにはほとんど想像もできない世界である。ぜひとも才能を伸ばして活躍してもらいたいと思う。

と同時に、「スーパー・グローバル・リーダー」を若いうちから育成するという今日の政府方針、教育をとりまく風潮には実は大きな疑問も感じるのである。

ここに述べることは、もちろん、今回、東大等に合格した人たちについてではない。あくまで社会の風潮についてである。私は、果たして物理学がオリンピックになるものなのか、また、模擬国連世界大会なるものがいかなるものかまったく知らないので、具体的な論評はできない。しかし、この数年、大学の学術研究においても、どこそこで賞をとっただの、年に何本の論文を執筆しただの、国際会議に何回出席しただの、論文が何回引用されただの、といったこざかしい数値的成果主義が過度に幅をきかせている。社会においても、様々な分野での「スーパー科学者」や「スーパードクター」を探しだし、有名人に仕立てるという風潮がある。それはそれで研究者に刺激を与えて、結構だともいえるが、気になることもある。

数値的成果主義や「スーパー・グローバル・エリート」などは、基本的に理系の（それもたぶんごく一部の）発想であろう。このような発想はもともと文系にはなじまない。とくに、人文系の学問や哲学、思想は、もっぱら数値化されない人間のこころの動きに関心を持ち、生きることの意味を問うものであった。答えなどどこにもない。もちろん、オリンピックの科目にはならない。答えがないのだから、成果主義にもなじまない。

数値化されず成果も出なければ、教育としての評価は不可能だろうし、いわゆる一流大学にはいって「エリート」になることは難しいであろう。しかし、それで何が困るのであろうか。私は、とくに若い時期には、こうした、目にみえた成果などとは無縁の人文的なものに浸り、そのなかで自分の生の意義を問うて悪戦苦闘することはたいへんに大事なことだと思う。挫折を知ることも若者の特権である。

もちろん、そんなこととはまったく無縁の若者もいるだろうし、すでに大学の専門研究に携わっても遜色ない高校生もいるだろう。彼らに機会を与えることは結構なことだが、本当の教育の目線はそこにおくべきではない。

何をしたらよいのか、どこに自分の居場所があるのかいまだわからず、悶々《もんもん》とし、社会性を持てずに自分を持てあましている者、時代や社会に同調できずに反抗心をくすぶらせている者。

こうしたある意味では「普通の」若者たちの心情に寄り添うことこそが本来の教育だと思う。

そして、現実には、こころに問題を抱え、対人関係で悩み、社会と調和できないと思っている若者たちは随分と多いのであって、この「普通の」若者が自分の道を見つける場所もまた高校や大学なのである。

アインシュタインという桁外れの天才を引き合いにだしても仕方ないのかもしれないが、確かに彼はずば抜けた数学と物理の才能はあったようだが、学校では決して秀才ではなかった。しかし、数値的成果主義などとは無縁のすばらしい感受性やユーモアのセンスを持った人であったことは疑いないようである。

アメリカ経済学への従属 日本にみあった思想を

朝日新聞
2016年4月1日

この3月、政府の「国際金融経済分析会合」に3人のアメリカの経済学者が招かれ、首相官邸で意見を陳述した。安倍首相はじめ、主要閣僚と黒田日銀総裁を前にして、スティグリッツ、ジョルゲンソン、そしてクルーグマンといった著名な経済学者が意見を述べた。国際経済の現状とアベノミクスについて、さらには消費税増税に関する見解を聞くという。当然、日本の経済政策にそれなりの影響を与える。

そのテレビ・ニュースの映像を見ていて私は何ともいえない居心地の悪さ（見心地の悪さ？）をおぼえた。おそらく、このグローバル経済の時代に、アメリカの経済学者の意見を聞くことは実に結構ではないか、というのが常識的な反応であろう。

そうかもしれない。しかし、どうして著名なアメリカの経済学者をわざわざ首相官邸まで呼んでくるのか、という気もする。日本にもいくらでも経済学者はいるではないか、さらにアベノミクス道なかばの現在、わざわざ意見を聞く必要があるのか、という気もする。

前者に対しては、どうせ日本の経済学者の大半はアメリカ経済学の受け売りなのだから、それなら本場のアメリカ経済学者を連れてきたほうが手っ取り早いではないか、とある人が述べていた。後者については、どうせアベノミクスの正しさを証言してもらい、また、いずれ議論になる消費税増税において、アメリカ経済学者の権威を拝借して、マスコミや財務省を封じ込めたいのだろうという人もいる。皮肉まじりにいえば、私もそんな気がする。

確かに、アベノミクスの成果が思うほどあがらぬ現在、3人の著名なアメリカ経済学者からお墨付きを得たい、という思惑を感じないわけでもない。実際、彼らはアベノミクスには好意的であり、いっそうの推進を唱えていた。うがった見方をすれば、アベノミクスに対する批判をかわすためにこれらの経済学者が招待されたともいえる。

しかし、このテレビ映像を見ての私の居心地の悪さは必ずしもそういうことではなかった。むしろ、日本の経済政策、もしくは広い意味で日本人の経済についての思考がますますアメリカ経済学に呑《の》み込まれてゆく、といった不快感であった。

概括的にいえば、日本の経済政策はこの30年ほどずっとアメリカ経済学の圧倒的な影響下にあった。そして、それでよかったのかと問えば、簡単にうなずくことはできない。

考えてみれば、1980年代の日米経済摩擦を機に、日米間での政策上の協調（たとえば85年のプラザ合意）が唱えられ、事実上、日本の経済政策にアメリカの意向が強く反映されるようになった。90年代には、アメリカ発の構造改革要求によって日本経済はアメリカ型の市場中心主義へと向かった。同時に、90年代にはアメリカ経済学が後押しとなって、世界を巻き込む金融グローバリズムが出現し、日本もこのグローバル経済路線へと突入した。

果たしてそれらは日本の利益になったのだろうか。アメリカ型の市場中心主義は、われわれの社会生活の土台を掘り崩し、過剰なまでのグローバル競争は過激なコスト競争によってデフレ経済をもたらしたのではなかったか。またアメリカ発の金融グローバリズムは、アメリカの投機的資本に大きな利益をもたらすとともに、世界経済を著しく不安定化したのである。アメリカの経済学は、果たしてわれわれを「幸せ」にしたのだろうかと問えば、私は否定の方向へ傾く。むしろアメリカ経済学への従属こそが日本の社会を著しく不安定にしたのではないだろうか。

アメリカ経済学には、大規模な自由競争こそが経済を成長させるとする市場中心主義と、不況時には政府が積極的な財政・金融政策を導入すべきだとするケインズ主義がある。80年代以降、市場中心主義が経済政策を圧倒した。ところが、その結果、グローバル市場が世界経済を不安定化し、格差を生み出すや、今度はケインズ派が息を吹き返してきた。今回首相官邸に招かれた3名はケインズ主義に近い人たちである。その意味では、確かに経済政策の流れが変わったともいえよう。

しかし、大事なことは、そこにあるのではない。今日、日本経済のおかれた状況は、市場中心主義かケインズ主義か、という選択にあるのではない。アベノミクスがかつてない大規模な財政と金融の組み合わせによって景気を浮上させようとしたにもかかわらず十分な成果をあげえないのは、過度なグローバル競争によって国内にデフレ圧力がかかるからだ。さらに加えて、人口減少、高齢化社会の到来が将来の経済に対する楽観的な期待を砕いてしまうのである。しかも、今日、われわれはすでに物的に「豊かな経済」の段階に達しており、いくらイノベーションを起こしても、消費需要は大きくは伸びない。今日の日本社会がおかれたこれらの状況を直視しなければ、いくらお金をじゃぶじゃぶ出そうが、増税を延期しようがどうなるものでもない。

効率主義、成長主義、能力主義、自由競争などの価値観によって組み立てられたアメリカ経済学では、今日の日本の現状を先へ持ってゆくことは難しいだろう。それらの価値観こそが問われているからであり、日本には日本の状況にみあった経済思想が求められている。アメリカ経済学の「権威」を借りて何とかなるという時代ではない。

巨大地震に襲われて覚悟のいる「あきらめ」

朝日新聞
2016年5月5日

日本が地震大国であることは誰もが肝に銘じていたはずなのだが、ここへきて、改めてそのことを知らされた。阪神・淡路大地震から20年、東日本大地震からわずか5年。今度は、熊本・大分を中心とする九州中部の大地震である。その間にもいくつかの地震がこの列島を襲い、さして遠くない未来には、東南海や首都圏を襲うであろう地震による途方もない被害が想定されている。

この列島中を活断層が走っている。いずれ大地が鳴動することは間違いないものの、いつどこで生じるかわからない。ただひとたび生じれば、一瞬にして生命を奪われ、その生は断ち切られる。この瞬間を境目にして生の様相は一変し、生者と死者は不可避的に引き裂かれる。こういう不条理な不確定性のもとに誰もが置かれ、その不安や不気味さから逃れることができない。しかも、この「生への脅威」は、富裕層であるとか貧困層であるとか、老人であるとか若者であるとか、都会人であるとか田舎人であるとかとは関係なく、誰に対しても平等に襲いかかる。いかに近代社会が、等しく人々の生命財産を保障するという原理を打ち立てても、この不条理は、近代社会の根幹を一気に破壊してしまう。それがいまわれわれが置かれた状況である。

じっさい、活断層地図などというものを見せられると、生命尊重こそを繰り返して唱えてきた戦後日本が、実は何ともいいようのない生命の危機を内包していることがよくわかる。そしてこの事態を前にしてわれわれは立ちすくむほかない。もちろん、防災対策も被害の最小化への努力も早急になされねばならないし、地震予測の精度向上も期待される。緊急時の危機管理も整備されねばならない。しかしどれだけ防災対策や危機管理を行おうと、この巨大な自然の鳴動を抑えることはできない。つまり、われわれはどこかで「あきらめる」ほかない。

このような言い方は読者にいくぶん不快感を与えるだろうし、被災者の苦しみを何と心得ているのか、というお叱りを受けるかもしれない。敗北主義と揶揄《やゆ》されるかもしれない。しかし何といおうとそれは現実である。そして実は、われわれは現に「あきらめて」いるのである。誰もが、防災を口にし、可能な政策的対応の必要を訴える。しかし、われわれは本気でそう思っているのだろうか。

東日本大震災は、われわれにいわば価値観の転換をせまったはずだった。そもそも近代社会とは、自然のうちに潜むエネルギーを引き出し、それを人為的に操作し、変換されたエネルギーによって荒れ地を都会に作り変え、山を掘りくずして道路網を作り、農業を破壊して巨大工場や高層ビルを建て、自然とともにあった神々を追放していった。金銭的利益を生み出す競争と物的な富の蓄積、つまりイノベーションと経済成長こそがすべての問題を解決すると見なした。いつどこで一瞬のうちに生が遮断されるかもしれないという不安には蓋《ふた》をしたのである。

つまり、事実上「あきらめた」のだ。

きわめて不安定な岩板（プレート）の上に日本列島があぶなっかしく乗っかっていることを知りつつも、ただただこの岩板の変動が最小限にとどまることを祈るだけ、ということにしたのである。さもなければ、東日本大震災から1、2年もたてば当事者を除いて震災の記憶は薄れ、3年もたてばまたもや、あの手この手を尽くした成長戦略を打ち上げ、株価の動向に一喜一憂するという、われわれの不細工な自画像を描く必要はなかったであろう。そして5年もたてば、また、東京オリンピックで建設ラッシュになり、インバウンド観光客の急増で大都市はたいへんな賑《にぎ》わいになったとはしゃいでいる。あの巨大地震の恐怖は、あっというまに、経済成長への期待と不安にとってかわられたのであった。つまり巨大地震については「あきらめた」ことになる。

しかし、この「あきらめ」は、真のあきらめではない。ただの思考停止であり、不都合なものは存在しないことにした、という消極的なものである。確かに、ここまで私的な所有権がはりめぐらされ、産業構造ができあがってしまった国で、根本的な防災対策はきわめて難しい。現状を動かしようがないのである。とすれば、「きたらきたで仕方なかろう」というのもわからないではない。

だが、本当の「あきらめ」は思考停止でもなければ敗北主義でもない。本当に「あきらめる」には覚悟が必要であり、それは容易なことではない。その覚悟とは、人智《じんち》を超えた巨大な自然の前にあっては、人間の生命など実にもろくもはかない、という自覚を持つことである。

それは、生への過度な執着を断ち切り、幸福を物的な富の増大に委ねることの虚《むな》しさを知り、そして人の生も自然の手に委ねられた偶然の賜物《たまもの》であり、われわれの生命はたえず危機にさらされると知ることでもあろう。

かつて哲学者の和辻哲郎は、日本人の精神的傾向として「戦闘的な恬淡《てんたん》」といい、また「きれいなあきらめ」ともいい、それをきわめて荒々しい日本の自然風土と結びつけた。確かに日本人の「あきらめ」は、こうした人智を超えた「自然」への畏怖《いふ》と不可分であった。それはまた、今日のわれわれを支配する「近代的」生活や価値観を見直すことでもある。これは相当に「覚悟」のいる「あきらめ」なのである。

西田幾多郎の哲学
西洋と異なる思想、今こそ

朝日新聞
2016年6月3日

この6月7日は西田幾多郎の命日である。彼は戦争が終結する年、1945年に亡くなった。京都大学にやってくる若い学生でさえ、「名前はきいたことあるなあ」といった程度の人が結構いる。平成の時間は確実に過去を置き去りにしているようにみえる。というわけで、今回は少し西田幾多郎について書きたい。

西田は、いうまでもなく、戦前の日本を代表する哲学者であるだけではなく、しばしば、唯一の「日本の哲学者」といわれる。この「日本の」という形容詞は結構だいじで、そこに彼の哲学の本質が見える。

明治以来の日本の学問は、おおよそ西洋思想や西洋科学の輸入、紹介に終始していた。それは、日本の近代化が、西洋化こそすなわち文明化であると信じていたからである。日本の学問は、ともかくも西洋に学び、西洋の水準に迫ることを課題とした。そのなかにあって、西田は、西洋哲学を古代ギリシャから現代まで、彼なりの独特のやり方で咀嚼《そしゃく》し、その上でそれと対抗できるだけの「日本の」哲学を生み出そうとした。それは、日本の思想や感覚を前提とした哲学である。西田が「日本で唯一の哲学者」といわれるゆえんである。

西田は１８７０年の生まれで、文字通り近代日本をそのまま歩んだ人である。夏目漱石は3歳上だが、漱石は１９１６年に亡くなっている。だから、西田は、漱石が知らなかった、近代日本の帰結、つまりあの大戦争という悲劇への道行きをおおよそ目撃したことになる。そして英米との戦争へと転げ落ちてゆく近代日本の歴史は、西田哲学と無関係ではなかった。

もともと西田は、西洋との対決や対抗を意図して哲学を始めたわけではない。ただ、西洋哲学は限界につきあたっている、と感じていたであろう。その限界を突破するために書かれたのが１９１１年の『善の研究』である。それは西田が、40歳にしてようやく京都帝国大学に職をえて安定した生活に入った翌年のことであった。同じ年に、漱石は、和歌山で、有名な講演「現代日本の開化」をおこなっている。

この講演のなかで、漱石は、近代日本は、即席の文明化を達成するために西洋を模倣し、無理やり西洋に追いつこうとしている。これは、内発的な真の開化ではない。その結果、日本人は常に西洋の文物を追いかけて自分を見失い、上滑りの近代化の果てに神経衰弱に陥る、という。

この同じ年に、西田は、「純粋経験」という独自の考えを打ち出すことで、西洋哲学の底を突き抜けようとする。かくて、西田独自の、というより、日本独自の哲学へと向かってゆく。「日本独自の」というのは、ここには、人は「私」を「無」にし、「私」を空しくすることではじめて本当のもの（西田のいう真実在）へ接近できる、という考えがあるからだ。しかも、その「真」なるものは、言葉で把握できるものではなく、言葉以前のところにある。

美しい花を見たその刹那《せつな》、われわれは、我を忘れている。言葉にならない。美しいという感動だけにとらわれている。その一瞬の感動こそが本当のものだ、というような考えは、確かにわれわれになじみ深いものであろう。この一瞬の刹那をめで、言葉にならない感動に人生の思いを託する。ただそのためには、「自我」や「私」にとらわれてはだめで、「無私」でなければならないだろう。これは、ともかくも「私」や「我」という確固たる「主体」を前提にし、その「主体」が世界や自然を客観的に記述し、さらにそれを操作し変化させようという西洋の思想とは対極にある。

すべてこの世の出来事は夢まぼろし、私も含め、あらゆるものは「無」からでて「無」へ帰する、という思考はわれわれにはなじみ深い。西田は、『善の研究』の後、初期の考えを発展させ、「無」という観念を中心に据える独特の哲学を構築していった。そして、西洋の論理を「有の論理」、対して日本の論理を「無の論理」と呼んだりもした。

ここには、若い時から参禅するほどの仏教への傾倒もあったであろう。しかし、忘れられないのは、8人の子供のうち5人までも亡くし、病気の妻を5年も看護したあげくに失うといった果てしない人生の苦難であった。哲学は人生の深い悲哀に始まる、と彼はいう。そのことと、自我を無化し滅却する、という西田哲学の基本的な性格は無関係ではなかろう。

今日、西洋の思想や科学が作り出したこのグローバルな世界は、ほとんど絶望的なまでに限界へ向けて突き進んでいる。新たな技術を次々と開発し、経済成長に結び付けることで人間の幸福を増大できる、という西洋発の近代主義は極限まできている。しかし、日本は今日、丸ごとこの近代主義にのみこまれ、漱石ではないが、その先端でグローバル化に遅れまいと上滑りを続けているように見える。国際化やグルーバル化の掛け声よりも、われわれが今日必要としているのは、われわれ自身の哲学であり、それはまた西洋思想の深みにも突きささるであろう。西田は、一度も留学体験もなく、ほとんど日常生活の空間をはみ出すことなく思索を続け、それが、成功したかどうかは別として、「日本の哲学」を構想した。戦後70年以上過ぎ、今日、改めて西田のような志が求められているのではないだろうか。

アベノミクスの前提 成長主義の妥当性こそ争点

民主的な選挙は、政党や個人が争点を掲げて争う。今日ではおおよそ与党系、野党系の政党が争点をめぐって相互に相手を批判しあうのが通例である。争点をめぐる争いは有権者にとって選択を容易にするということであろう。数年前に民主党が政権についたときの選挙はマニフェスト選挙といわれ、きわめて具体的な課題と実現可能なはずの政策手段が提示された。だがこのマニフェスト選挙に勝利した民主党政権の失敗により、さすがにマニフェストはなりをひそめた。しかし、それでも公約をめぐる争いとは民主政治の基本であるという認識は変わらない。

一応はそういってもよい。しかし、ここに実は大きな落とし穴がある。ある問題が争点として提示されると、そもそもそれがどうして争点になるのか、というその前提は見えなくなってしまう。さらには、争点化されない課題は、事実上、無視されてしまう。その上で、ひとたび争点として上程されてしまえば、後は、自己の主張の正当性を訴え、相手方をののしる、という「争い」だけが先行し、「争点」の「点」のあり方をめぐる論議などどこかへふっとんでしまう。確かにギリシャの昔からいわれたように、民主政治は「言論競技」に陥りやすい。

朝日新聞
2016年7月1日

そして今回の参議院選挙でも私はその感を強くする。

現在進行形のこの選挙においては、アベノミクスの成否が主要論点のひとつとされている。ひとたびそれが争点になれば、双方とも、ひたすら「言論競技の法則」に従って、自己正当化と相手への批判の応酬になる。与党はアベノミクスの成果を強調し、野党はその失策を訴える。

アベノミクスの評価はいまは別にしておこう。ただそれを別にしても、確かなことは次のことだ。アベノミクスは、長期的な停滞に陥った日本経済の浮上をはかり、世界を覆う経済グローバリズムのなかで日本経済の競争力を回復し、再び成長軌道にのせることが目的だとされる。そして、この点においては野党も決して批判してはいないのである。

野党が唱えるのは、アベノミクスはその目的を達成していない、ということだ。つまり、日本経済の再活性化と成長軌道への復帰という目的が達成されていない、と批判する。所得格差の拡大による弊害が大きい、といっている。ではアベノミクスをやめるとして何があるのか、というと、その代替策はまったく打ち出せない。

一方、与党は、アベノミクスの成果を強調しつつも、それが当初のもくろみを実現できているかというと、まだ「道半ば」だという。つまり、期待通りの成果をあげていないという、にもかかわらず、さらなるアベノミクスの継続を唱えている。

与党、野党ともにまったく手づまりなのである。そして両党派とも、なぜアベノミクスが十分な成果をあげえないのか、という基本的な点を論じようとはしない。いったい、どうしたことであろうか。

根本的な問題は次の点にある。アベノミクスには、デフレを脱却し、グローバル経済のなかで競争力を確保すれば日本経済は成長する、という前提がある。だがこの前提は妥当なのだろうか。「失われた20年」といわれる。もしも「失われた」というなら、なぜそのような事態になったのであろうか。私には、それは小手先の政策論でどうにかなるものではないと思われる。停滞の20年をもたらした根本的な要因は、ひとつは、人口減少・高齢化社会への移行であり、ふたつめは、金融、ITによる急激なグローバル化である。人口減少・高齢化が現実的な事態になれば、当然ながら市場は拡大できない。高齢者への資産の偏在は消費を増加させない。また、グローバル化は企業を新興国との競争にさらすことで、物価とともに労働コストの圧縮をもたらす。つまりデフレ圧力となる。そして、そういう状況下にあって、国際競争力の確保という名目のもと、構造改革という市場競争主義路線を採用したのであった。

だからこうなるだろう。もしも「失われた20年」からの脱却と成長経済を目指すならば、少なくとも、人口減少・高齢化対策を打ち、金融グローバリズムから距離をとり、市場競争中心の構造改革をやめるべきである。

しかし、できることとできないことはあろう。人口減少・高齢化を食い止めることは難しい。グローバリズムもある程度は認めるほかない。おまけに、日本だけではなく、今日、世界中が先行き不安定で不透明な状態に宙づりにされている。英国のEU離脱をみても、米国の次期大統領候補をみても、中国の先行きを見てもそれは明らかで、この重苦しい不確実性が、個人消費も企業投資も伸び悩む理由のひとつとなっている。

とすれば、無理に、成長、成長といわずに、むしろ低成長を前提にする方が現実的であろう。そして私にはそれが悪いことだとは思われない。日本はすでに物的な財や資産という点ではかつてなく豊かな社会になってしまった。「失われた20年」なのではない。低成長へ移行するのは当然のことであろう。そして低成長経済は、過度な競争社会であってはならないし、グローバル経済に国家の命綱を預けるべき経済ではない。それは、従来の成長主義、効率主義、競争主義という価値観からの転換を要するだろう。その価値観こそが本当は争点とすべきことではないのだろうか。

スポーツと民主主義「停泊地」失った現代世界

朝日新聞
2016年8月4日

昔、ある人から、「君、スポーツの語源を知っているかい。これは相当にひどい意味だよ」といわれたことがある。じっさい、スポーツとは「ディス・ポルト」から出た言葉である。「ポルト」とは「停泊する港」あるいは、「船を横づけにする左舷」という意味だ。「ディス」はその否定であるから、「ディス・ポルト」とは、停泊できない状態、つまり、秩序を保てない状態であり、はめをはずした状態、ということになる。「ポルト」にはまた「態度」という意味もあるから、「まともな態度を保てない状態」といってもよい。

どうみても、あまり褒められた意味ではなさそうである。事実、英語の「スポート」にも「気晴らし」や「悪ふざけ」といった意味があり、これなどまさしく語源をとどめている。

その「スポーツ」の祭典が6日からリオで始まる。ロシア選手の組織的なドーピング問題や、大会会期中、不測の事態に要注意などといわれる今回のオリンピックをみていると、ついその語源を思い起こしてしまう。ロシアのドーピングなど、はめがはずれたのか、たががはずれたのか、確かに停泊すべき港からはずれてしまった。

ところで、スペインの哲学者であるオルテガが「国家のスポーツ的起源」という評論のなかで、国家の起源を獲物や褒美を獲得する若者集団の争いに求めている。その様式化されたものが争いあう競技としてのスポーツであるとすれば、確かに、ここにもスポーツの起源と語源の重なりを想像することは容易であろう。

いうまでもなくオリンピックは古代ギリシャ起源であり、ギリシャ人はスポーツを重んじた。争いを様式化し、競技を美的なものにまで高めようとした。そしてギリシャでは「競技」が賛美される一方で、ポリスでは「民主政治」が興隆した。民主主義とは、言論を通じる「競技」だったのである。肉体を使う競技と言語を使う競技がポリスの舞台を飾ることになる。

古代のギリシャ人を特徴づける特質のひとつはこの「競技的精神」なのである。スポーツと政治は切り離すべきだ、などとわれわれはいうが、もともとの精神においては両者は重なりあっていたのであろう。

ということは、その起源（語源）に立ち返れば、両者とも一歩間違えば「はめをはずした不作法な行動」へと崩れかねない。競技で得られる報酬が大きければ大きいほど、ルールなど無視してはめをはずす誘惑は強まるだろう。

それを制御するものは、自己抑制であり、克己心しかなかろう。そのために、ギリシャでは、体育は、徳育、知育と並んで教育に組み込まれ、若者を鍛える重要な教科とみなされた。その三者を組み合わすことで、体育はただ肉体の鍛錬のみならず、精神の鍛練でもあり、また、自律心や克己心の獲得の手段ともみなされたのであろう。その上で、運動する肉体を人間存在の「美」として彫像に刻印しようとした。

問題は、言論競技としての民主主義の方で、むしろこちらの方が、成功したのかどうかあやしい。民主主義の精神を鍛えるなどということは不可能に近いからである。ただわれわれが垣間見ることができるのは、ポリスのソフィストたちの「言論競技」のなかから、ソクラテスのような人物があらわれ、「哲学」を生み出したことである。

しかしそのためにはソクラテスは「言論競技」を切り捨て、それを「言論問答」におきかえねばならなかった。彼は、政治よりも真の知識（哲学）を優位におき、それを教育の根本にしようとした。そうでもしなければ、スポーツも政治もただただ「はめをはずす」ことになりかねなかったからであろう。

さて、これはギリシャの昔に終わったことなのであろうか。今日、われわれの眼前で展開されている事態をみれば、決してそうはいえまい。民主政治は、どこにおいても「言論競技」の様相を呈している。アメリカのトランプ大統領候補をドーピングぎりぎりなどといえば冗談が過ぎようが、この現象が「ディス・ポルト」へと急接近していることは疑いえまい。民主主義のたががはずれかけているのだ。

スポーツに高い公正性や精神性（スポーツマンシップ）を要求するアメリカで、民主主義という政治的競技において高い精神性や公正性が失われつつあるのは、いったいどういうことであろうか。

今日、オリンピック級のスポーツには、ほとんど職業的とでもいいたくなるほどの高度な専門性を求められる。そのためには、スポーツ選手は職業人顔負けのトレーニングを積まなければならない。これは肉体的鍛錬であるだけではなく、高度な精神的鍛練でもある。そこまでして、スポーツ選手は「ディス・ポルト」を防ぐ。しかし、政治の方には、そのような鍛錬はほとんど課されない。

その結果、高度なスポーツは「素人」から遊離して一部の者の高度な技能職的なものへと変化し、一方、政治は「素人」へと急接近して即席の競技と化している。どちらも行き過ぎであろう。スポーツと民主主義を現代にまで送り届けたギリシャの遺産が、ロシアのドーピングやアメリカの大統領選挙に行きついたとすれば、現代世界は規律や精神の鍛錬の場である確かな「停泊地」を失ってしまったといわねばならない。

スモール・イズ・ビューティフル 今こそ問われる成長の「質」

朝日新聞
2016年9月2日

本というものは不思議なもので、かなりの年月を経て読み返せば、以前とは相当に異なった印象を受ける時がある。前にはたいへんに面白く感銘を受けたものが、再び読めばどうも色あせて感じることもあれば、またその逆もある。

先日、シューマッハーの『スモール・イズ・ビューティフル』という本を読み返した。原書が出版されたのが1973年、邦訳が76年。世界的なベストセラーとしてあまりにも有名で、ある年代のものには、たいへんになじみの深い書物であろう。

この頃、私は大学院生であった。この書物も読んではみたが、さしたる感銘も受けなかった。別に異論があるわけではなく、書かれていることは至極当然であるものの、至極当然のことしか書かれていない、という印象であった。おまけに、「小さなことは美しい」というこのタイトルにも、なんともいえない偽善を感じたのであった。

ところが、それから40年たって、たまたま再読した。面白い、と思った。私の考えが変わったわけでもない。多少の経験のゆえに読解力が鋭くなったわけではない。時代が変わったのである。もっと正確にいえば、本書でシューマッハーが訴えている「当然」のことが、実に新鮮に響くようなところまで、時代が進んでしまったのである。

シューマッハーは、ドイツ生まれで、戦後はイギリスの石炭公社の顧問をしていた文明論者である。70年代初頭の、高度に発展した先進国の工業文明がもたらす、経済拡張主義や巨大化する技術を批判することが本書の意図であった。書名から見当がつくように、化石燃料資源をふんだんに使い、自然や環境を破壊し、効率化をめざす技術革新を遂行して、より大きく、より多く、より遠くまで、を目指して経済成長を続ける先進国の工業文明はもはやもたない、というのが彼の基本的な考えである。

この工業文明に対し、シューマッハーは、人間が、人間的な仕事をし、安定した生活をし、よい社会的関係を作っていくには、ものごとには適切な規模がある、という。巨大信仰、効率信仰、成長信仰ではなく、もっと、人間の身のたけにあった経済活動があるはずだ、という。科学技術の力を使って経済成長を生み出す現代の巨大な機械技術は、人間が楽しんでする仕事や、頭や手を使って行う創造的な仕事を奪ってしまった。それは、自然や環境を破壊するだけではなく、人間の尊厳や創造的能力をも破壊しかねない。

そうではなく、人間の創意工夫や楽しみと結び付いた、より機械化のレベルの低い「人間的な技術」があるはずだ。また、より小規模ではあるものの、土地や地域とつながった経済活動がありうるはずだ、という。「小さくてもだいじな自分たちの土地や天然資源の面倒をよくみること」が重要だという。

つまり、物をやたら作り、企業も都市も大きい方がよいという「大きい規模」をめざす現代文明に対して、自然や地方の生活、土地と農業を取り込んだ「適切な規模」を維持するもうひとつの方向がありうると主張する。これは、ひとつの価値観の転換であり、シューマッハーの言葉を借りれば、新たな「形而上学《けいじじょうがく》」なのである。そのためには、まずは、今日の効率至上主義や物的な拡張主義を支えている経済学の考えから解放されなければならない。

60年代末から70年代にかけては、一方で、工業社会は未曽有の豊かさを生み出し、日本でも大阪万国博が開催されると同時に、他方で、公害問題や環境問題が叫ばれ、朝日新聞も「くたばれＧＮＰ」といった特集を組んでいた時代であった。「人間性の回復」や「物質至上主義からの解放」などといったことは、ひとつの知的流行でもあった。だから、『人間復興の経済』という邦題を冠したこの書物など、まさしくこの知的流行に棹《さお》さしたもののように、私には思われた。「人間的」とか「人間らしさ」という形容詞がいかにも安直なヒューマニズムに思えて、まずそこに反発したのである。

しかし、それから40年たった。今日、かつてなく、技術主義と拡張主義は至上命令になっている。ＩＴ革命は次にＡＩ（人工知能）革命を生み出そうとし、機械はロボットへ置き換えられようとしている。このような先端技術をいち早く採用した国や企業がグローバル市場を制覇して経済成長を可能とする、という。第４次産業革命とやらだ。アメリカもＥＵ（欧州連合）もこの方向で経済成長を追求し、日本も遅れまいと、これらを成長戦略に組み込んでいる。ＡＩとロボットが人間を代替するような世界を目指している。

こうなると、「人間復興の経済」などというタイトルが、妙に新鮮に響くのである。今日、われわれは、グローバル競争に勝つために成長戦略をとり、そのために技術革新にやっきになっている。本末転倒であろう。

シューマッハーは次のようなことを述べている。ある国のGDPがたとえば5%のびたといっても、それがよいことなのか、悪いことなのか、経済学者は答えられない。病的な成長、不健全な成長、破壊的な成長というものもある。「質」を問わねばならない、と。AIやロボットが、そしてグローバル競争が「人間」に対して何をもたらすのか。それはよいのかどうか。こうした問いをわれわれは発しなければならない時代なのである。

保守とは何か 奇っ怪、米重視で色分け

朝日新聞
2016年10月7日

産経新聞のインタビューのなかで「私はバリバリの保守だ」といった蓮舫氏が民進党の代表になっている。大きくわければ自民党は保守、民進党はリベラル、というのが世間の通念であり、蓮舫氏は、自分は保守の立場も理解できる、といいたかったのかもしれない。しかし、実は、保守もリベラルもなかなか理解しづらい言葉なのである。

われわれは、今日の政治を色分けするさいに、つい保守とリベラルといった対立を作り出してそれに寄りかかってしまうのだが、本当にそんな対立があるのだろうか。

たとえば、しばしば、安倍首相は保守色の強い政治家だ、などといわれる。同じ自民党でも、先日亡くなった加藤紘一氏はリベラルだとされる。それでわれわれはつい何かを理解したつもりになってしまう。しかし、今日の日本にはリベラルはおろか、保守という確かな思想が存在しているのだろうか。

そもそも「保守」とは何か。今日の日本では、「保守」が政治的権力を掌握し、これに対して、「リベラル」がその対抗勢力であるかのように語られる。しかし、もともとは、「保守」の側が抵抗勢力であった。

フランス革命が生み出した自由、平等、人権などの普遍性を唱え、それを政治的に実現すべく市民革命によって権力を掌握した革命派がリベラル（左翼）であり、それに抵抗して、伝統的社会秩序や伝統的価値観を重視したのが保守である。

イギリスの政治家であったエドマンド・バークが保守思想の父と呼ばれるのは、彼が、フランス革命が掲げた革命的な社会変革や人権などの抽象的理念の普遍性を批判したからである。改革は漸進的で、その社会の歴史的構造に即したものでなければならない、と彼は述べた。なぜならば、人間は既存の権威を全面的に否定して、白紙の上にまったく新しい秩序を生み出すことなどできないからである。人間の理性的能力には限界がある。それを補うものは、歴史のなかで作り上げられた慣習的秩序や伝統の尊重である、という。これが本来の保守であり、今でもイギリスに強く根を張っている。

ところが、近代社会は、系譜的にいえば、フランス革命の革命派の流れの上に成立した。つまり、自由、平等、民主主義、人権主義などの普遍性こそが近代社会の基本理念になってしまった。これをリベラルというなら、近代社会はリベラルな価値によって組み立てられている。「保守」はいわばリベラルの暴走をいさめる役割を与えられたのだ。

ところが話が混沌《こんとん》としてくるのは、アメリカが現代世界の中心に躍り出てきたからである。いうまでもなく、アメリカは王制というイギリスの政治構造や伝統的価値を否定して革命国家を作り出した。「独立宣言」にもあるように、その建国の理念は、個人の自由や平等や幸福の追求の権利をうたっている。

その結果、もしもアメリカの建国の精神という「伝統」に戻るなら、そこには、個人の自由、平等、民主主義など「リベラル」な価値が見出されることになる。かりに伝統への回帰を「保守」というならば、アメリカの「保守」とは、自律した個人、自由主義、民主主義、立憲主義などへ立ち戻ることである。ここに宗教的・道徳的価値を付け加えればよい。これに対して、「リベラル」は、20世紀の多様な移民社会化のなかで、文化的多様性と少数派の権利を実現するようなひとつの共同社会としてのアメリカを構想する。ここに、イギリスなどとは異なったアメリカ型の「保守」と「リベラル」の対立が生まれたのである。

ということは、本来のヨーロッパの「保守」からすれば、アメリカは自由、民主主義という普遍的理念の実現を目指す「進歩主義」の国というほかない。伝統を破棄して革新的な実験に挑むことが「進歩」だとする意識がアメリカには強い。こうした進歩主義を警戒するのが「保守」だというなら、アメリカには本来の意味での「保守」はきわめて稀薄なのである。

さて、それでは日本はどうなのか。われわれは、アメリカとの同盟を重視し価値観を共有する者を「保守派」だという。安倍首相が「保守」なのは、まさしくアメリカとの同盟重視だからだ。するとどうなるか。アメリカと協調して自由や民主主義の世界化を進め、たえざる技術革新によって社会構造を変革することが「保守」ということになる。

これはまったく奇怪な話であろう。構造改革にせよ、第4次産業革命にせよ、急進的改革を説くのが「保守」だというのだ。もともと既成秩序の破壊、習慣や伝統的な価値の破壊を説き、合理的な実験によって社会を進歩させるという革新主義は「リベラル」の側から始まったはずなのである。それが「保守」へと移ってしまい、リベラルは保守に吸収されてしまった。

私は、「保守」の本質は、近代社会が陥りがちな、急激な変革や合理主義への抵抗にある、と思う。それは、社会秩序を、抽象的な普遍的価値に合わせて急激に変革するのではなく、われわれの慣れ親しんだ生活への愛着を大事にし、育ってきた文化や国の在り方を急激には変えない、という精神的態度だと思う。そして、この「本来の保守」の姿が今の日本ではみあたらないのである。蓮舫氏のように「バリバリの保守だ」といっている場合ではない。今日の日本に本当に必要なのは、「本当の」保守なのだ。

中等教育の再生「脱ゆとり」で解決するのか

朝日新聞
2016年11月3日

少し前に、アメリカの映画監督マイケル・ムーアの新作「マイケル・ムーアの世界侵略のススメ」をみた。ヨーロッパ各国をまわり、アメリカにはない、各国の「ジョーシキ」を紹介するというドキュメントである。そのなかでフィンランドの教育が紹介されていた。

フィンランドの教育改革は、２００３年のＯＥＣＤのＰＩＳＡ（学習到達度調査）でいきなりトップに躍り出たことでよく知られている。その理由を教育大臣にインタビューすると、宿題を廃止して、放課後は外で遊ぶように指令を出した、すると学力が上がった、という。いつも勉強ばかりしていては頭もはたらかなくなるでしょう、というわけだ。

かたや日本では、国際的な学力順位が低下したといい、教科書を分厚くして、授業時間を増やし、英語は小学校から始めるという話になっている。学力低下の原因は、授業がまだ足りないからだ、というのだ。

また、先ごろ発表された文部科学省の調査によると、昨年（２０１５年）度の小中高のいじめ件数は過去最多で22万件を上回り、暴力行為も約5万７０００件でこれも増加しているそうである。小中の不登校は12万６０００人で3年連続増加している。小学校では、いじめ、暴力、不登校すべて過去最多となった、と報告されている。

数字に反映されないものも含めればもっと多いだろう。また、統計化すると、個別の事情が隠れてしまい、かえって実態がわかりづらくなる、という点もあるだろう。しかし、いじめや暴力が常態化して学校が機能していない、という話はよく聞く。子供たちには大きなストレスがかかっているようにみえる。

その上に、ＰＩＳＡのランクを上げるため「もっと授業を」ということになっている。こうなると、学力的にできる生徒とできない生徒の差はいっそう開き、できない生徒はますます学校が面白くなくなるであろう。学校間でも格差ができるだろう。とすると、学力向上の方針が、いじめや校内暴力をいっそう激化させる結果につながりかねない。

今日の中等教育はあまりに問題を含みすぎており、どこから手を着ければよいのか、途方に暮れるといった状態にある。ストレスを抱えているのは教師も同じで、先の、暴力行為の14％が教師に向けられているという事実をみても、今日の学校の状況が推し量られる。

地域や学校によってかなりの差があるので、一般化はできないが、とりわけ公立中学校の教師の負担は、教職という職種からすると想像を絶するような忙しさである。週に25時間の授業をしつつ、それぞれの業務のほかに、部活、会議、素行不良生徒への対応等が続き、帰宅は深夜近くになる、などという話はよく耳にする。ある調査によると、フィンランドの教師の学校滞在時間が1日あたり7時間なのに対して、日本は平均11時間半におよぶ、という。

そこへもってきて、日本では土曜、日曜も部活のために出なければならない。部活にとられ

ントランドでさえ10年ほど前に日本でも話題になった。もちろん、人口550万人ほ

なっているケースが多い。これは、学校だけの問題ではなく社会問題でもあるのだ。

かも、いじめや校内暴力、不登校の場合、子供からすれば、家庭がうまくいかず居場所がなく

るのかもしれない。しかし、平均から下へかけては、学校自体が面白くなくなってしまう。し

トップレベルであろう。彼らは多くの機会にめぐまれその多くは充実した学校生活を送ってい

教育だと思う。おそらく日本において学力レベルでトップクラスの子供たちは世界水準でも

しれない。しかし、本当に深刻なのは、学力的にいえば「中」から「下」へかけた生徒の中等

確かに、分数の引き算ができない大学生も問題であろう。ＰＩＳＡの成績低下も問題かも

のうちに心身ともに消耗してゆく。こんなことが繰り返される。

問題を抱えた学校へ配属された有能な教師は、有能であるがゆえに問題校から脱出できず、そ

い教師の負担がますます高まる。こうして優秀な教師もつぶされてゆく。特に校内暴力などの

る。すると、ますます現場の教師の負担は増える。しかも、誠実で力を持った本来の教師らし

種についたはずの新任教師のかなりが、この現実のまえに挫折し、休職や転職を余儀なくされ

こうなると、教師も疲労困憊《こんぱい》するのは当然だろう。大学をでて教育というやりがいのある職

いる。多い教師はこれをはるかに超えるだろう。

ＯＥＣＤの調査によると、加盟国の週平均勤務時間が約38時間で、日本は54時間にもなって

がかくも大きいのか不思議なのだが、おかげで教師も生徒もほとんど休日がなくなっている。

る時間とエネルギーは相当なもので、部外者からすれば、いったいどうして部活のウェート

どの国と日本の比較はあまり意味はないし、フィンランド方式を日本に持ち込むのは無理であろう。しかし、フィンランド方式とは、一種のゆとり教育であり、平均以下の子供の底上げを狙って個々の子供に合わせた学習を採用するものであった。日本は逆に「脱ゆとり」で、ますます子供にも教師にも負担を強いる方向へ向かっている。思春期にはいる不安定な子供の中等教育はきわめて大事なものであり、一度、どこに問題があるのか、現場の教師の見解も含めて大規模な調査と議論を行うべきときであろう。

エリート・漱石の苦悩
西洋的理論がもたらす分断

朝日新聞
2016年12月2日

この12月9日は夏目漱石の100回目の命日である。小説も悪くないが、私は随想や小品が特に好きだ。『硝子戸の中《うち》』や『思い出す事など』の晩年の随想の味わいなど、こちらが年を経るにつれて、しみじみとした感慨を与えてくれる。もっとも、漱石は49歳で死去しているから、晩年といっても決して年を取っていたというわけではない。

その漱石が、明治の末年に行ったある講演のなかで次のようなことを述べている。ドイツにオイケンという学者がいてこういうことをいっている。近頃、人々は一方で自由や開放を望み、他方では秩序や組織を要求している。しかし、この矛盾するものを両方とも実現することは無理で、どちらかに片づけなければならない、と。

これは、一見したところもっともらしく聞こえるが、実は、こんなことは、この世界を傍観している学者の形式論に過ぎない。実際には、われわれは、日常生活のなかでこの背馳《はいち》するふたつのことを両方行っているではないか、と漱石はいう。

学者というものは、普通の人より頭もよくしっかりとものを考えているのだから、間違うはずはない、と思いがちだが、学者の態度は、対象から身を引き離して、それを観察し形式論を立てるに過ぎない。しかし日常の世界のなかで活動しているものにとってはこんな傍観者的な観察はあまり意味はない。矛盾に満ちたこの世界を自分のこととして体験するほかない、というのである。

もっともだと思う。だから、漱石は、東京帝大の学者の地位を捨てて、日常の「ふつうの人」の心理や人間関係の、それこそ矛盾に満ちた微細を描く小説家に転身したのであった。オイケンを取りあげながら、漱石は、学者の形式主義が、不完全な人間である「ふつうの人」つまり、市井の庶民の心理や経験から乖離《かいり》してゆくことに不満をもらしていた。今日的にいえば、人間や社会を対象とした実証的科学が、その対象とする人間や社会の実際とはかけ離れていってしまう。それにもかかわらず、社会を指導し、動かすものは、この学者の形式論なのである。各種の専門的な知識人が、傍観者的に、理想的な社会を描き、そちらへ社会をひっぱっていこうとしても、「ふつうの人」は動かない、というわけである。つまり、エリート層と庶民の間に大きな懸隔《けんかく》ができてしまう。

ここにもうひとつ、大事な問題が絡んでくる。それは、日本の指導的な学者や知識人などのエリート層は、多くの場合、西洋の学問を身に着けた人たちだ、という点である。西洋の近代科学の方法は、まさしく対象から距離を取り、それを観察して、論理的で形式的な帰結を得ようとする。そして、その多くは、西洋社会を対象として得られた「理論」である。それを日本社会に適用すればどうなるか。学者やエリート知識人たちの「理論」はまったく庶民の現実からはかけ離れてしまうだろう。それにもかかわらず、この方向で社会が動くなら、「理論」とは違う「現実」を生きている「ふつうの人々」はますます神経をすり減らしてゆくだろう。

ところが漱石の生きた明治の時代は、エリート層による欧化政策こそが進歩だとみなされ、近代化とされた。当時の一級の英文学者でありながら、英国留学で散々な目にあった漱石は、エリート知識人たちが拠《よ》りどころにする西洋の思考方法は、とてもではないが、そのまま日本に当てはまるものではないことを十二分にわかっていた。とはいえ、漱石もまたひとりの知識人である。そこに彼の苦悩があった。

こうしたことは、グローバル化や国際化が叫ばれる今日のわれわれにも無縁ではないと思う。大学で教えていたころ、私は、1、2回生向けの少人数講義で、しばしば、「現代日本の開化」や「私の個人主義」といった漱石のよく知られた文明批評を取り上げたが、大半の学生は、ここでの漱石の問題に共感を示していた。それは、今日の「われわれ」の問題でもある、というわけだ。

確かに、この20年ほどをみても、グローバル化へ向けた社会変革を説く専門的学者や官僚、ジャーナリズムなどのエリート知識層は、西洋（特にアメリカ）発の学問や知識を母体にした合理主義で社会を「進歩」させようとしてきた。そして、それがどうやらエリート層と庶民の間の大きな分断を生み出すであろう、という様相は、日本よりも、まずは、トランプ現象に翻弄《ほんろう》されるアメリカをみれば顕著であろう。

もっとも、アメリカなどよりも社会の一体感のつよい日本では、エリート知識層だけではなく、「ふつうの人」の方も、西洋発の知識や思想を権威と考える傾向が強い。

漱石は、ある「断片」のなかで次のようなことを書いている。近年では、「現代的」という言葉がよく使われる。これに対して、昔の人は古人とか古代を尊敬したものである。だが今日の日本では、西洋の新しい人の名を口にすることが権威になっている。つまり、昔の人ではなく、自分に近い同時代人を持ち出す。この傾向が極限までくれば、自己崇拝ということになる。じっさい、今日の日本人が新しい西洋人の名前を引用するのは、その人を尊敬しているからではなく、その名前を借りて自分を崇拝しているのだろう、と。漱石の死から100年たって、残念ながら事態はどうもあまり変わってはいない、といわざるを得ない。

退位問題に思う天皇制と民主主義の矛盾

朝日新聞
2017年1月6日

天皇陛下が退位の願いを強くにじませたメッセージを発せられて以来、退位の是非についての議論が続いている。私にはそれほど強い意見もない。制度としての天皇制度の存続と、天皇の生身の身体の間には、どうしても不都合を生じる可能性がある。戦後の天皇は、人間宣言によって現人神《あらひとがみ》ではなく生身の人間であることを宣言されたのだから、人間としての天皇が、天皇制度という制度のなかで果たす役割に限界を生じることはありうる。したがって退位を可能とする方向で、天皇制度を確かな形で存続させることこそが肝要な点だ、と考えるだけである。

ところが実は、その「天皇制度を確かな形で存続させること」が、ある意味ではたいへんに難しいのであり、そこにきわめて重要な問題が潜んでいる。というのも、戦後憲法のもとでは、天皇の地位は、あくまで国民の総意にもとづくものであり、その地位の継承や安定性は、皇室典範によって規定され、その皇室典範は通常の法律と同様に、国会で改正できるからである。つまり、天皇の地位やその在り方は、もっぱら国民の意思に委ねられている。端的にいえば、国会の意思によって皇室の在り方を改変できるのみならず、「国民の総意」によって、憲法改正をへれば、天皇制度を廃止することもできるのである。

これに対し、戦前の皇室典範は憲法の外にあり、国会によって改正できるものではなかった。それは、一方で、明治国家は西洋型の立憲君主制を模倣しつつ、他方では、あくまで天皇に対し「神聖にして侵すべからざる」存在としての神格を与えたからである。天皇は、立憲主義の範囲におさまる部分とそれを超え出た部分の二重性を持っていた。

これは一種の矛盾であり、その矛盾が統帥権の独立などという形で現れもした。では、戦後はどうか。天皇の神格性を否定し、英国型の立憲君主制の枠の中に収め、さらに、いっさいの政治的行為から切り離した。戦後日本の「国のかたち」は、象徴天皇による形式上の立憲君主制であり、実体上は民主主義〈国民主権〉ということになろう。あくまで民主主義によって支えられる天皇制〈君主制〉ということになった。

ところが、話はそう簡単ではない。憲法にはまた、皇位は世襲であり、皇室典範にしたがって継承される、とある。つまり、日本国、および日本国民の統合の象徴としての天皇は、単なる王家の一族でもなければ、単なる制度でもなく、日本の歴史の持続性、国民統合の継続性を示すものとされている。それが、皇位は世襲される、ということの意味であろう。

すると、ここで天皇の神格性は否定されているものの、また別の問題が発生する。皇位を世襲するという国民統合の歴史的継続性を示す原理と、国民主権の民主主義は決定的なところで齟齬《そご》をきたすのではないか、というやっかいな問題がでてくるのだ。

天皇の位置は明らかに民主主義の原理からは外れている。つまり、その外にある。なぜなら、皇室は、表現の自由も選挙権も信教の自由も持たない、つまり基本的人権を持たないという意味で、近代憲法の枠外の存在というほかないからだ。

この難問を解決しようとするなら、原理的には次のふたつしかなかろう。ひとつは、天皇の地位は国民の総意にもとづく、という場合の「国民」を、今ここにいる自由な「私」の集合体としての「国民」ではなく、日本の歴史的伝統を背負い、その遺産の受託者としての「国民」として理解するか、もしくは、天皇を近代憲法や国民主権の原理から外し、それを超えた、あくまで形式的で象徴的な日本国の主宰者であるとするかであろう。

このどちらも難しい。私は、日本の「国のかたち」は、後者のようなものと理解すべきだと思う。だが、このことが示しているのは、日本の天皇制度と、西洋から導入した近代的な立憲主義や民主主義の間に何か根本的に食い違いがある、という事実であろう。日本の政治体制は、基本的には君主国である英国に近いが、それでも大きな違いがある。

日本の天皇制度の伝統的な本質は、次の三点に要約できると思われる。第一に、天皇の地位は血脈による世襲である。第二に、天皇は、人であると同時に、何らかの意味で聖性を帯びている。そこで、天皇は、一方で神をまつる「祭祀《さいし》の長」であると同時に、他方で、その聖性を「たてまつられる」という二重性を持つ。第三に、天皇は、形式上は政治の主宰者であるが、自らは祭祀や儀礼によって権威を代表し、実際上の政治的な権力には関与しない。

これは、あくまで世俗的な征服王朝から始まった英国流の君主とも違い、おそらく世界（先進国）には例を見ないものであろう。戦後の日本では、第一と第三の特質は残したが、第二の聖性は否定した。しかし、本来はこの三者は簡単には切り離せないのである。われわれは、いまでも第二点の「聖性」を心のうちに持っているのではなかろうか。それは天皇個人というよりも、天皇という制度そのものが暗示するものである。そもそも、天皇を戴く日本の歴史的な「国のかたち」と戦後の民主主義や西洋流の立憲主義の間に齟齬が生じるのは当然ともいえよう。この齟齬を全面的に解決する方策はないが、天皇の退位問題を通してわれわれが見るべきものは、こうした困難な事情ではなかろうか。

グローバリズムの時代に保護主義は本当に悪か

朝日新聞
2017年2月3日

トランプ大統領の「米国第一主義」政策が、予想通りの波紋を広げている。経済でいえば保護主義政策が俎上《そじょう》に載せられる。もちろん、論議の大半は批判である。私はこの批判に必ずしも納得しているわけではない。ただ、このグローバリズムの時代に保護主義などとんでもない、というのが一般的な通念だろうと想像はつく。

なにせ、先日のスイスでのダボス会議では、あろうことか、中国の習近平《シーチンピン》主席が、自由貿易とグローバリズムを守らねばならない、と演説したのである。つい噴き出してしまうが、それほど保護主義は分が悪い。

私は、特に天邪鬼《あまのじゃく》でもないが、こうした通念はつい疑いたくなってしまう。われわれは、いつのまにか、自由貿易は善、保護主義は悪と思い込んでいる。だがそれは本当に正しいのであろうか。

どうしてトランプが大統領に選出されたのかを改めて思い出してみよう。最大の理由は、米国製造業の衰退によって白人労働者の仕事が奪われたからであった。ではそれを奪ったものはなにか。ひとつは、労働節約的に作用する技術革新である。

だが、グローバリズムがその一因になったことも否定できない。グローバル化のなかで、先進国の製造業は新興国との激しい競争にさらされる。その結果、企業は労働コストを下げようとする。そのために先進国の賃金は下方圧力を受け、雇用は不安定化するだろう。ましてや先進国の企業が生産拠点を海外に移せば、国内では産業空洞化がすすむ。つまり、グローバル化は、競争力を失いつつある先進国の産業や労働者に大きな打撃をあたえる。

この状況のもとで自由貿易をやればどうなるか。安価な製品が、新興国や競争相手国から流れ込んでくる。こうなると、ある種の産業は衰退を余儀なくされる。それが自動車のように米国の誇る製造業の中核産業であれば、米国は確かに大きな打撃を受けるだろう。

もとはといえば、急激なグローバリズムや自由貿易が、米国製造業の白人労働者層に打撃をあたえていたのだ。しかも、冷戦以降のグローバリズムを推進したのもまた米国であった。皮肉なことである。

自由貿易論者はいうだろう。そもそも、米国が自動車のような競争力の低い産業に固執する方がおかしいのだ。自由貿易とは、各国がそれぞれの得意分野に特化して貿易するという国際分業体制である。すると両国でウィンウィンの関係を結べる、と。

しかし、話はそれほど簡単ではない。昔、日本がまだ半導体で世界をリードしていたころによく引きあいに出された例がある。仮に米国の土壌がジャガイモに適しており、日本の労働者が半導体の生産に適していたとしよう。すると、米国はもっぱらポテトチップを生産し、日本はシリコンチップを生産し、両国が貿易すればよい。これでウィンウィンになる、というのである。

だがもちろん、米国は世界に冠たるポテトチップ大国では満足できない。そこでどうするか。政府が半導体産業を支援したり、あるいはIT等に投資して先端産業を育成するだろう。つまり、自国の優位な産業を政府が作り出すのである。

こうなると、自由貿易の正当性は崩れてしまう。しかもグローバリズムのもとでは、資本も技術も情報もきわめて短期間で国境をこえて移動する。すると、新興国の政府も率先して資本や技術を投入し、教育の質を高め、競争優位を発揮できる産業を育成するであろう。今日の中国や韓国をはじめとする新興国もまさにそうしたのであった。

かくて、グローバリズムのもとでは、自由貿易は決しておだやかな国際分業体制などには落ち着かない。それどころではない。何を自国の売り物にするかを各国の政府が戦略的に作り出すだろう。ここに激しい国家間競争が生じる。グローバリズムは、国境をこえた自由な貿易どころか、政府による経済への戦略的な介入をもたらしてしまうだろう。新重商主義とでもいうべきものだ。それが時には、保護主義にもなる。

しごく当然のことで、激しいグローバル競争によって衰退する産業がでてくれば、その労働者の不満をすくい取るには、保護主義しかないだろう。デトロイトで自動車の組み立てをやっていた労働者をいきなりウォール街に連れてきて金融ディーラーをやれといっても無理である。労働者の適応能力よりもグローバルな競争の方が激しすぎるのである。

私は、保護主義の方が優れているなどといっているのではない。ただ、保護主義をもたらしたものは、実はグローバリズムのもとでの自由貿易体制であった、という認識から出発したいのである。そうだとすれば、これは米国だけのことではない。日本も同じ状況に置かれている。「トランプの保護主義は危険だ、自由貿易を守れ」といってもあまり意味はないのだ。

だからまた、トランプを反グローバリストと断定するわけにもいかない。保護主義も米国第一主義も、ある意味では、グローバリズムを前提にした上での、それへの対応なのである。急激なグローバリズムが、強い国家による内向きの政策を生み出した。世界はすでにその段階に入りつつある。保護主義が危険なのではなく、敵対的で急激な保護政策が危険なのだ。いわば節度ある保護主義をうまく使うことを考えなければならない時代なのである。

民主政治のよりどころ「事実」は切り取り方次第

朝日新聞
2017年3月3日

トランプ大統領の就任から1カ月以上たっても、いまだに、この人物の言動が世間を騒がせている。とりわけ大手メディアとの対立は激しくなっているが、この「対立」の様相を報じるのがまたメディアであり、こうなると、審判が試合に参加しているような、あるいは、一方の側の選手が実況中継しているような感じでもある。

それでは困るとばかりに、トランプ氏は「メディアは嘘《うそ》つきだ」といい「フェイク・ニュース（偽のニュース）」を報道している、という。それに対して、メディアの側は、トランプ大統領は事実を尊重しない、と批判する。少し気の利いた識者は、今日の政治は「ポスト・トゥルース」の政治、つまり、「真実」が意味をなさなくなった政治だ、という。トランプ氏を選出した昨年（2016年）11月の大統領選挙など、まさしく「ポスト真実」の選挙だった、というわけである。いわば、あの大統領選挙自体がフェイクだったといいたいのであろう。

トランプ氏の発言が、「事実との食い違い」という点であまりにお粗末である（たとえば、先日のスウェーデンでテロが起きたかのような発言など）ことは事実で、確かに思慮あるべき大統領としては論外といいたくなる。ところが、私にもっと興味深く思われるのは、多くの人が、特にトランプ支持者は、彼の発言が事実に合致しているかどうかなど、さして問題にしていないように見える点である。「スウェーデンでテロはなかった」という「事実」を突き付けられてもさして動揺もしないのであろう。

ここにはかなり興味深いことがあるが、考えようによってはたいへんに深刻な事態だとも言える。

メディアは、トランプ氏は事実を平気でねじ曲げる、と非難する。ということは、メディアは事実に基づいた報道を行っている、ということであろう。しかし、では「事実とは何か」と問えば決して話は簡単ではない。先の大統領選挙では、米国の大半の大手メディアはヒラリー・クリントンの優勢を伝えていた。この「予測」は、各種の取材にもとづく、つまり「事実」によるものだった。しかし、ある日本のジャーナリストは、現地に行って集会に出かければ、トランプ陣営の方にはるかに熱気を感じるといい、トランプ勝利を予測していた。彼の皮膚感覚のようなものであろう。では、この場合、「事実」はどちらにあったのだろうか。

われわれが「世界」について知るのはほとんどメディアを通してである。例えばトランプ氏がどのような人物であるかもメディアを通して知りうるだけである。メディアが提供する情報をわれわれは「事実」だと思っている。ではメディアは本当に「事実」を報道しているのだろうか。

そうは簡単には言えない、と述べたのは、『世論』を書いた米国のジャーナリストであるリップマンであった。1922年だから100年近くも前のことだ。

この古典的な書物において、彼は、メディアがいう「事実」なるものは、その取材者の世界観や先入見によって「世界」を恣意《しい》的に切り取ったものだ、という。それは、ジャーナリストの悪意というより、人間の認識そのものの構造なのだ。「世界全体」などわれわれは見ることも知ることもできない。せいぜいその一部を切り取るのだが、その切り取り方にすでに先入見が持ち込まれている。こういうのである。

そして、リップマンが警鐘を鳴らしたのは、疑似的な「事実」をもとにメディアが作り出す「世論」が、現実に政治を動かすからである。「世論」が民主政治を動かす「神」のごときものとなれば、自己の主張を「事実らしく」みせて「世論」を形成することで政治に影響を与えることができるだろう。トランプ氏からすれば、メディアは最初から偏った報道で世論を作り出している、といいたいのであろう。

ところで、今日、われわれはもはや、トランプ氏と同様、「客観的な事実」などというものを容易には信じられない世界にいる。たとえば、東京都の豊洲市場予定地についての確たる「事実」はどこにあるのだろうか。南スーダンで何が起きているのだろうか。すべては「見方」の問題ではないか、というほかない。そして、民主主義というものは、客観的で確かな事実や真実などわからない、という前提にたっている。それより、人々がそれをどう判断し、どう解釈するかという個人の見解の自由に基礎をおいているのだ。

だから、古代ギリシャのポリスの民主政治においては、「事実」はどうあれ「説得」する技術を教えるソフィストが大活躍したのである。トランプ氏がもしも「事実」などより「説得」によって政治は動く、と考えているとすれば、彼こそはもっとも民主主義的な大統領ということになるであろう。メディアが「事実」を持ち出して争っても分が悪いのだ。「ポスト真実」は今に始まったことではない。民主政治と不可分である。われわれが頼りにすべきものは、「事実」そのものというより、それについて発言する人物（あるいはメディア）をどこまで信用できるか、という「信頼性」だけなのである。その信頼性を判断するのは結局われわれ一人一人なのである。われわれにその判断力や想像力があるかどうかが政治の分かれ目になるのであろう。

道徳の教科化 教えがたい社会生活の基本

4月になると学校では新学期が始まる。来年（2018年）度以降、小中学校で道徳が教科化される。数年前に起きた大津での中学生のいじめ自殺問題を発端にしたようで、「礼儀」や「感謝」や「生命の尊さ」などを学習するようだ。

これを聞いて、私はいささか居心地の悪い気分になる。私は「道徳的なもの」を身に着けることが教育の基本だと思っているので、学校教育による道徳的なものへの関心はきわめて大事だと思っている。しかしまた、教科化によって週に1時間の「学習」だけではどうなるものでもない。むしろ、それで「生命の尊さを教えました」などと形だけ整える、ということになりかねない。

戦前の国家主義と結びついた過剰なまでの道徳主義の反動で、戦後は逆に、道徳を、前近代的で、あたかも封建社会の残影のようにみなす傾向があった。それは学校だけではなく、社会全体の風潮である。反道徳的であることが進歩的であるかのような空気が支配していた。その影響をもっとも強く受けたのが学校であり、子供たちである。

そのうちに子供たちは学校で暴れだし、いじめが横行するにいたる。そこで、道徳教育の必

朝日新聞
2017年4月7日

要性が唱えられるようにもなるのだが、いかんせん、道徳教育の最大の問題は、道徳的な態度こそが教育の根幹であるにもかかわらず、それを教育することは至難の業だ、という点にある。

道徳的な態度とは、目上の者に対する礼節、権威あるものに対する敬意、最低限の規律や秩序への同調、公共的な場所での自己抑制などを含む。そして、それがなければ学校のような集団生活は成り立たない。だから、道徳的な態度は、学校教育が成立する前提となる。にもかかわらず、学校教育のなかでそれを「教える」ことは不可能に近い。これは道徳教育の持つ根本的なディレンマなのである。ただ、「道徳」を教えることはできないが、「道徳的な感覚」まで伝授不可能だとは私は思いたくない。

大学に奉職していたころ、内村鑑三の『代表的日本人』で取り上げられている5名の日本人を知っているかと学生にたずねてみた。知っているのは、たいてい西郷隆盛だけである。二宮尊徳、上杉鷹山、中江藤樹、日蓮など、まず知らない。もちろん、時代は変わる。「代表的日本人」も変わる。イチローや稀勢の里がはいってもかまわない。

しかし、わずか100年ほど前にとりあげられていた人物の名前も知らない、というのはあまりに不自然なことである。その不自然を生み出したのは、戦前と戦後の間の断絶である。そして、内村が名前をあげた人たちは、すべて、私心をなげうって、社会や国や親や貧窮者のために奉仕した人である、つまり公共心と無私の精神を体現した人であったことを考えれば、戦後という時代は、この種の公共精神を排除する方向へ歩んだことになろう。

ところが面白いことに、内村の『代表的日本人』を読んだ学生たちは結構、感動したりしている。ついでに新渡戸稲造の『武士道』なども、彼らにはむしろたいへんに新鮮に響くらしいのである。

来年度の道徳の教科化においては、19から22個の道徳的項目を取り入れるという。道徳的項目が20個にもおよぶとは私には思えない。道徳の基本はといえば、私には次のようなものだと思われる。卑怯《ひきょう》なこと（たとえば弱いものいじめ）はしない、友人を裏切らない、世話になったものへの恩義を大切にする、社会に対しては礼節を疎《おろそ》かにしない、嘘《うそ》は（必要な場合を除いて）つかない、不正に対しては（力に応じて）戦う勇気を持つ。おおよそこんなところである。単純な話である。これは社会生活の基本である。かつては、これぐらいのことはほぼ常識であった。ところが、戦後の反道徳主義のなかで、こうした簡単な「道徳的な感覚」さえも失われていった。確かにそれを「教える」ことはむつかしい。まして教科にはならないだろう。なぜなら、それは、日常の具体的な場面で、その状況に応じた経験のなかで学び取るほかないからである。道徳（モーラル）とは日常の習慣（モーレス）なのである。ということは、日常的に、教師が生徒と接して、その接触のなかで、教師が示してゆくほかにない。

ところが、今日、教師は、一人一人の子供と手間をかけて接触する時間がない。忙しすぎるのである。そして、道徳教育の教科化は、さらに教師の過重労働に拍車をかける結果になるのではなかろうか。

実現の可能性を別にすれば、ヘタな道徳教育よりも次のやり方の方がはるかに大きな意義を持つと思われる。それは、中学生の間の一定の期間、生徒たちに次の体験を課す。第一に、町や福祉関係でのボランティア体験、第二に、自衛隊の見学など、国防や災害援助というものを知る体験、第三に、多少の海外生活体験、である。残念ながら、第二はかなりの反対が予想され、第三は実施が難しい。私はこれを提案したいのだが、今のところ、私の空想ではある。しかし、それほどのことをしなければ、今日、この規律や歯止めを失った高度な情報社会で、子供たちに「道徳的な感覚」を伝授することはむつかしい。もちろん、それは戦前への回帰などではない。いずれの社会にあっても、社会生活の基本になる道徳は存在するし、それは時代によってそれほど変わるものではないからだ。

憲法9条の矛盾 平和守るため戦わねば

朝日新聞
2017年5月5日

この5月3日で憲法施行から70年が経過した。安倍首相は3年後の憲法改正をめざすとし、9条に自衛隊の合憲化を付加したいと述べた。私にはそれで十分だとは思えない。

実際には、今日ほどこの憲法の存在が問われているときはないだろう。最大の理由はいうまでもなく、朝鮮半島有事の可能性が現実味を帯びてきたからである。北朝鮮と米国の間に戦闘が勃発すれば、日本も戦闘状態にはいる。また、韓国にいる日本人の安全も確保しなければならない。果たしてこうしたことを憲法の枠組みのなかで対応できるのか、という厳しい現実を突きつけられているからである。

2年ほど前に、安倍首相は集団的自衛権の行使容認をめざして、日本の安全保障にかかわる法整備を行った。野党や多くの「識者」や憲法学者は、これを違憲として、憲法擁護をうったえたが、果たして、彼らは今日の事態についてどのようにいうのであろうか。野党も森友学園問題や政治家のスキャンダルや失言にはやたら力こぶが入るようだが、朝鮮半島情勢にはまったく無関心のふりをしている。

私がここで述べたいのは、現行の法的枠組みのなかでいかなる対応が可能なのか、という技術的な問題ではない。そうではなく、国の防衛と憲法の関係というかなりやっかいな問題なのである。

戦争というような非常事態が生じても、あくまで現行憲法の平和主義を貫くべきだ、という意見がある。特に護憲派の人たちはそのようにいう。しかし、今日のような「緊急事態前夜」になってみれば、そもそもの戦後憲法の基本的な立場に無理があったというほかないであろう。憲法の前文には次のようなことが書かれている。「日本国民は……平和を愛する諸国民の公正と信義に信頼して、われらの安全と生存を保持しようと決意した」。これを受けて9条の非武装平和主義がある。

ところが、今日、もはや「平和を愛する諸国民の公正と信義に信頼して」いるわけにはいかなくなった。ということは、9条平和主義にもさしたる根拠がなくなるということであろう。考えてみれば、日本は、北朝鮮とはいまだに平和条約を締結しておらず、ロシアとも同じである。中国との国交回復に際しては、尖閣問題は棚上げされ、領土問題は確定していない。つまり、これらの諸国とは、厳密には、そして形式上は、いまだに完全には戦争が終結していないことになる。サンフランシスコ講和条約は、あくまで米英蘭など、西洋諸国との間のものなのである。

しかも、この憲法発布後しばらくして、冷戦がはじまり、朝鮮戦争が生じる。戦後憲法の平和主義によって日本を永遠に武装解除した米国は、常に軍事大国として世界の戦争に関わってきた。しかも、その米国が日本の安全保障までつかさどっているのである。

こうした矛盾、あるいは異形を、われわれはずっと放置してきた。そして、もしかりに米国と北朝鮮が戦争状態にでも突入すれば、われわれはいったい何をすべきなのか、それさえも国会でほとんど論議されていないありさまである。米国がすべて問題を処理してくれるとでも思っているのであろうか。

憲法9条は、まず前半で侵略戦争の放棄という意味での平和主義を掲げる。それはよいとしても、後段にある戦力の放棄と交戦権の否定は、そのまま読めば、いっさいの自衛権の放棄をめざすというほかない。少なくとも自衛権の行使さえできるだけ制限しようとする。なにせ戦力を持たないのだから、自衛のしようがないからだ。これが成り立つのは、文字通り、「平和を愛する諸国民の公正と信義に信頼」できる場合に限られるだろう。そして、そのようなことは、戦後世界のなかでは一度も生じなかった。

国連憲章を引き合いに出すまでもなく、自衛権は主権国家の固有の権利である。憲法は、国民の生命、財産などの基本的権利の保障をうたっているが、他国からの脅威に対して、それらの安全を確保するにも自衛権が実効性を持たなければならない。つまり、国防は憲法の前提になる、ということであり、憲法によって制限されるべきものではない。

そのことと、憲法の基調にある平和への希求は決して矛盾するものではない。平和主義とは無条件の戦争放棄ではなく、あくまで自らの野心に突き動かされた侵略戦争の否定であり、これは国際法上も違法である。もしもわれわれが他国によって侵略や攻撃の危機にさらされれば、これに対して断固として自衛の戦いをすることは、平和国家であることと矛盾するものではなかろう。いや、平和を守るためにも、戦わなければならないであろう。「平和とは何か」という問題はひとまずおき、仮に、護憲派の人たちのいうように、「平和こそは崇高な理想」だとするなら、この崇高な価値を守るためには、その侵害者に対して身命を賭して戦うことは、それこそ「普遍的な政治道徳の法則」ではないだろうか。それどころか、世界中で生じる平和への脅威に対してわれわれは積極的に働きかけるべきではなかろうか。私は護憲派でもなければ、憲法前文をよしとするものでもないが、そう解さなければ、「全世界の国民」の平和を実現するために、「いづれの国家も、自国のことのみに専念して他国を無視してはならない」という憲法前文さえも死文になってしまうであろう。

「人生フルーツ」と経済成長
脱成長主義を生きるには

朝日新聞
2017年6月2日

先日、「人生フルーツ」というドキュメンタリー映画をみた。東京では盛況と聞いていたが、遅れて上映された京都のミニシアターも満員であった。

日本住宅公団で戦後日本の団地開発を手掛けた建築家、津端修一さんとその妻英子さんの日常生活の記録である。１９６０年代の高度成長時代に、津端さんは次々と日本のニュータウンを手掛けた。そのひとつが愛知県の高蔵寺ニュータウンであるが、自然との共生をめざした彼の計画は受け入れられなかった。

そこで彼は、このニュータウンの一角に土地を購入し、小さな雑木林を作り、畑と果樹園を作り、毎日の食事は基本的に自給自足するという生活を送ってきた。畑では70種類の野菜、果樹園では50種類の果物を育てているという。映画は90歳になった修一さんと3歳年下の英子さんの日常を淡々と描いているのだが、しみじみとした感慨を与えてくれる。

たいていの建築家は、ニュータウンや団地の設計を手掛けてもそこには住まない。大都市からやってきて仕事を済ませるとそれで終わりである。津端さんは、思い通りにならなかった愛知のニュータウンに住み、小さいながらもその土地に根を張り、そこで自然の息吹を聞こうとする。風が通り、鳥がやってくる。四季がめぐる。時には台風が襲いかかる。そのすべてが循環しながら土地をはぐくみ草花や野菜を育て、この老夫婦の生活を支えている。いや、この夫婦の生活そのものも、この生命の循環のなかにあるように見える。

かつては、日本のあちこちにこういう場所がごく自然に存在していた。60年代でもまだ、都市の郊外や地方をゆけば、人々は自然の循環のなかで野菜をつくり、半ば自給しながら生活していた。その後、60年代から70年代にかけての高度成長は終息し、80年代のバブル経済も崩壊した。にもかかわらず、四季の移ろいや自然の息吹とともに生きることは今日たいへんに難しくなっている。

この映画を見ていると、自給的生活はかなり忙しいことがよくわかる。労力がいるのである。自給といってもコメや肉まで手にはいるわけではない。90歳の津端さんは自転車に乗って買いだしに出る。畑や家の手入れもたいへんだ。毎日同じことを繰り返すにも労力がいる。できることは自分たちでやるという独力自立の生活は、映画館でこれを見ているわれわれに与えるすがすがしさからは想像できないエネルギーを必要とするのであろう。

90年代になって日本はほとんどゼロ成長に近い状態になっている。にもかかわらず、われわれは、あいかわらず、より便利な生活を求め、より多くの富を求め、休日ともなればより遠くまで遊びに行かなければ満足できない。政府も、AIやロボットによって、人間の労力をコンピューターや機械に置き換えようとする。住宅もITなどと結びつけられて生活環境そのものが自動化されつつある。外国からは観光客を呼び込み、国内では消費需要の拡張に腐心している。それもこれも、経済成長のためであり、それはグローバル競争に勝つためだというのだ。

日本がグローバルな競争にさらされていることは私も理解しているつもりではあるが、そのために自然や四季の移ろいを肌で感じ、地域に根を下ろし、便利な機械や便利なシステムにできるだけ依存しない自立的生活が困難になってゆくのは、われわれの生活や経済のあり方としても本末転倒であろう。

この5月末に私は『経済成長主義への訣別《けつべつ》』（新潮選書）という本を出版した。私は、必ずしも経済成長を否定する「反成長論者」ではない。また、いわゆる環境主義者というわけでもない。しかし、これだけモノも資本も有り余っている今日の日本において、グローバル競争に勝つためにどうしても経済成長を、という「成長第一主義」の価値観には容易にはくみすることはできない。現実に経済成長が可能かどうかというより、問題は価値観なのである。経済成長によって、「より便利に、より豊かに」の追求を第一義にしてきた戦後日本の価値観を疑いたいのである。それよりもまず、われわれはどういう生を送り死を迎えるか、それを少し自問してみたいのである。

実は、東海テレビが「人生フルーツ」を製作中に急に津端さんが亡くなる。その直前まで元気にいつもと同じ生活をしており、実に静かで自然な死であったようだ。

こういう死を迎えることは今日なかなか難しい。われわれはグルメ情報を片手にうまいものの食べ歩きに精を出し、旅情報をもとに秘境まででかけ、株式市場の動向に一喜一憂し、医療情報や健康食品にやたら関心を持ち、そしてそのあげくに、病院のベッドに縛り付けられて最期を迎えることになる。こうした今日のわれわれの標準的な生と死は本当に幸せなものなのだろうか、と誰しもが思うだろう。

確かに、より多くの快楽を得たい、より便利に生活したいというのは、現代人の本性のようになっている。経済成長もわれわれの生活に組み込まれている。しかし、この映画はまた、その気になれば、このグローバル競争の時代に、都市のニュータウンの真ん中で、ささやかながらもこのような生が可能なことをも示している。経済成長を否定する必要はないが、そのかたわらで、脱成長主義の生を部分的であれ、採り入れることはできるはずであろう。

加速するＡＩ技術
迫られる「人間とは何か」

将棋界の藤井聡太四段の快進撃がついにとまった。とはいえ、29連勝とはたいへんな偉業である。

持って生まれた天賦の才はあるのだろうが、彼は、ＡＩ（人工知能）の将棋ソフトを使って練習を重ねた、という。今後、ＡＩによる訓練が標準化することは必定であろう。

練習ならよいが、実際に、すでにＡＩと人間の棋士の対決は、ここ2年間、ＡＩが勝っている。昨年（２０１６年）には、囲碁で韓国人の世界トップ棋士相手にＡＩが4勝1敗で勝利した。前世紀末には、チェスでもＡＩは勝利している。現時点でいえば、この種の能力に関しては、ＡＩは人間よりもはるかに上である。ゲームに限らず、将来、ＡＩは人間の頭脳をはるかにしのぐ仕事をするだろう、とも思えてくる。

今日のＡＩは、ビッグデータなる膨大なデータを用いて、ディープラーニングと呼ばれる自らの学習機能を持っているそうで、思わぬことを「考えだす」らしい。そこにまた、ある種の恐ろしさもあって、たとえば、囲碁での対決においてＡＩは一度だけ敗北したが、その時には、思わぬ「奇策」を考えだし、そのあげくに自滅していったそうである。

朝日新聞
2017年7月7日

これが囲碁であればよいが、仮にわれわれの日常生活に入り込んだＡＩが、あまりに独創的なことを考えだすとすれば、果たして、われわれ人間はそれについていけるのであろうか。

今日の科学・技術の展開は、イノベーションの速度の高度化というだけではなく、何か、根本的に新たな段階に突入しようとしているのではなかろうか。この20年ほどの脳科学や情報技術の展開の上にＡＩやロボット技術がはなばなしく進化した。生命科学の発展は、細胞や遺伝子レベルで、従来とは大きく異なった医療を可能としつつある。果たして、こうした技術の展開を、これまで同様の科学・技術の延長線上において理解してもよいのだろうか。

西洋の近代社会は、何といっても、合理的な科学と技術の先駆的な展開によって、世界において圧倒的な力と影響力を持った。20世紀にはいり、とりわけ戦後の冷戦体制のもとでは、米国がこの種の合理主義、科学主義、技術主義の旗を高くかかげ、それを世界市場と結びつけることで多大な利益をあげたわけである。

もともと、近代の合理的科学は、人間という理性的主体が自然や世界を対象化し、そこに理論的で普遍的な法則を見いだし、その法則を利用して、人間が自然や世界（社会）を変えていった。人間はあくまで、この自然や世界の外から、これらに働きかけた。技術の力を使って、自然を管理し、社会を便利にするところに、「進歩の思想」も生まれた。

しかし、今日の脳科学にせよ、ＡＩにせよ、生命科学にせよ、それが働きかける、もしくは分析する対象は人間自身なのである。ＡＩも人間の頭脳の代替である。すくなくとも、それは、人間が、自らの外にある自然や世界（社会）に働きかけるものではない。ちょうど、フランケンシュタイン博士の生み出した怪物が、外界の自然や世界を作り変えるのではなく、いわば人間自身のシミュレーションであり、その技術的創造であるのと同様である。

多くの技術者もエコノミストも、おそらくは、科学や技術の本質は何も変わらない、というであろう。あくまで主体は人間自身にあって、ＡＩであれ、ロボットであれ、生命科学であれ、遺伝子技術であれ、それを使うのはわれわれだ、というのであろう。われわれが理性的にそれを使えば、それは、従来の技術同様、人間に大きな可能性と幸福をもたらすであろう、と。

私は、これらの最新技術の可能性を否定する気は毛頭ないが、それでも、この新技術から超然として「人間」というものがありえるとは思えない。ただ便利にそれらを使えばよい、というものではないと思う。第一の理由は、人間は、確かに新たな技術を有効利用するが、また同時に他方では、「悪魔と取引する」ものだからである。物理学の発展が生み出した核融合技術をみればこれは明らかであろう。第二の理由は、もしもこれらの技術が高度に展開すれば、人間自身が、これらの技術に取り込まれてゆくだろうと想像されるからである。

こうした先端技術は、こちらに人間という確たる「主体」があって、それが「客体」としての対象に働きかけるという近代の合理的科学の前提を大きく逸脱してしまった。ここでわれわれは、いやおうもなく「人間とは何か」という根源的な問いの前に立たされることになろう。

こうなれば、科学と技術の発展が、自然や社会を支配する人間の力を増大させ、ほぼ自動的に人間の幸福を高める、などとはまったくいえない。近代社会の「進歩の思想」は崩壊するだろう。その時、われわれはそれらが、人間にとってどのような意味を持つかを問わざるを得なくなる。にもかかわらず、それに対する答えを近代社会は準備できない。なぜなら、近代社会は科学・技術とその意味（価値）を切り離したからである。

その結果、今日、こうした問いとはまったく無関係に、もっぱら、それが市場を拡大し、経済的利益を生み出すという期待だけでイノベーションが加速されているのだ。これは恐るべき事態というべきではなかろうか。いつか、人間同士の将棋で泣いたり笑ったりした時代がなつかしくなるのかもしれない。

森友・加計問題めぐる報道「事実」を利用するメディア

朝日新聞
2017年8月4日

大相撲名古屋場所で14勝1敗で優勝した白鵬が、その1敗した御嶽海戦について、こんなことをいっていた。万全の体勢になって問題ないと思ったら敗れた、相撲は奥が深いね、と。あまり適当な連想ではないが、「安倍一強」といわれ、万全の態勢にあった安倍政権の支持率が急落し、急遽、内閣改造を行った。相撲ならよいが、こちらは、まさか「政治は奥が深いね」というような話ではないだろう。

安倍政権にとって幸いなのは、民進党の混迷が輪をかけてひどい状態なので、現状で対抗できる野党がないことだ。しかし、明らかに安倍政権は「一強」ではない。敵は「世論」であり、それを端的に数値化した「支持率」である。

1990年代の政治改革以来、支持率に示される世論が政治の動向を左右することとなった。もともと政治改革とは、二大政党の間の政策論争による政権選択だと宣伝されてきた。民進党（旧民主党）はまさにその実現を使命として成立し、本紙を中心とする多くのメディアもそれを支持した。

にもかかわらず、実際に進展したことは何だったのか。とてもではないが二大政党政治でもなく、政策論争でもなく、政権選択選挙でもなく、もっぱら支持率を通して世論が政治を動かすという事態であった。しかし、「世論の動向」とはそもそも何なのか。

安倍政権の「一強」を崩した要因の半分は、自民党も含め、身内からでてきた失言や暴言や週刊誌的スキャンダルであった。閣僚については安倍首相に責任があることは間違いない。しかし、あとの半分は、森友学園、加計学園問題である。実際、この5カ月以上にわたって、ほとんど連日、野党もマスメディアもこの問題を取り上げ続けてきた。テレビの報道番組や報道バラエティーを見れば、連日、加計学園の名がでてきて、今治に計画された小さな大学がいまや全国でもっとも知名度の高い大学になってしまった。

半年近くにわたって新聞紙上の1面を占拠し続けた問題となると、通常は、国家の方向を左右する大問題である。果たして、今治に計画される獣医学部が日本の将来を左右するだろうか、などと皮肉をいいたくなるほどの大きな扱いであった。

様々な不透明な経緯はあったにせよ、加計学園問題がそれほど重大問題だとは私には思われない。ただここで私が関心を持つのは、この問題が「事実」をめぐってどうにもならない泥沼に陥ってしまったように見える点である。

とりわけ、メディアは「事実」を御旗にしている。「事実」といえば、一見、客観的で確定的なものに見える。そこで、野党もメディアも、文科省の内部メールを持ち出して、これを「事実」とし、官邸が文科省に圧力をかけたという。そうでないなら、「ない」という「事実」を出せ、という。出せないのは、安倍首相が「お友達」の便宜をはかるために圧力をかけたからではないか、という。メディアが連日、そんな報道をしているうちに内閣支持率が急落していったのである。

この先、何かのっぴきならない「事実」がでればともかく、現状では、確かな「事実」などどこにもない。そして、安倍首相が加計学園の便宜をはかり圧力をかけたといった「事実」はでるはずもなかろう。すべて藪《やぶ》の中なのである。しかし、野党もメディアも、政府側が説明できないのは、「事実」を隠蔽《いんぺい》しようとしているからだ、という。私にはまったく無謀な論理だとしか思われない。冗談だが、かりに便宜をはかったとして、それを「事実」をあげて説明せよ、といわれても難しいだろう。そもそも「口利き」や「圧力」は証拠など残さないだろう。

しかも、野党もメディアも、実は「事実」だけを報道しているわけではない。個人的事情によって行政を歪《ゆが》めたと推測し、その推測を根拠に、政府の説明責任を追及しているのである。「事実」報道の客観性を唱えるメディアが頼っているのは、「事実」ではなく「推測」である。この推測を突き崩す「事実」を提出できない政府を攻撃する、というのだ。しかし、政府からすれば「ない」という「事実」を証明することなど不可能であろう。

私は、いま、政府を弁護しようとしているわけではない。そうではなく、「事実、事実」といっているメディアが、実は、「事実」など本当は信用してはおらず、ただそれを利用しているだけではないか、と言いたいのだ。森友・加計問題に示されたメディアの報道は、「事実」をめぐる検証の体をとりながら、実際には「疑惑の安倍政権」というイメージを醸成する一種の「世論」操作のようにみえる。

民主政治は言論を通じた権力闘争である。安倍政権に対して批判的であれば批判をするのが当然である。しかし、この批判は、安倍首相の世界観や現状認識、それに基づく政策（グローバル経済への対応、対米政策、北朝鮮問題、安全保障、ＴＰＰ、学校教育などいくらでもある）へ向けるべきだろう。加計学園問題にしても、少し掘り下げれば、構造改革の是非や官邸主導政治の是非、という問題へたどり着くはずだ。論争は、不確かな「事実」をめぐる駆け引きではなく、世界観や政策をめぐる意見の対立にこそあるからだ。そして、野党もメディアももともとそれを求めていたはずではなかったろうか。

現代文明の没落
貨幣で思考、衰える文化

いまからちょうど100年前、ドイツの文明史家であるオスヴァルト・シュペングラーによる『西洋の没落』の第1巻が書かれた（出版は翌年）。第1次世界大戦の真っ最中である。同書は、恐るべき博識をたっぷりと詰め込んだ膨大かつ難解な書物であったにもかかわらず、当時のヨーロッパで大きな評判を獲得したのは、この混沌《こんとん》とした時代背景をぬきには考えられない。19世紀には、高々と歴史の進歩を掲げ、世界をわがものにしようとしていたヨーロッパは、その内部抗争と破壊によっていまや「没落」の運命にある、というのである。

いまでもこれは容易に読み通せるものではないのだが、しかしこの書物が伝えようとしているメッセージは明白であって、今日でもまったく色あせてはいない。簡単にいってしまえば、ヨーロッパという独特の文化が作り出した「近代文明」は、その発展の極致で、抽象的で普遍的なものへと変化し、世界的なものへ膨張するが、それはまた、ヨーロッパの没落を意味している、というわけである。

確かに、ヨーロッパは、合理的な科学や産業技術、自由や平等の政治制度、競争的な市場経済、金融のメカニズムなどを生み出した。いわゆる「近代社会」である。20世紀にはいると、

朝日新聞
2017年9月1日

それはもっぱらアメリカへ移植されて、普遍化され、世界へと拡張された。合理的科学も、産業技術も、自由や民主主義の制度も、市場経済も、金融も、今日、アメリカ主導によって世界化している。われわれはそれをグローバリズムや情報技術革命などとよんで、地球を覆いつくす現代文明だと考えている。そして、この現代文明は、多少の問題はあってもそれは解決可能であって、世界の人々を幸福へと導くとみなしている。

ところが、シュペングラーによると、まさしくこの現代文明の世界化こそが、「文明」の没落を準備するという。なぜなら、抽象的で普遍的な世界化された「文明」は、われわれの生活や精神に密着した「文化」と対立するからだ、という。

たとえば、考えてみよう。われわれの日常的な生は、親しい知人との交流や慣れ親しんだ風景やそれと結びついた日常的な文化と切り離せないだろう。そこには、緩やかな形の宗教的精神やある場所に対する愛郷心や土地に根差した文化への信頼もあり、それらとともに、われわれは人格形成も行う。慣れ親しんだ風景や人間関係は安定した世界をもたらし、そのなかから時間をかけてその場所を刻印された文化も育ってゆくだろう。

しかし、コンピューター科学が生み出した情報技術があらゆる場所をネットワークでつなぎ、世界中のあらゆる情報を入手可能にし、グローバル経済の競争原理がわれわれの日常生活にまで割り込んできて、すべてを金銭的な成果で測定するようになり、合理的科学が、われわれの生を形作っていた習慣や宗教的なものを破壊するとすればどうだろう。

この情報ネットワークも、グローバル市場の競争原理も、合理的な科学や技術も、世界につながった金融も、われわれにとっては、「外部」から押し寄せてきて、われわれの生の場所と切り離せない「文化」を破壊するものと思われるだろう。それはただ便利に使うものではあっても、われわれにとっては何かよそよそしい「外的」なものである。われわれはこの「文明」を受け入れるほかなく、それに追いつこうと躍起になるが、なぜそうするのかはわからない。ただただ生活空間は不安定に動揺し、それはわれわれの精神生活を空洞にしかねない。つまり「文明」の普遍化が、「文化」の衰退を招くだろう。そしてそれはまた、「文化」がもたらす創造的な精神の衰退にもなるだろう。

シュペングラーは、世界都市、数字（統計、計量されたもの）、貨幣（金融）、技術こそが現代文明を象徴しているという。それは「文明」であるが「文化」ではない。確かに今日、現代文明を象徴するこの四者は密接に結びついている。われわれは、われわれの行動のほとんどあらゆる結果を、利潤や費用対効果といった数値的成果主義と貨幣の統率のもとにおいている。学校や行政でさえも成果主義に侵食され、利益のあがらない地域の商店街は崩壊する。数字で示された経済成長を追求するために、政府は技術革新を支援し、経営は徹底した効率主義のもとにある。これは、現代人の典型的な思考形式になっているといってよいだろう。

この書物の第2巻の最後の方で、彼はこんなことを書いている。都市に欠けているものは、人と土地との内的な結合であり、人と財との密接な結びつきである。それに代わって、すべてが、貨幣という数値的な価値で評価され、「貨幣をもってする思考」へと抽象化される。その最たるものが金融市場で、それは世界中の都市をつないでゆく。

だから、文明とは、伝統や人格が意味を失い、すべてを貨幣に換算しなければ意味を持たない文化段階をいうのだ。そして、デモクラシーとは、貨幣と政治権力との結合の完成である、と彼は述べる。

ついでにこんなことも書いている。アメリカを念頭におきつつ彼はいう。成熟したデモクラシーにおいて、「成り上がり者」の政治は、大都市の投機的事業のもっとも汚らしい部分と結びつく、と。何とも予言的というほかないであろう。

小池劇場の意味するもの「改革」の出し物で終わるな

朝日新聞
2017年10月6日

安倍首相が衆議院を解散したその日に、民進党議員の「希望の党」への合流が決定した。民進党の無残な崩壊である。唖然《あぜん》とするほかないのだが、こうなると、民進党もいささかあわれを誘う。他方で、この間、メディアをほとんど意のままに動かして話題を独占した小池百合子氏の、いってみれば無責任な興行師のような荒業には驚くべきものがあろう。本紙を中心としたいくつかのメディアは、安倍首相の解散に対して、政権の生き残りだとか大義がないとかと批判していたが、反安倍連合の方は、もはや大義どころではない。議員の生き残りと権力闘争をむき出しにした感がある。

小池氏は、繰り返し「改革」を唱える。「改革する保守」ともいう。「保守」には漸進的な改革も含まれるが、「リセット」となると、「革命」に近くなる。しかも、「改革」とはいっても、一体、何を改革するのかはよくわからない。

少し振り返ってみよう。「改革」は、1993年に小沢一郎氏が自民党を飛び出して、新生党を作った時から始まる。敵は自民党と官僚であった。自民の一極支配、官僚中心型政治の終焉《しゅうえん》を訴え、政治改革、行政改革を唱えた。日本に民主主義を根づかせる、というのである。

「改革」はほとんど失敗してきたというほかない。日本社会の将来へ向けた「希望」をもたらすという民主主義は、もっぱら「劇場型政治」と「ポピュリズム（人気主義）」へと帰着した。景気回復どころか、むしろデフレ経済をもたらした。さらにいえば、「国民の意思」を実現する然の帰結にいたっただけである。小泉氏の郵政民営化もうまくいっていない。経済構造改革は、当はずいぶんと批判されたが、実際には官僚機構が機能しなければ政治は機能しない、という当党による政策選択も小選挙区制もほぼ失敗であった。マニフェストも失敗した。官僚主導政治である。しかもメディアがそれを後押しした。で、それは何をもたらしたのだろうか。二大政

25年、つまり四半世紀にもわたって、日本の政治はひたすら「改革」によって動いてきたのて名指し、ひたすら「改革」を唱えた。

その後、反自民勢力は、民主党へと結集し、民主党政権が誕生する。民主党が訴えたマニフェスト選挙は、二大政党政治や政策選択選挙などの「改革」の中心であり、「民主主義の実現」を目指すものであった。続いて出現したのが、橋下徹氏の率いるおおさか維新の会とその後継の日本維新の会である。ここでもまた、橋下氏は、大阪市議会や市役所の既得権を敵とし

続いて、２００1年に誕生した小泉純一郎首相は、徹底した「構造改革」を唱えた。彼は自民党にありながらも、自民党をぶっ壊すといい、「抵抗勢力」に対抗し、メディアを動員して国民の支持を調達するという「劇場型政治」を行った。

そのために、二大政党による政策選択、小選挙区制、官僚主導から政治主導へ、といった構想が打ち出された。

したとはとても思えない。しかも、「改革」を唱えた人の多くは、もともと自民党の有力政治家であった。小泉氏を除いて、彼らは自民党を飛び出して、反自民を掲げたのである。これが「改革」の実態である。言い換えれば、自民党や官僚に対する権力闘争こそがその関心の中心だったようにも思われる。なぜなら、反自民の側は、決して自らの国家像や日本社会の将来像などという大きなビジョンなどに関心を持たなかったからである。しかも、「構造改革」を始め、自民党の側も「改革」を断行したのである。

そして、いま、また小池氏の登場である。「改革」という演目の「劇場」が開かれた。そして、なつかしい面々もちらっとゲスト出演している。小沢氏から小泉元首相まで顔を並べている。一時は、小池氏が都知事をやめた場合の後任に橋下氏の可能性まで報じられていた。

もともと自民党に所属していた小池氏は、憲法や安全保障についての考えは自民党や安倍政権と大差はない。これでは、本当の意味で政策選択の二大政党政治など生まれるはずはない。「国民の支持」なるものを人質にした権力闘争のように見えてしまうのだ。端的にいえば、安倍首相を引きずり下ろし、やがては、自らが政権を取るという野望をここに見てしまうのはうがちすぎだろうか。

今回の選挙は、実は、大きな政策上の選択のはずであった。いや、日本の方向を左右する大きな論点があったはずだ。安倍政権は、ともかくもひとつの方向を打ち出していた。国際社会のなかで日本のプレゼンスを高める。そのために、グローバル経済や新分野のイノベーションを推進し、経済成長を可能にして、日本経済の国際競争力を強化する。また日米関係の強化によって北朝鮮に対抗し、安全保障を万全にすべく憲法改正へ向けて準備する。

これが安倍政権の基本方針である。それに対抗する政策を打ち出すのが野党の役割であろう。そのためには、少子高齢化へ向かう日本社会の将来像や、混乱する国際関係の見取り図や、戦後日本の国家体制（憲法と安全保障）などをどうするか、というきわめて重要な問題がある。野党はそれから逃げている。それを避けて、「改革」の出し物で「劇場」を作って国民を動員すればよい、などというのでは、政治は茶番になるだけである。

立憲民主党の躍進 戦後体制の「保守」に支持

今回の総選挙も、終わってみれば、大勢においてその前後でさしたる変化があったわけではない。小池百合子氏の一人芝居だった「小池劇場」も無残な結果となり、自公連立政権の3分の2議席は維持された。これなら民進党を分裂させなければよかった、などというなさけない話まででる始末だ。そのなかで多少興味深いのは、立憲民主党の躍進である。

もっとも、この政党の面々に対して、「彼らは筋を通した」などという評価はまったくの筋違いで、実際には、彼らは小池氏に「排除」され、やむをえず新党を立ち上げたのだった。筋を通すというなら、最後の民進党両院議員総会の場で、前原代表に対しどうして激しく抵抗しなかったのか、ということになる。前原氏の代表辞任を求めるのが当然であった。実際には彼らも希望の党入りを期待していたのである。

それはともかく、立憲民主党の躍進の背景には、一定のリベラル勢力があることは間違いない。様々な立場や党派の混成であった民進党が、保守系とリベラル系に分裂することで、民進党のリベラル派支持層が躊躇《ちゅうちょ》なく立憲民主党を支持した、という構図はわかりやすい。

しかし、ここで問いたいのは、今日、リベラル派とはいったい何なのか、ということである。

朝日新聞
2017年11月3日

そして、リベラル派が支持する立憲民主党は何を旗印にするのであろうか。

リベラル対保守の対立とよくいう。この対立は、従来、次のように解釈されてきた。経済界に近い立場から経済成長路線をとり、戦後日本の基本的な社会構造をできるかぎり維持するのが保守であり、これに対して、経済成長の恩恵を得ない者の利益や社会的少数派の権利を擁護し、より社会民主主義的な方向へと社会を変革するのがリベラルである、と。

だが、この対立はほとんど意味を失っている。なぜなら、この間、保守であるはずの自民党が、矢継ぎ早に「改革」を打ち出してきたからである。グローバリズムや中国の台頭、北朝鮮の核脅威といった世界状況の変化に対して、日本社会を大きく変えていかなければならない、というのが安倍首相の基本方針である。ＡＩやロボットや生命科学など「技術革新」によって社会生活を変化させ、「人づくり革命」や「生産性革命」を断行するという。そして世界の情勢変化に合わせて憲法を「改正」する、という。これほど、大きな「変革」を打ち出し、しかも、次々に実行している「保守」はかつてなかった。

それに対して、リベラル派は何を打ち出しているのだろうか。「生活を守れ」「弱者を守れ」「地域を守れ」「人権を守れ」「平和を守れ」「憲法を守れ」という。これではどちらが保守だかわからない。

確かに、グローバリズムや過剰なまでの市場競争や技術革新の恩恵を得られずに、所得が低迷し、雇用が不安定になった人たちの生活を守れ、というのはその通りだ。福祉重視もよい。だがそれなら、安倍政権も同様のことをいっている。安倍政権と対決するには、正面からグローバリズムに反対し、ＴＰＰに反対し、成長戦略やグローバル競争に反対し、その上で、代替的な政策ビジョンを打ち出さなければならない。

立憲民主党の最大のウリは、憲法擁護である。わざわざ立憲と名付けたゆえんもそこにある。しかし、護憲を訴えるのなら、リベラル派は、いくつかの基本的な問題に答えなければならないだろう。まず一般論として、平和憲法のもとで日本の防衛をどうするのか、という大問題がある。平和憲法によって軍事力を保持せず、米軍と米国政府の世界政策、対日政策に自国の安全を委ねてきたのが戦後日本であった。それをどうするのか。

そして、より具体的な問題として、核攻撃も辞さないと宣言している北朝鮮の脅威にどう対応するのか。日米同盟が不可欠だというなら、改めて集団的自衛権をどうするのか。さらに、自衛隊は合憲なのか否か。これらの問題にリベラル派は答えなければならない。民進党が、一部のリベラル派の支持は受けながらも、国民の大きな支持を得られないのは、結局、これらの決定的な課題に答えられないからである。「森友・加計問題」ばかりでは国民の支持をえることはできない。

リベラル派が重視する生命尊重も基本的人権も平和主義もすべて戦後憲法の基本的な柱であり、それなりに実現された。それらを軸にする憲法は、戦後日本の「体制」なのである。ということは、リベラル派こそは、戦後日本の「体制」を、少なくとも理念の上で代表し、それを「守る」ことを訴えてきた。言い換えれば、彼らは、戦後のこの「体制」をできるだけそのまま続けようといっているに等しい。「性急に変えるな」といっているのである。

逆に、保守とされる側が、１９９０年代の政治改革、構造改革から始まり、２０００年代の小泉改革、それに今日の安倍首相による矢継ぎ早の変革を唱えてきた。そしてこの急激な変革に、実はかなりの国民が不安を持っているのではないか、と私には思われる。立憲民主党への一定の支持は、今回の選挙で、この党が、皮肉なことに、もっとも「保守的」で、顕著な主張を繰り広げなかったからではないのだろうか。問題は、今や「保守」の本当の意味が不明になってしまい、真の保守政党がなくなってしまった点にこそある、といわねばならない。

社会主義崩壊後の世界
新自由主義に壊されるもの

朝日新聞
2017年12月1日

今年（2017年）はロシア革命から100年である。十月革命（現代の暦では11月）の武装蜂起でボルシェビキが革命政府を樹立し、ソ連という世界初の社会主義国家が誕生した。といっても若い人にはどうもぴんとこないらしい。それもそのはずで、ソ連社会主義などというものはもはや地上から姿を消してしまったからである。ひと昔前の若者にとっては、ロシア革命やトロツキーやボルシェビキという単語は、それだけでどこか琴線をくすぐるところがあったことを思えば、隔世の感がある。

ソ連が崩壊したのは1991年であった。私はちょうどイギリスに滞在していたが、左翼を自認する経済学者と話をしていたことを思いだす。社会主義に対して批判的であった私は、彼に次のように聞いた。「社会主義の崩壊はあなたたちにはたいへんな痛手だったのではないか」と。すると、予想外の答えが返ってきた。「とんでもない。実に歓迎すべきことだ。私は決して社会主義者ではない。私はあくまで社会民主主義者であって、ようやくわれわれの出番になったのだ」と。

日本ではずいぶんと長い間、社会主義に対する幻想があった。革新政党は、社会主義や共産主義への傾斜を隠そうともしなかったし、左翼学生も、現実には不可能だとわかっていても、社会主義革命を熱く語っていた。しかし、すでに欧米では、ハンナ・アレントを引き合いに出すまでもなく、ソ連社会主義は恐るべき全体主義国家である、という認識が広がっていた。社会主義の崩壊とは全体主義の崩壊を意味していたのである。

では、社会主義が崩壊してどうなったのか。社会民主主義者の出番になったのだろうか。まったく異なっていた。社会主義の崩壊は、自由な社会の勝利であったとともに、それは資本主義の勝利であった。世界中がグローバルな市場競争に覆われ、アメリカ主導のIT革命や投機的な金融市場の展開によって、まさしく資本主義が凱旋《がいせん》したのである。

しかし、それでどうなったのだろうか。「資本」が瞬時にして世界中を動きまわり、「資本」の増殖を求めて、個人も企業も国家も、果てしない競争にのめり込んでしまった。共産党が支配するはずの中国までもが、「資本」の競争に国家ぐるみで参入しているのだ。

これが冷戦以降の世界の実態である。それをわれわれは「新自由主義」などという。しかし、この現実はまた、別種の全体主義ではないかといいたくもなる。資本の増殖を求めるグローバルな市場競争というメカニズムがあまりにわれわれの生を圧迫しているからである。競争、効率性、自己責任、能力主義の支配する世界へわれわれは囲い込まれている。確かに、ありあまるほどの自由はあるし、ＳＮＳを使って何でも表現でき、何でも売買できる。とてつもない自由社会であることは間違いない。

しかし同時に、この自由社会は、われわれを過剰なまでの競争に駆り立て、過剰なまでの情報の中に投げ込み、メディアやＳＮＳを通じて、われわれは他人のスキャンダルを暴き立て、気にくわない者を誹謗《ひぼう》し、少しの失態を犯した者の責任を追及する。実に不寛容な相互監視社会へとなだれ込んでいる。これもまた一種の全体主義といわねばならない。

私は社会主義にシンパシーを持ったことは一度もない。しかし、「社会」がきわめて大事だとはずっと思っている。「社会（ソサエティー）」とは、たとえば福沢諭吉を引き合いに出せば、「人間交際」のことである。「社交」といってもよい。それは、人々の間のつながりであるが、そのつながりは、今日のＳＮＳのようなバーチャルな、もしくは瞬時的でどこか虚構めいたつながりではない。相互に信頼できる人の間に生まれるつながりである。あるいは、相互に信頼を生み出そうとするようなつながりである。顔の見えるつながりといってもよいだろう。そこで初めて、人々が共有できるような倫理や道徳も成立する。

家族、地域、学校、組織、企業、それに様々な仲間の集まりやサロンや社交の場が、かつてはそれなりに機能していた。様々な葛藤や矛盾を含みながらも、多くの人は、何らかの場に属して、そこで「人間交際」をやっていた。こうした「人間交際」の重層化されたものが「社会」である。だから、社会は一定の倫理的価値を保ちえたのである。

このような「社会的（ソシエタル）なもの」を重視するという意味では、私はずっと「社会主義（ソシエタリズム）」に共感してきた。それは「社会主義（ソシアリズム）」ではない。しかしまた、新自由主義的な資本主義でもない。

ところが、社会主義が崩壊し、冷戦が一応終了し、新自由主義とグローバル競争の時代になって、「社会的なもの」までもが崩壊している。家族や地域は、ずたずたになっている。学校も機能しなくなっている。組織も成果主義や自己責任で窮屈になっている。「社交」の場であるはずの居酒屋もうるさくてしょうがない。もっと大きくいえば、過剰なまでの市場競争と情報社会化が、「社会的なもの」の崩壊を促しているように見えるのだ。それを立て直すのは難しい。しかし、われわれの日常生活がごく自然に多様な「人間交際」によって成り立っているという当然のことを思い起こせば、「社会」の復権にもさほど悲観的になる必要もないのかもしれない。

明治維新150年 矛盾はらんだ日本の近代

朝日新聞
2018年1月12日

今年（2018年）は明治維新150年である。これから、関連の特集などが新聞や雑誌に登場するのであろう。おまけに、NHKの大河ドラマも「西郷どん」である。明治維新とは何だったのか、というテーマは、いまだにわれわれの関心を引きつけ、その評価も定着していない。

明治維新は日本の近代の始点であった。たとえ近代化の素地がすでに江戸時代に見いだせるとしても、西洋文明を手本とした近代化に着手したのは明治維新であった。そして、この日本の近代化150年という結構長い時間を真っ二つに分けてみれば、ちょうど、あの昭和の大戦の4年間がその中間に位置する。つまり、真ん中の4年をはさんで、前半の73年は、明治に始まった近代化があの大戦争へ行き着き、後半の73年は、戦後のいわば第二の近代化が今日のグローバル競争へと行き着く時間である。

明治維新を問うことは、日本の近代化を問うことと等しい。むろん、そんな問いに一言や二言で答えることは不可能ではあるが、しかし、誰もが自分なりの見方を持つことはできる。私にとって、明治維新のもっとも基底にあるものはといえば、「壮大な矛盾をはらんだ苦渋の試み」といいたい。

まず、明治維新という言葉がある特徴を示している。英語でいえば「リストレーション」つまり「復古」である。「復古」としての「刷新」なのである。復古とは、天皇親政や神道の国家化など、日本独自の「伝統」を強く意識した国家形成を行うことを意味し、「刷新」の方は、徳川の封建体制を全面的に打ち壊して西洋型の近代国家へ造り替えることを意味している。

こう書いただけで、すでに日本の近代化が内包する矛盾を見てとることができよう。明治の近代化は、日本独自の「国のかたち」や日本的な倫理や精神の覚醒を促すと同時に、西洋型の近代社会の建設という目標を掲げたものであった。

矛盾とも思える二面を生み出したのは、黒船に象徴される西洋列強の来襲であった。いわゆる「西洋の衝撃」である。日本にはほぼ選択肢はなかった。開国して列強との間に、不平等条約を締結するほかなかった。問題はそのあとだ。西洋列強の圧倒的な「文明」が日本に流れ込んできたからである。

この圧倒的な文明に日本は適応するほかなかった。いや、顕著な事実をいえば、「殖産興業」や「富国強兵」の明治政府の積極政策から始まり、大多数の民衆はこの「文明開化」に飛びついたわけである。一気に「欧化」が始まった。

その種のことを見越してか、福沢諭吉は『文明論之概略』(明治8年)のなかで次のことを強く唱える。今日の世界をみれば、西洋文明は明らかに日本を先んじている。日本は早急にそれを取り入れなければならない。しかし、と彼はいう。それは、あくまで日本の独立を守るためである。国の独立こそが目的であり、西洋文明の導入はその手段だ。今日のように、西洋が力で世界を支配しつつある時代に、列強と対峙《たいじ》しつつ独立を保つには、西洋文明によるほかない、という。

だが、ひとたび欧化の流れが奔流のごとく押し寄せると、「文明開化」の圧力は社会も人心も押し流していくだろう。その先にあるのは何かといえば、知識であれ、制度であれ、生活様式であれ、西洋流を先進文明とみなしてひたすら模倣し、しかもそれを日本の先端で誇るという奴隷根性であろう。これでは福沢が文明の礎石と考えた不羈《ふき》独立の精神、つまり「一身独立、一国独立」などどこかへ霧散しかねない。

福沢もそうだが、政治にせよ言論にせよ、明治の指導者たちは、もともと武士であり、強い倫理観と武士的精神の持ち主であった。だから、本来は、明治の欧化政策と、士道の延長線上にある強い自立心の間に矛盾を抱えていたはずである。

ところが、憲法が制定され、議会が開設され、富国強兵もそれなりに功を奏して、日本が西洋列強に伍《ご》するにつれ、日本人の内面生活の方が何とも稀薄化してゆくのである。ともかく西洋列強を追いかけ、彼らに認められることに意を注ぎ、何のための文明化か、など問おうともしない、ということになる。夏目漱石は、それを、うわすべりの「外発的開化」と呼んで批判したのだった。

ここに、日本の近代化のはらむ大きな矛盾があった。簡単にいえば、日本の近代化は、同時に日本の西洋化であるほかなかった。しかし、それに成功すればするほど、「日本」は溶解しかねない。少なくとも、福沢のいう「独立の気風」や「士道の精神」などというものは蒸発しかねない。そこで、近代化や西洋化から取り残されるものの不満は、ことさら「日本」を持ち出す方向へと向かうのである。西郷隆盛はその不満を一身に引き受けたが、それでことは片付いたわけではなかった。

戦後の第二の近代化は、西洋化というよりアメリカ化であった。今日、アメリカ型の文明がグローバリズムという名で世界を覆いつつある。私には、明治の近代化において日本が直面した矛盾が解決されたとは思えない。だが残念なことに、福沢を後継する「新・文明論之概略」はでてこず、彼の危惧した「独立の気風」の喪失も問題とされない。とはいえ、西郷どんがいまだに人気があるのは、日本の近代化の宿命的な矛盾をわれわれもどこかで気にかけているからではなかろうか。

いかに最期を迎えるか 自分なりの「死の哲学」は

朝日新聞
2018年2月2日

去る1月21日の未明に評論家の西部邁さんが逝去され、本紙に私も追悼文を書かせていただいた。西部さんの最期は、ずっと考えてこられたあげくの自裁死である。彼をこの覚悟へと至らしめたものは、家族に介護上の面倒をかけたくない、という一点が決定的に大きい。西部さんは、常々、自身が病院で不本意な延命治療や施設で介護など受けたくない、といっておられた。もしそれを避けるなら自宅で家族の介護に頼るほかない。だがそれも避けたいとなれば、自死しかないという判断であったであろう。

このような覚悟を持った死は余人にはできるものではないし、私は自死をすすめているわけではないが、西部さんのこの言い分は私にはよくわかる。いや、彼は、われわれに対してひとつの大きな問いかけを発したのだと思う。それは、高度の医療技術や延命治療が発達したこの社会で、人はいかに死ねばよいのか、という問題である。死という自分の人生を締めくくる最大の課題に対してどのような答えを出せばよいのか、という問題なのである。今日、われわれは実に深刻な形でこの問いの前に放り出されている。

簡単な事実をいえば、日本は超高齢社会にはいってしまっている。2025年には65歳以上の割合は人口の30%に達するとされる。介護施設の収容能力をはるかに超えた老人が出現する。また、現在、50歳で独身という生涯未婚率は、男で23%、女で14%となっている。少子化の現状を考慮すれば、一人で死なねばならない老人の割合は今後も増加することになろう。

おまけに医療技術や新たな医薬品の開発によって寿命はますます延びる。政府は人生100歳社会の到来を唱え、医療の進歩と寿命の延長は、無条件で歓迎すべきこととされる。しかしそうだろうか。それはまた別の面からいえば、年老いて体は弱っても容易には死ねない社会の到来でもあるだろう。ということは、長寿社会とは、家族の負担も含めて長い老齢期をどうすごすか、という問題であり、その極限に、家族もなく看取《みと》るものもない孤独死、独居死という事実が待ち構えている、ということでもあろう。

とはいえ、統計的なことをここで述べたいわけではない。超高齢社会とは、人の死に方という普遍的なテーマの方に、われわれの関心を改めて振り向ける社会なのである。近代社会は、生命尊重、自由の権利、個人の幸福追求を基本的な価値としてきた。それを実現するものは経済成長、人権保障、技術革新だとされてきた。しかし、今日、われわれは、もはやこれらが何らの解決ももたらさない時代へと向かっている。近代社会が排除し、見ないことにしてきた「死」というテーマにわれわれは向きあわざるを得なくなっている。

いくら思考から排除しようとしても、また、いくら美化しようとしても、老・病・死という現実は、とてもきれいごとで片付くものではない。仏教の創始者にとって人間の最大の苦とされた老・病・死の問題は、それが、決して他人には代替不能な個人的な事態であるにもかかわらず、それを自力ではいかんともしがたい、という点にある。徹底して個人の問題であるにもかかわらず、個人ではどうにもならないのだ。自宅にいて家族に看取ってもらうのが一番などといって、政府もこの方向を模索しているが、じっさいにはそれは容易なことではない。また、家族にも事情があり、その家族もいない者はどうすればよいのか、ということにもなる。

やむをえず入院すると、そこでは延命治療が施される。私は、自分の意思で治療をやめる尊厳死（この言葉には少し抵抗を覚えるが）はもちろん、一定の条件下で積極的に死を与える安楽死も認めるべきだと思う。だが、その種の議論さえ、まだタブー視されるのである。

近代社会が、生命尊重や個人の自由、幸福追求を強く唱えたのは、ただ生きていればよいからではなく、個人の充実した生の活動をかけがえのないものと考えたからである。だから、その条件として生命尊重や自由の権利などに重要な意味が与えられたのだ。しかし、人は年老い、活力を失い、病に伏し、死に接近してゆく。これが厳然たる現実である。いくら「充実した生の活動」といっても、その生がかげり、活動が意のままにならない時がくる。

かつて、この「老い、活力を失い、病に伏し、死に接近する」苦にこそ人生の実相をみたのは仏教であった。自由の無限の拡大や幸福追求をむしろ苦の原因として、この苦からの解脱を説いた。それは、今日の近代社会のわれわれの価値観とはまったく違うものである。ただ仏教が述べたのは、生は死への準備であり、常に死を意識した生を送るべきだということである。死の側から生を見たということである。

別に仏教が死に方を教示してくれるわけでもないし、仏教の復興を訴えようというのではない。「死」は、あくまで個人的な問題なのである。「死の一般論」などというものはない。自分なりの「死の哲学」を模索するほかない。西部さんの自死は、あくまで西部さんなりの死の哲学であった。ただそれは、「では、お前は死をどう考えるのかね」と問いかけている。答えを出すのはたいへん難しい。だが、われわれの前にこの問いがおかれていることは間違いないだろう。

日銀の超金融緩和
成長の「その次」の価値観

朝日新聞
2018年3月2日

日銀の黒田東彦総裁の続投が決まった。「異次元的」な超金融緩和が続行される。いうまでもなく、この異次元的金融緩和は安倍晋三首相がはなった第一の矢であり、デフレ脱却と景気浮上を唱えたアベノミクスの中心である。

アベノミクスの成否を評価するのは難しい。実施から5年、各種経済指標は良好である。名目国内総生産（GDP）は40兆円以上増加し、求人倍率は44年ぶりの高水準である。企業業績は好調である。株価はアベノミクスの始まる前の2倍を超え、戦後2番目の長期的好景気が続いている。外国人観光客は急増し、大都市にはホテルが続々建設されている。表面的にみれば大成功である。

明らかに、日本経済は、安倍首相登場により活性化している。しかしまた、かつてないこれほど大規模な経済政策をうってもこの程度しか経済が浮上しないともいえる。マネタリーベースを2年で2倍に増やしマイナス金利まで導入するという超金融緩和を行い、100兆円に及ぶ財政政策をおこなっている。

しかも、国債を買い支えることで、事実上、日銀が政府の財政をファイナンスするという

「禁じ手」に近い政策までとっているにもかかわらず、である。デフレは脱却しつつあるが、当初の2年で2%のインフレ目標はとても達成されず、成長率も期待されたほどではない。賃金もさして上がっていないし、地方経済も必ずしもよくはなっていない。

いったい、どういうことなのであろうか。そもそも今日、経済政策は本当に有効なのだろうか。何かもっと重要なことがその背後にあるのではないのだろうか。

日銀のいわゆるゼロ金利政策はもう20年ほど続いている。その間、量的緩和政策もあって、明らかにオカネは市中に流れている。そして、たとえば、家計の保有する金融資産はこの20年間で1・5倍になり、今日およそ1800兆円の資産が積み上げられている。しかも、その約半分が、現金か銀行預金で保有されているのだ。

ということは、いかに市中にオカネが流れ込んでも、人々は、それを将来にそなえて貯蓄してしまう。したがって、消費はさして伸びない。しかも人口減少・高齢化社会である。こうなれば、将来の市場の拡張は期待できないから、企業も積極的な投資を控えるであろう。

つまり、どれだけ金融緩和を行っても、オカネはなかなか企業の投資には結びつかない。結果として、その資金は、金融市場へ流れ込んで、一部は国債に向かい、一部は投機的に使われるであろう。じっさい、これほどの財政赤字なのに国債価格は維持されており、株式市場はバブル的様相を示している。

今日、生じているのは、おおよそこのような事態であろう。では、問題の本質はどこにあるのだろうか。

財政・金融政策が無効だとはいわない。しかしまた、少々の異次元的な経済政策によってさえも、経済を成長させることは難しいということである。ゼロ金利が20年も続くということは、いかに資金需要が低下しているかを示しており、それは、将来へ向けての企業の投資の見通しが悪いということである。つまり、今後の大きな経済成長が期待できない、ということになる。

戦後の先進国の経済成長率は、明らかに傾向的な低下を示してきた。とりわけ日本の場合、１９６０年代の10％ほどの高度成長から、２０００年代以降のほとんどゼロに近い水準まで傾向的に低下している。しかも今日の人口減少を考慮すれば、多少の変動はあっても、この成長率が大きく跳ね上がるとは思えない。

しかし、そのことは決して悲観することではない、と私は思う。年率10％も成長した60年代とは、明らかに社会の構造も消費者の欲求も違う。新しい家電製品や新車が市場へ出回ると同時に、人々がそれに飛びついた時代とは違っている。今日、モノは溢《あふ》れている。われわれは物質的に豊かになり、経済は成熟した。

ただ、それが社会の成熟であり、われわれの生活が真の意味で快適になったのか、というとそうではない。今日、われわれは、市場や金銭の尺度では測れないものを求めている。ＧＤＰでは測定できないものを求めている。それは、生活の質の向上、長期的に安定した仕事の場所、文化的な生活、教育、医療、介護、それに、人々の間の信頼できる関係であり、それを可能とする社交の場である。多様な地域の維持も含まれるだろう。家族や友人と過ごす時間や場所も求められる。もう少し大きな次元でいえば、長期的な防災を含む国土計画である。

これらは、基本的に、公共的なものであり、社会的なものである。ロボットやＡＩもドローンも、本来は、教育や医療や介護や、地域の活性化などといった公共的な場所で大きな効果を期待されるものであろう。

アベノミクスの第一の矢は、オカネを刷れば、将来のインフレ期待が生まれ、消費が増え、それが企業の投資を刺激し、経済成長につながる、という想定にたっていた。しかし、これほどモノが豊かになった社会では、金融緩和によって消費を喚起するのは難しい。人々が求めているのは、公共的で社会的な次元での豊かさである。それは容易にＧＤＰの成長に反映されるものではない。ということは、ひとつの価値としての経済成長主義はもはや限界だということである。「その次」の価値観が求められているのである。

森友問題一色の国会
重要政策論の不在、残念

朝日新聞
2018年4月6日

昨年（2017年）の今頃、米国のトランプ大統領が空母を日本海方面へ派遣し、米朝戦争が勃発しかけていた。ところが日本の国会はといえば、戦争の危機などほとんど話題にもならず、ひたすら森友学園問題一色であった。

それから1年、国会の予算委員会（参院）では、また森友学園で大騒ぎである。この1年、国会で論じられた最大のテーマは何かと世論調査でもすれば、たぶん、森友・加計学園問題だということになるであろう。両者は、今日の日本を揺るがすそれほどの大問題だったのか、と私など皮肉まじりにつぶやきたくなる。

本紙がスクープした財務省の文書改竄《かいざん》問題は、森友学園問題というよりは、まずは財務省の問題であり、官僚行政の不法行為に関わる問題である。私は、この問題の重要性を否定するつもりは毛頭ない。しかし、当然ながら野党は朝日のスクープを安倍政権打倒の格好の材料とみなし、その後、大新聞もテレビの報道番組もワイドショーも、連日のように、「真相究明」を訴え、このひと月、日本の政治は財務省、森友一色になり、安倍政権の支持率は一気に下降した。

財務省の文書改竄問題と、昨年来の森友学園問題（国有地払い下げにおける安倍晋三首相の関与云々《うんぬん》）は今のところ別問題である。しかし、野党や多くのメディアもまた大方の「識者」も、官僚行政が政治によって（特に首相の私的事情によって）歪《ゆが》められた（であろう）ことは民主主義の破壊だ、と言っている。だが、私には、現時点でいえば、この構造そのものが大衆化した民主政治そのものの姿にみえる。

今、この問題はおおよそ次のように論じられている。「財務省のなかで、森友学園に対する国有地払い下げ問題についての決裁文書が書き換えられた。日本を代表するエリート集団であり、慎重にも慎重を期すはずの財務官僚がこのようなことをするとは考えられない。とすれば、強力な政治的圧力がかかったのであろう。それだけの政治的圧力をかけるのは官邸か財務大臣であろう。にもかかわらず、佐川宣寿前理財局長にすべての責任を負わせて幕引きをはかろうとしている」。

おおよそこれが、野党の主張であり、テレビのワイドショーや報道番組も含めた大方のメディアの報道姿勢であり、まさしくその方向で世論が醸成されている。

しかし、現時点で確かなことは、ただ財務省内部での改竄の事実であり、官邸の関与はなかったと佐川氏が発言したことであり、森友学園問題は現在、検察が捜査中、ということだけである。官邸が関与したという事実は何もでていない。財務省内部で「忖度《そんたく》」があろうがなかろうが、首相夫人が安易なリップサービスをしようがしまいが、それは官邸の関与を示す証拠にはならない。

もしも、官邸が森友学園に関与したり、文書の書き換えを指示したりしたという有力な証拠や証言がでれば、その時には強く追及されなければならない。しかし、現時点では証拠はない。だが証拠がないから、野党は、財務省も官邸も「真相」を隠そうとしている、と主張する。多くのメディアがそれに同調し、連日のテレビや新聞報道を通してそれが世論になる。ひとたび世論となれば、国民は「真相解明」を求めている、ということになる。こうして、あたかも官邸や財務大臣が財務省に圧力をかけ、「事実」を隠蔽《いんぺい》しようとしているかのようなイメージが作られる。だがそれが事実かどうかは現時点ではまったくわからないのだ。

とすれば、連日、国会の予算委員会からテレビや新聞、週刊誌にいたる森友学園騒ぎと、安倍内閣の支持率を一気に下降させた政治的エネルギーはといえば、事実も想像力も、また様々な政治的思惑も推測もごちゃまぜになったマス・センティメント（大衆的情緒）であり、この大衆的情緒をめぐる駆け引きであるといわざるをえない。だがそれこそが大衆民主政治というものなのであろう。その時その時の不安定なイメージや情緒によって政治が右に左に揺れ動くのが大衆民主政治というものだからだ。

私がもっとも残念に思うのは、今日、国会で論じるべき重要テーマはいくらでもあるのに、そのことからわれわれの目がそらされてしまうことなのである。トランプの保護主義への対応、アベノミクスの成果（黒田東彦日銀総裁による超金融緩和の継続、財政拡張路線など）、朝鮮半島をめぐる問題、米朝首脳会談と日本の立場、ＴＰＰ等々。

私は安倍首相の政策を必ずしも支持しないが、それでもこうした問題について安倍首相は、ひとつの方向を打ち出しており、そこには論じるべき重要な論点がある。問題は、野党が、まったく対案を打ち出せない点にこそある。だから結果として「安倍一強」になっているのだ。

日本社会は（そしておそらくは世界も）今日、大きな岐路にたたされていると私は思う。麻生太郎財務大臣が「森友学園問題はＴＰＰ問題より大事なのか」といって物議をかもしたが、当事者の発言としては不適切だとしても、当事者でないメディアが述べるのは問題ないであろう。財務省の文書改竄の「真相解明」はそれでよいとしても、それ一色になって、重要な政策論が見えなくなるのは残念である。安倍首相の打ち出す方向に対する代替的なビジョンを示して政策論を戦わせるのもまた、いやその方が大新聞やメディアに課された役割であろう。

1968年は何を残したのか 欺瞞を直視する気風こそ

いまから50年前の5月10日、パリのカルチェラタンは学生に占拠され、大学から始まった学生反乱はフランス社会全体を巻き込んでいった。1968年五月革命と称される出来事である。この学生反乱は、先進国全体に共通する動きであり、日本ではいわゆる全共闘運動である。私は68年の4月に大学に入学し、7月には無期限ストで授業はなくなった。69年1月には東大の安田講堂での攻防があってバリケードは撤去され、授業が再開されたのは3月であった。

これは「革命」などといえるものではなく、フランスでは学生の「反乱」を押さえつけたドゴール大統領は68年6月に総選挙を行い大勝した。日本でも、70年の大阪万博を前にした高度成長の頂点の時代である。人々は、アポロ宇宙船による月面着陸の方に歓声をあげていたし、政治的にいえば、佐藤政権による沖縄返還の方がはるかに重要な出来事だった。

私は、全共闘運動には参加もしなければ、さしたる共感も持っていなかった。それは、私がそもそも集団行動が嫌いだったこともあるが、まわりには、マルクスやら毛沢東から借用したあまりに粗雑な「理論」を、疑うこともなく生真面目に信奉しつつも、実際にはまるでピクニックにでも出かけるようにデモに参加する連中をずいぶん見ていたせいでもある。

朝日新聞
2018年5月11日

しかし、それでも私は、あるひとつの点において「全共闘的なもの」に共感するところがあった。それは、この運動が、どこか、戦後日本が抱えた欺瞞《ぎまん》、たとえば、日米安保体制に守られた平和国家という欺瞞、戦後民主主義を支えているエリート主義という欺瞞、合法的・平和的に弱者を支配する資本主義や民主主義の欺瞞、こうした欺瞞や偽善に対する反発を根底に持っていたからである。

だから、これらの欺瞞と戦うには、合法的手段ではありえない。暴力闘争しかないということになる。私が共感したのは、この暴力闘争への傾斜であったが、そんなものはうまくゆくはずもない。そして、事実、暴力は内向してあさま山荘事件や内ゲバへと至り、全共闘運動は終焉《しゅうえん》する。戦後日本の学生主体の新左翼は、こうして暴力主義の果てに崩壊する。これはほとんど必然的な成り行きのように私には思われた。

むしろ、私が衝撃を受けたのは、70年に生じた三島由紀夫の自衛隊乱入、割腹自殺事件の方であった。米製の憲法を理想として掲げて、米軍に国防を委ねる平和国家を作り、あの戦争を誤った侵略戦争と断じたあげくに、とてつもない経済成長のなかでカネの亡者と化した日本、こうした戦後日本の欺瞞を三島は攻撃し、一種の自爆テロを起こした。

三島自身が述べていたように、三島由紀夫と全共闘の間には、深い部分で共鳴するものがあったのだが、全共闘はそれを正面から直視しようとはせず、三島はそれを演劇的な出し物へと変えてしまった。

そのころ、評論家の江藤淳が「『ごっこ』の世界が終ったとき」と題する評論を書き、全共闘の学生運動も、三島の私設軍隊（楯《たて》の会）もどちらも「ごっこ」だと論じていた。学生運動は「革命ごっこ」であり、三島は「軍隊ごっこ」である。どちらも現実に直面していない。真の問題は、日米関係であり、アメリカからの日本の自立である、というのである。確かに、フランスやアメリカと比較しても、日本の学生運動は、どうみても「革命ごっこ」というほかない。機動隊に見守られながら「市街戦ごっこ」をやっているようなものである。三島の方はといえば、効果的な「ごっこ」を意図的に演出していたのである。

日本の左翼主義は、その後、急速に力を失ってゆくが、私には、それは、多くの人が感じていた戦後日本の持つ根本的な欺瞞を直視して、それを論議の俎上《そじょう》に載せることができなかったからではないか、と思う。沖縄返還問題にせよベトナム戦争問題にせよ、その根本にあるものは、米軍（日米安保体制）によって日本の平和も高度成長も可能になっている、という事実であった。そのおかげで、日本は「冷戦」という冷たい現実から目を背けることができただけである。この欺瞞が、利己心や金銭的貪欲《どんよく》さ、責任感の喪失、道義心の欠如、といった戦後日本人の精神的な退嬰《たいえい》をもたらしている、というのが三島の主張であった。三島は、あるところでこんなことを述べている。全共闘の諸君の言っていることは実に簡単なことだ。それは、国から金をもらっている大学教授が、得々として国の批判ばかりしているのはおかしいということだ、と。

もちろん、三島は、国立大学の教授は国家批判をしてはならない、などといったわけではない。精神の道義を問うたのであり、この道義を戦後日本は失ったのではないか、と問うたのだ。

フランスの68年は、それでもポストモダンといわれる思想を生み出したが、日本は何も生み出さなかった。そして左翼主義は、その後、ただただ「平和憲法と民主主義を守れ」に回収されてしまった。

私は68年をさほど評価しないが、それでも今日の大学や学生文化にはないものが当時はあった。それは、社会的な権威や商業主義からは距離をとり、既成のものをまずは疑い、自分の頭で考え、他人と議論をするというような風潮である。その自由と批判の気風こそがかけがえのない大学の文化なのである。

スポーツ本来の意義「高尚な遊び」取り戻す時

朝日新聞
2018年6月1日

アメフトの試合における日大の悪質な反則行為が社会問題となっている。連日、ニュースのトップを飾るほどの事件かとも思うが、なにせこのところのトップニュースは、「もり・かけ（森友・加計学園）問題」から、財務省の事務次官を始めとする多様なセクハラ問題と、何やら各種・各所の「反則」行為とその糾弾ばかりが目立っている。

日大アメフト問題はともかく、改めてスポーツについて論じてみたい。スポーツとは、もともとディス・ポルトという語源を持っているようだが、これは船が停泊する港（ポルト）を否定する（ディス）ものであり、停泊地から離れる、つまりはめをはずす、といった意味を含んでいるという説がある。実際、英語の「スポート」には「戯れ」や「気晴らし」や「ふざけ」といった意味がある。だから、もともとスポーツは「はめをはずす」ものともいえるのだが、その第一義的な意義は、それが日常の窮屈な秩序や組織の規則から一時的に解放されて気晴らしを行う、という点にあった。日常のなかに無理やりに押し込まれた過剰なエネルギーの発露である。

ところで、オランダの歴史家であるヨハン・ホイジンガはかつて『ホモ・ルーデンス』

（1938年）と題する本で、人間の文化は（そして政治も経済も）「遊び」のなかで生み出された、と述べた。「ホモ・ルーデンス」とは「遊び（ルードゥス）」から発した「遊ぶ人」だ。

もちろん、これは「遊び人」ではない。「ホモ・ルーデンス」とは、ただ生きるという生存活動ではなく、日常的生活を超えた次元で、人間の持つ過剰なエネルギーが生み出した活動の様式なのである。「遊び」という言葉が十分に暗示しているように、それは、生活必需品の生産や確保を旨とする日常の活動とは異なった次元にあった。賞品や名誉をめぐって争われる競技など、その典型であろう。生を確保するための日常の活動では人々は必死になるが、この過剰なエネルギーの発露である「遊び」においては、人は、どこか余裕を持ち、楽しんで気晴らしをするだろう。

ホイジンガは、その場合、非日常的なこの過剰エネルギーを整序するものとして、とりわけ宗教的・儀式的なものの役割を重視している。古代ギリシャのオリンピックも、もともとは神々へ捧げる祝祭の競技であった。スポーツは、確かに「遊び（ルードゥス）」を起源としているが、スポーツが持っている非日常的な「はめはずし」の行き過ぎを防ぐものは、その背後にある「聖なるもの」であり、そこに一定の「様式」や「規則」が生み出されてきたのである。日本では、「道」という観念がその代替的役割を果たしたのであろう。

そして、神々を背後において行われる競技という「遊び」の精神は、ソクラテスやソフィストの言論競技の根底にもあり、そうだとすれば、それは言論を戦わせる民主政治にも通じる。また、もともと、聖なる場所にしつらえられた市場でモノのやりとりをする市場経済にも通じるものである。それらの根底には「遊び」の要素がある。

とすれば、スポーツにも、また政治上の言論戦にも、また経済競争にも、どこか余裕があり、楽しむ精神があり、偶発性があり、ルールがあり、その先には、何らかの「聖なるもの」へ向けた意識があった。神々が見ている、というような意識である。スポーツの競争や競技は、むろん真剣勝負であるが、その真剣さは、生きるための日常の必死な生真面目さとは一線を画した、どこかに余裕を持った真剣勝負であった。

ところがホイジンガは、今日、スポーツから「遊び」が失われている、という。そもそも祭祀《さいし》との関連がすっかり失われ、ただただ勝つことや記録だけが自己目的化され、カネをかけた大規模な大会に組織され、機械的で合理的な訓練が優位となり、もっぱら職業的な活動となっている。これでは、本来の「高尚な気晴らし」は失われてしまう。勝つために合理的に訓練され組織された闘争本能の発露になっている、ということだ。

政治も経済も、もともと「遊び」に淵源《えんげん》を持つというホイジンガの発想を借用すれば、今日の民主政治も市場競争も、スポーツと同様、あまりに合理化され、組織化され、過度に勝敗にこだわり、数字に動かされ、自由さも余裕も失ってしまったようにみえる。確かに、今日の国会論戦も、金融市場の投機も、どこかゲーム的で「過剰なエネルギーの発露」の感がないわけではないが、そこには、「遊び」の持つ余裕もなければ、逆に生きる上での必死の生真面目さもない。ただ、「勝つこと」だけがすべてになってしまった。

今日、大衆的なショウと化した政治も過度に競争状態に陥った経済もそしてスポーツも、従来のルールに従っていては勝てない。だから、トランプのような「反則的な」大統領が登場して保護主義を唱え、習近平が自由貿易を唱えている。これも反則であろう。フェイクニュースの横行も反則である。本来の「遊び」が失われてしまい、本当にはめがはずれてしまった。勝つためには反則でもしなければ、という意識があらゆる領域で社会を動かしている。「遊び」が持っていた余裕や自由さが社会からなくなりつつあるのだ。まずはスポーツこそ人間存在の根源にある「遊び」の精神を取り戻す時であろう。

自刃した「西郷どん」の精神 日米戦争と重なる悲劇

朝日新聞
2018年7月6日

少し前にこの欄で「明治維新150年」について書いた。それはとりもなおさず、日本の近代化をどのように捉えるか、ということである。ところで、このことを考えるときに、私にはどうしても西郷隆盛がひっかかる。特に詳しいわけでもないのだけれど、西郷さんをどう理解したらよいのか、以前から気になっているのだ。ちょうど放送中のNHKの「西郷どん」もそれなりの視聴率をあげているようで、日本人の西郷好きは何に由来するのだろうか、ということも気になる。

西郷隆盛という人は、まずは、明治維新という「革命」が内包する根本的な矛盾が生み出した人物であり、また、それを象徴する人物であったように私には思える。

明治維新の持つ根本的な矛盾とは、それが攘夷《じょうい》、すなわち日本を守るための復古的革命であったにもかかわらず、革命政府（明治政府）は、日本の西洋化をはかるほかなく、そうすればするほど、本来の攘夷の覚悟を支える「日本人の精神」が失われてゆく、という矛盾である。

大事なことは、明治維新とは、封建的身分社会に不満を抱いた下級武士の反乱というよりも、押し寄せてくる外国の脅威から日本を守るべく強力な政府を作り出す運動から始まった、ということであり、この運動の中心に西郷隆盛はいた。しかも、彼は、もっとも過激な武力倒幕の指揮官であった。朝廷の勅許云々《うんぬん》という話は別として、倒幕運動は、基本的に政府（幕府）に対する非合法的な武力行使という意味では、一種のテロ活動と見ることもでき、西郷はその中心人物だったことになる。内村鑑三がいうように、明治革命は西郷の革命であった、といっても過言ではない。

しかし、西郷隆盛という人物の真骨頂は、明治維新の立役者でありながら、明治6年には盟友の大久保利通たちと袂《たもと》を分かって鹿児島へ帰郷し、4年後に明治政府に対する大規模な反乱（西南戦争）を起こしたあげく最後は自刃する、というその悲劇にある。西郷を動かしたものは、攘夷の精神を忘れたかのように西洋化に邁進《まいしん》する明治政府への反発や、維新の運動に功をなしたにもかかわらず報われずに零落した武士たちの不満であった。そこに多くの日本人の西郷びいきもあるのだろう。敬天愛人に示される無私の精神、いっさいの贅沢《ぜいたく》を排して義を重んじる精神、それが今日にいたるまで西郷ファンを生み出している。

だがこうなると、少し奇妙な気もしてくる。天を敬い、他人のために働く徹底した無私の精神、利を捨てて義をとり、義のためには命を賭して武力行使を厭《いと》わない武闘の精神、敗北をあらかじめ覚悟した戦いを平然と行う諦念《ていねん》、そして富や財産にはまったく関心を持たない質素そのものの生活。ついでに無類の犬好き。こうしたいかにも「日本的な精神」こそが西郷ファンを生み出しているのだが、それこそ、今日、われわれのこの平成日本からはすっかり姿を消してしまったものではないのだろうか。とすれば、われわれは、今日の日本からは失われてしまったものの残影を西郷に見ていることになる。

ところが現実には、現代日本は、まさしく大久保利通や伊藤博文のすすめた西洋化、近代化路線の延長線上にある。しかも、それは西郷が死ぬことで可能となったのである。西南戦争の終結によって、明治の西洋化・近代化は本格的に開始されたからだ。明治政府を作り出した西郷隆盛は、政府から排除され、新時代になじめない旧士族の不満を一手に引き受けて死んでいった。

西郷とともに江戸城明け渡しを決めた勝海舟は、西郷の死をたいそう残念がっていた。また、明治の文明化を唱えた福沢諭吉も、西郷の死を惜しんでいた。明治政府に批判的だった福沢はいう。政府が好き勝手にしているのに、世の中はすべて「文明の虚説」に欺かれて抵抗の精神が失われている。世にはびこっているのは、へつらいやでたらめばかりで、誰もこれをとがめるものはない。そうした時に、西郷は立ち上がった。それを賊軍呼ばわりするのは何事か、というのである。

その福沢諭吉はまた、江戸城明け渡しを決めた勝海舟を厳しく指弾している。城を枕に討ち死に覚悟で一戦を交えるのを回避したために、明治という時代から「武士の精神」が失われた、という。それが、明治の西洋かぶれの風潮、浅薄で表面的な文明開化の流行をもたらしている、といいたいのであろう。

勝海舟は戦を避けることで平和的に新しい時代を作った。日本近代化の大変な功績者である。しかし、その明治は、本来の攘夷の精神を忘れて、西洋模倣へとなだれ込んでゆく。この風潮に我慢がならなかった西郷は、敗北を覚悟で戦い自刃した。福沢によると、西郷は、明治政府のありさまをみると、徳川幕府には悪いことをした、と後悔していたそうである。そして、西郷の死後、一見したところ、武士的な精神、無私や自己犠牲の精神はすっかり忘れ去られ、ひたすら日本は文明開化の近代化路線を走ることになる。

しかし、それにもかかわらず「西郷どん」は、多くの人のこころに生きてきた。人気では、大久保や勝など比べものにならない。押し寄せる西洋近代文明の流れに、敗北を覚悟で抵抗して死んだ西郷に、つい私は、敗北覚悟の日米戦争へとゆきつく日本の近代化の帰結を重ねたくもなってくる。

死を考えることと人に優しい社会への一歩

朝日新聞
2018年8月3日

この7月に私は『死と生』（新潮新書）という本を出版した。評論のようなエッセーのような内容であるが、ここで私なりの「死生観」を論じてみたかった。人口の減少と医療の進歩のおかげで、日本では高齢化がますます進展し、独居老人世帯も2025年には700万世帯になるとみられる。

こういう現状のなかで、いやおうもなく、どこでどのように死ぬかという「死に方」にわれわれは直面せざるをえず、さらには「死とは何か」などということを考えざるをえなくなってきた。「死を考える」といえば、いかにも陰気で憂鬱《ゆううつ》でうんざりという感じであるが、別にそういうわけでもない。これほど人間の根源的な事実はなく、誰にもまったく平等にやってくる。そもそも死を厭《いと》い、面倒なものには蓋《ふた》をしてきた今日の社会の風潮の方が奇妙なのではなかろうか。

人々の活動の自由をできる限り拡大し、富を無限に増大させるという、自由と成長を目指した近代社会は、確かに、死を表立って扱わない。死を論じるよりも成長戦略を論じる方がはるかに意義深く見える。しかし、そうだろうか。かつてないほどの自由が実現され、経済がこれほどまでの物的な富を生み出し、しかも、誰もが大災害でいきなり死に直面させられる今日の社会では、成長戦略よりも「死の考察」の方が、実は必要なのではなかろうか。

もっとも、いくら考えたとしても、「死とは何か」など、答えのでるものではない。だから考えても意味がない、という側にも言い分はありそうにもみえる。しかし、私はそうは思わない。われわれが自分たちの生の意義を問おうとし、この現実社会の意味を問おうとすれば、いったんは、この現実の生から離れ、それから抜け出さねばならず、死を前提にして生を見直さねばならない。だから、死を考えることはまた、生を考えることでもあり、家族や社会のありかたを考えることでもある。つまり、自分なりの「死生観」を論じることである。

「死生観」は、ひろい意味での宗教意識と深くつながっている。なぜなら、多くの宗教意識は、この現実を超越した聖なるものを想定し、その聖なるものによって人々を結びつけ、また、この聖性によって、人々の現実の生に意味を与えるものだからである。

そして、たいていの社会には、漠然としていても、何らかの宗教意識がある。イスラムはかなり明白であるが、米国はプロテスタント中心のいわば宗教大国であり、西欧では、かなり薄められたとはいえ、西欧文化のいわば母型としてキリスト教があるし、そもそも無宗教とは、多くの場合、意思的な無神論を意味する。それらが、ゆるやかに西欧人の死生観を形づくっている。

では、今日の日本における宗教意識とは何なのだろうか。NHK放送文化研究所の調査（2008年）によると、「死後の世界を信じる」という人の割合は44％もあり、特に若者層では多い。しかも確実にこの割合は増えている。「祖先の霊的な力を信じる」人は47%ほどもいる。だがそれでは、このうちのどれくらいの人が、神道であれ、仏教であれ、その教義や教説を知っているのだろうか。おそらくは、その内容はさして知らないが、何となく宗教への関心がある、ということであろう。

明治の近代日本では、神道の国家化と反比例して仏教は排斥された。そして、戦後になると、すべて宗教の立場は著しく低落した。宗教は、近代社会の合理主義や科学主義、自由主義や民主主義とは正面から対立するとみなされた。そして、近代以前に人々が自然に持っていた死生観も失われていった。

先日、オウム真理教の元幹部たちが死刑に処せられたが、もしも、われわれが、多少なりとも仏教の教説を知っておれば、この団体が若い人たちにこれほど大きな影響力を持つことはなかったのではないかと思う。また、前近代にあったような、神道的、あるいは仏教的な死生観がある程度共有されておれば、そもそもこのような団体が生まれたかも疑問に思う。もっとも過激な行動に駆り立てられた元幹部に高学歴のいわば合理的な科学に浸された人たちが多いというのは確かに考えさせられることなのである。戦後の宗教意識の排除が、逆に、秘教的なカルトへと安易に寄りかかる道を開いたとも思われる。

仏教の教えの根底には、現世の欲望や我執を否定し、無我や無私へ向かい解脱を願うという志向がある。さとりを開くことによって生への執着や死の恐怖を克服しようとするところがある。これは、西洋のような絶対神を持ってきて、神との契約の絶対性や神の教えの道徳的絶対性を説くやり方とはかなり異なっている。西洋では人は神に従属している。しかし、日本の宗教意識においては絶対的な神は存在しない。むしろ、清明心であれ、静寂であれ、無常観であれ、「無」へ向かう性向が見られることは間違いないであろう。

私には、もしもこのような宗教意識が今日のわれわれにある程度共有されておれば、これほど騒々しく他人の非を責めたて、ＳＮＳで人を誹謗《ひぼう》し、競争と成長で利益をえることばかりに関心を向ける社会にはならなかったのではないかと思われる。今年（２０１８年）から学校では道徳が教科化されたのなら、ぜひとも、日本人の宗教意識や世界の宗教の簡単な解説ぐらいはすべきではなかろうか。

正論
のススメ

文明の危機呼ぶ幼児性

産経新聞
2009年4月28日

「文明批評」という言葉には、どこかそらぞらしさが付きまとう。「文明」という概念は、批評するにはあまりに対象が大きすぎるからであろう。「社会評論」といっても大差ない。「文明」といい「社会」といい、本当は、その中に、多様なものがつまっているのに、それを一刀両断に断ち切って、あらわれでた断面を得心したように解説する、というのも胡散臭《うさんくさ》い気がする。

しかし、そうはいっても、少し前の西欧には、すぐれた「文明批評」としかいいようのない書物や評論がしばしば書かれたもので、一級の文明批評は、確かに、われわれの生きている時代や社会の本質を、まぎれもなく鋭い一刀のもとにえぐりだしてくれる。ニーチェが、狂気と天才のはざまで書き散らかした、あの読みにくい文章の集積など、まさに一級の「文明批評」というほかあるまい。しかし、いま、私の念頭にあるのは狂気のニーチェではない。もっと健全なホイジンガという20世紀前半の西欧を代表する歴史家の書いた『あしたの蔭《かげ》りの中で』という書物であるが、これなども、すぐれた文明批評であった。

この書物は、ヨーロッパにファシズムの大嵐がやってきつつあった1935年に出版されたもので、まさに、その時代の「危機」を訴えたものであった。いま、私たちは、社会の安定を失い、未来に対する漠然たる不安に取りつかれ、文化の沈滞と没落を味わっている、と彼はいう。しかもそこには、「貿易や無謀な貨幣取引の摩擦的な停滞」があり、「文化全体の崩壊の危機感」がある。国家は機能を果たさず、生産体系はうまく作動しない、というのである。30年代のヨーロッパにあって、長きにわたって作り出されてきた西欧の崩壊、つまり「文明の危機」をホイジンガはみたわけだ。

ところで、われわれのこの時代も「危機」の時代である。「危機」だらけといったほうがよさそうである。あらゆる人があらゆる場所で危機だ危機だ、と叫んでいる。地球温暖化も危機的であり、朝鮮半島も危機的である。自民党も民主党も危機のなすりあいをしている。そして、何といっても大きいのは、１００年に1度といわれる経済危機であろう。

１００年に1度、とはこの場合、１９３０年代の世界大不況をさしてのことであろうが、さて、１９３０年代の「危機」の本質は何だったのだろうか。

むろん、29年のアメリカのニューヨーク株式市場暴落に始まり、１９３０年代が世界中で大きな経済的失調に陥ったことはいうまでもなく、結局、それが第2次大戦に一役買ったとなると、この経済「危機」は確かに深刻なものだ。

だが、物事には因果がある。29年の株式大暴落には、それに先立つ20年代の沸騰、熱狂、投機熱があった。この時期、アメリカでは、若者を中心に、従来のあらゆるタブーを破る伝統破壊が風潮となり、やがてロスト・ジェネレーションへとゆきつく。国民はスポーツ熱に浮かされ、すべてのことがらがゲーム感覚ですすんでゆく。経済も貨幣取引も、太平洋の飛行横断も、恋愛も、巨大ビルの建設も、消費文化もゲームの感覚に侵されてゆく。ベーブ・ルースやリンドバーグのような英雄が待望され、これはアル・カポネのごとき悪役にまで及んでゆく。

こうした文化の展開を、ホイジンガは「幼児性」と呼び、「幼児性」を完全な形で実行しているのはアメリカだ、といった。もっといえば、「幼児性」つまり、「子供っぽいこと」を称賛する風潮こそが、文明の「危機」の本質だと見たのであった。

これははたして、過ぎ去った話なのだろうか。今、私たちが目撃しているのも、これと大差ない光景なのではなかろうか。特に、今日の日本では、いたるところで「幼児性」が氾濫《はんらん》しているといっても過言ではない。国会論議から、バラエティーに占拠されたテレビ、犯罪の動機や手口、などなど。

私には、規律正しい「大人」として「幼児性」を論難しようなどという気は毛頭ない。そんな力量も資格もない。ただ、「幼児性」を「幼児性」と認めて、「子供っぽいこと」はやはり「子供の領分」に任せるのがよかろう。それぐらいの分別は持たねば、それこそ「文明の崩壊」になりかねない、と思う。

この十数年、日本はまさに「日の蔭りの中」にある。この状態はまだ当分は続くだろう。しかし、ホイジンガによると、「文化をつくる」という努力こそが文明を支える、という。そして、「文化をつくる」ものは「幼児性」ではなくて、「大人」になろうとする努力の中にこそある。ホイジンガのいう「蔭り《シャドウ》」は、「影」であるが、また、「予兆」という意味もある。とすれば、われわれは、「日の予兆の中に」いることをも忘れてはなるまい。

正論のススメ

「政治の品格」取り戻すには

産経新聞
2009年5月28日

数年前に『国家の品格』や『女性の品格』という書物がベストセラーになって以来、「…の品格」ブームはまだ続いている。逆にいえば、いかにも「品格」を求めたくもなるような社会になってしまったということであろう。「品格」に便乗していえば、難しいのは「政治の品格」である。「政治家の品格」ではない。政治家の品格をうんぬんする資格は私にはない。だが、「政治」という現象からいかにも品格が失われてしまいつつある、という印象は誰もがぬぐえないのではなかろうか。というのも、次のような言説がこの20年ほど日本社会を支配してきたからである。日本の政治をつまらなくしている最大の理由は自民党長期政権による派閥政治であり、政官の癒着である。つまり政治が民意から乖離《かいり》した。民意をすくい上げる透明な民主政治が成立していない。政治の「品格」を取り戻すには、二大政党による政策選択を可能とするほかない、というのだ。その二大政党政治が一応は整いつつある。先日、民主党の代表に鳩山由紀夫氏が就任し、きたるべき総選挙は、麻生自民党と鳩山民主党の対決ということになった。平成5年（1993年）に小沢一郎氏が政治改革を唱えて自民党を割って出て以来、十数年かかり、ようやく反自民勢力は政権を争う政党を生み出した、といえるのかもしれない。

しかし、残念ながら、現状を見る限り、民主党が十分な力量を持った大政党とは思えない。それでも、とにかくも一度は政権交代があった方がよい、というそれだけの理由で民主党を支持するものは多く、にわかづくりの二大政党政治が目前で展開されている。

政権交代はあった方がよいだろう、と私などもひとまずは思ってみるが、はたしてその理由はと問い詰めると、別に根拠はない。そもそもが、二大政党政治とは何なのだろうか。

二大政党政治というモデルは、「民主主義」の先進国であるイギリスやアメリカから輸入されたものだが、しかし、忘れられているのは、それらの国では二大政党が生み出される歴史的必然性が存在した、ということだ。イギリスにおける二大政党は、貴族・ブルジョワ階級と平民・労働者階級からなる階級社会イギリスの特徴をそのまま反映するものであり、ふたつの政党は基本的にそれぞれの階級利益を代表した。

アメリカの二大政党は、アメリカという国家理念のふたつの類型、すなわち、一方における、アメリカ建国の理念を自立した自由な個人とキリスト教信仰や道徳心に求める考え方と、もう一方で、アメリカを多様な民族や文化からなる巨大なコミュニティと考える考え方の対立に基づいている。これはあくまで白人プロテスタントを軸に形成されつつも、移民国家としての多様性を抱えこんだアメリカの歴史的事情が生み出した対立である。

幸か不幸か、これらの歴史的条件が日本には存在しないのである。日本でまだしも二大政党が可能であったのは、むしろ、保守と革新というイデオロギー的対立が存在した冷戦体制の時期であった。この種の明確な対立がなくなってしまったのが「冷戦以降」なのである。ところが、まさにその時期に、無理やり二大政党が作り出されてしまった。「無理やり」作り出したために、対立は、大きな理念や信条をめぐるものではなく、どちらがより政治を「変革」できるか、という一点に収斂《しゅうれん》してしまった。民主党が繰り返し述べてきたのは、「自民党では本当の改革はできない」ということであった。「変革」や「改革」の意味は、どちらがいっそう民意を反映するかというものである。これでは政策選択にも二大政党政治にもならない。兄弟政党政治である。兄弟が親（国民）に向かって、それぞれ相手の悪口を言い合っているようなものである。

その結果、どうなったか。政治は人気と支持率によって動くほかなくなってしまった。世論といえば体裁はよいが、その中心を占拠しているのは、マスメディアに媒介されて拡散する人気（ポピュラリティ）やイメージという相当に「品格」に欠けるものとなった。この無責任で情緒にあおられた人気主義に動かされる民主政治が品格のない政治へと陥るのは当然のことである。「政治の変革」が結果として「政治の品格」を失わせてしまった。

この大衆政治に「品格」を取り戻すのは至難の業である。しかし見方によっては、方向は明《めい》瞭《りょう》ともいえる。日本の近代化の歴史は、実は常にふたつのモメントを含み持ってきた、という基本に立ち返ればよい。近代以降の日本の政治は、西洋が生み出した「グローバル・スタンダード」への適応と、崩壊してゆく「日本的なもの」の保守という二つのモメントのせめぎ合いによって動かされてきた。この構造は今日も決して失われたわけではない。ただそのことを自覚し、「民意」を引きつけることは確かに至難の仕事というほかない。

「貨殖術」から「経国済民」へ

産経新聞
2009年6月22日

少し前、経済学の教科書をひらくと、最初に次のことが書いてあった。経済（エコノミー）とは、家（オイコス）についての統治術（ノモス）である、と。日本語でいえば「経国済民」、すなわち、国をうまく統治し、民を救うことである。

いずれにせよ、経済とは、一国の統治にかかわり、国民の福利厚生を高めるものということである。これは教科書に書いてあったことではないが、古代ギリシャの哲学者アリストテレスは、この観点から、金もうけを「貨殖術《かしょくじゅつ》」と呼んで非難した。一国で、人々が必要とするモノを作り出し、それを公正な価格で売ることが大事なのであって、貨幣的な利得を目的とした「貨殖術」は、そもそも「経済」に反する、ということであろう。

むろん、今日の巨大な産業社会に、小ぢんまりとした古代ギリシャを重ねることは無理があろうし、古代ギリシャにはサブプライムローンもリーマン・ブラザーズも存在しなかった。だから、このグローバリズムの時代にアリストテレスの名前を持ち出すことはいかにも場違いではあろう。しかし、それでも、確かに、今日の経済学の教科書にも、経済という活動が、一国の安定や国民生活の幸福を目指すところから始まると書いてあったのだ。そしてこの事実は、今日でも決して無意味になったわけではない。

アメリカのダウ平均の上昇とともに、日経平均株価が一時、1万円を回復し、経済危機は去ったというのが一般的な論調となっている。景気が底を打ったという安心感と将来への楽観的期待の表出という見方が支配している。そうかもしれないが、別の見方をすれば、景気対策として世界中にばらまかれたお金がまたもや金融市場へと流れ込んでいるともいえる。実体経済以上の株価の上昇と、上昇期待による利得の獲得がさらに上昇を招く現象をバブルというなら、100年に1度といわれる大不況の真っただ中でミニバブルが発生しつつあることになろう。

昨年（2008年）来の経済危機が、あの手この手を使って利益を生み出すという金融商品や金融工学、すなわち現代の「貨殖術」によって引き起こされたとするのなら、株価の急上昇を手ばなしで喜ぶわけにもいくまい。またぞろ、誰もが手っ取り早い「貨殖術」に励むとなると、いずれまた「危機」はやってくる。だから、一見したところ、危機は去ったように見えてしまうことこそが本当の「危機」だともいえよう。

今回の経済危機の本質は、誰もが「貨殖術」にうつつをぬかし、本来の「経済」を忘れてしまった点にある。繰り返すが、経済とは、一国の安定と国民の福利向上を第一義とする活動なのである。金融市場を膨張させ、株価を上げて利益を生み出すことが経済の目的ではない。

それでは、今、日本にとって「経国済民」とは何を意味するのだろうか。日本が今後求めるべき豊かさとは何であろうか。

これは実は大変な難題である。しかし、ほぼ明白なこともある。まず、この10年以上にわたるグローバルな市場競争は日本にとっては、決して結構なものではなかったし、今後もそれは決して日本の「経国済民」にはならない、ということだ。

人口減少、高齢社会化、消費需要の低迷、勤労意欲の低下に直面している日本が、グローバル市場において、いずれにせよ大国化してゆく中国、ロシア、インドなどとの競争によって、経済成長をとげることは不可能に近い。また、誰も、このグローバルなコスト競争の中で、これ以上の労働を強いられ、賃金の低下に直面することを好ましいとは思っていない。

要するに、日本のような相当に成熟した経済大国は、競争至上主義と成長至上主義をそろそろ脱しなければならないのだ。来たるべき「脱成長社会」の構想を用意しなければならない。そして、困難は、それを、グローバルな市場競争一辺倒の世界情勢のなかで行わねばならない、という点にある。日本の目指すべき方向は、資源や市場のグローバル競争で利得を得ようとする新興国やアメリカとは立場を決定的に異にするのである。

確かに日本はいささか例のない独特の立場に置かれているおり、独自の「経国済民」構想を持たなければならない。だが、本当は、これは日本だけではなく、世界全体の課題なのである。膨張したグローバル金融市場の「貨殖術」も、グローバルな市場競争も、世界経済を不安化するだけだ、という認識が広がってもいるからだ。１００年に1度の危機は１００年に1度のチャンスでもある。グローバル競争主義、成長至上主義という価値観を見直す絶好のチャンスであり、それを発信できるのは、実は日本だけなのである。

政党政治の終わり？

産経新聞
2009年7月12日

もう40年ほど前、大学1年の時、ドイツ語の授業でマックス・ウェーバーの『職業としての政治』という本を読まされた。一通りの文法を終えただけで、どうしてこんな難解なドイツ語のテキストを、と無慈悲な教師を恨みつつ暗い教室で辞書と格闘していたのだが、今から思えば苦労して読んだかいがあったのかもしれない。というのも、今日の日本の政治を見ていると、つい、この書物でウェーバーが論じていた危惧《きぐ》を思いだすからである。

第1次大戦後の混乱した世情を背景に、ドイツを代表する知識人であったウェーバーは学生に向けて「政治」や「政治家」というものについて講演を行った。それを活字に置き換えたのがこの書物である。ここでウェーバーは、ドイツの政党政治が行き詰まり、代わって、大衆的人気を持つデマゴーグ（大衆扇動家）や、信条の純粋さをもっぱら訴える若者たちの登場を、幾分の危惧を持って論じている。既成の政党政治は、人々の情緒や要求をそのまますくいとることはできない。だから、人々はカリスマ的指導者を待望するようになる。大衆の心をわしづかみにして大衆の支持を背負ってさっそうと登場するカリスマ的政治家の到来を人々は待ち望む。政党も選挙に勝つためにカリスマ指導者を求めようとする。この新しい政党指導者は、大衆に直接訴えかけるデマゴーグ以外にない。

そこで究極の選択肢は次のふたつだという。カリスマ的政治家と機械のようなその追随者からなる「指導者民主政」か、カリスマ的要素を持たない職業政治家による「指導者なき民主政」か、の選択である。後者は、実際上、政党による派閥政治といってよい。

ウェーバーも、この閉塞《へいそく》状態を打ち破るには、カリスマ的指導者の登場を期待する面がないわけではないように見える。しかし、それでも、ドイツの政治的風土に照らし合わせれば、後者の政党政治しか方向はないだろうという。カリスマ指導者とは、実際のところ「デマゴーグ」なのであり、「デマゴーグ」の登場は、これまで何度も繰り返されてきたように、民主政治を破壊するものなのである。

政党政治の特徴は、政治家は、政党の中でかなりの年月にわたって仕事をし、実績を積み、そして周囲の承認があってはじめてそのトップの座につく、という手順を踏むことにある。この手順を踏む中で政策をかため、また調整能力を身につけてゆく。これは決して「面白い政治」でもなければ、「わかりやすい政治」でもない。面倒な手続きではあるが、人の上に立って人を動かす政治家を作り上げるにはいささか時間と手間がかかるのである。

だが、大衆の支持を、ほとんど唯一の養分にして、バブル的人気によって急成長する即席のカリスマ指導者への一時的熱狂ほど、政治を不安定化してしまうものはないことを思えば、この「面白くなさ」は政党政治のコストだと見なさねばならないであろう。

ところで、総選挙が近付いている。衆議院の任期がタイムリミットに近付いているため、与党にとってはやりたくもない選挙をやらざるをえないという奇妙な選挙であるが、さらに奇妙なことには、今回の選挙においては、大きな争点が全く存在しないのである。

いや、正確にいえば、存在はするはずだ。経済危機以降の日本経済、安全保障、環境問題、雇用、教育など問題は山積している。にもかかわらず、それを争点にできないのが今回の選挙なのである。

その結果、ほとんど唯一の争点は、政権交代の是非そのものになってしまった。政策が争点となった結果として政権交代が生じるのではなく、政権交代そのものが争点になってしまっている。いくら省エネの時代とはいえ、手順をここまで省略してしまうと政治の簡便化もはなはだしいが、別の見方をすれば、身もふたもなく、政権交代、すなわち権力の移行のみを争うというむき出しの政治が露呈してしまったともいえよう。

権力のみを手繰り寄せることが目的となってしまうと、民主政治は必然的にデマゴーグを必要とする。政党も権力を手にするためにはデマゴーグを必要とするのである。ウェーバーなら「権力を手にするための悪魔との取引」とでもいうのであろうが、幸か不幸か、自民党が選挙に勝つために利用しようとしているデマゴーグが、せいぜい東国原宮崎県知事程度であるというのでは、「悪魔」にさえも失礼であろう。これはほとんど幕間の笑劇として一蹴《いっしゅう》したくもなるのだが、まさにこうしたところに、今日の日本の民主政と政党政治の質が露呈しているとなると、ただ、笑っておしまい、というわけにもいかないのである。

大衆の支持を調達するためにデマゴーグや著名人をとりこんで権力を手繰り寄せようとする

「似非《えせ》悪魔」であれ、「小悪魔」であれ、「悪魔」であれ、政治は、政党政治を破壊してしまうだろう。端的にいえば、「大衆的なもの」との安易な取引は、政党に活力を与えるどころか、政党から何か決定的なものを奪い取ってゆくだろう。

NHKの大河ドラマ「天地人」で毎回のように連呼しているので、あまり言いたくはないのだが、しいていえば、それは「義」という言葉に通じるような何かである。政党とは、あることをなしとげるための信頼する人々の集まりだとすれば、政党政治を支える精神は、相互の「信」と「義」以外にはないだろうからである。

正論のススメ

政権公約で隠されたもの

産経新聞
2009年8月9日

自民、民主両党の政策マニフェストも、一応、出そろって、選挙戦を待つのみとなった。この数年間、選挙となるとマニフェストというものが一人歩きして、両党とも、無理にでも差異を打ち出そうとする。今回もかなり具体的な政策に踏み込んで違いを強調しようとしている。具体的な政策を打ち出すのはよいが、しかし、あまり具体的に述べられても果たして有効な比較材料になるのだろうか、と思う。

たとえば、行財政改革について、天下り、渡りの全面禁止や次々回からの世襲候補制限を打ち出す自民党案と、議員世襲と企業団体献金の禁止を打ち出す民主党案のいずれを選ぶのか、あるいは、3～5歳児の教育費の段階的軽減を唱える自民党案と、中学卒業まで1人当たり年31万2千円を支給するという民主党案のどちらがよいのか、さらには、3年以内に無年金・低年金対策を具体化するという自民党案と、月7万円の最低年金創設という民主党案のいずれを選ぶのか。具体的ではあるものの、果たしてこんな選択ができるものであろうか。

確かにマニフェストは一定の意味を持つ。しかし、それよりも、議員世襲や天下りの禁止などにみられるように、その政策が本当に必要なのかどうかという検討も不十分なまま、なにやら世論の支持をえるために、もっといえば世論にこびて、この種の政策がマニフェストによって既定化してしまう方が困ったことのように思える。

しかし、ここで述べたいことは、両者のマニフェストの比較ではない。マニフェストに書かれていないことである。それは、ほかでもない、この十数年におよぶ構造改革の評価についてだ。

いうまでもなく、この1年をとってみて最大の出来事は世界経済危機であった。日本もこの大波に翻弄《ほんろう》された。世界経済危機はアメリカ発であったが、日本がこの大波に翻弄された理由の少なくともひとつは、構造改革にある。経済構造改革は、基本的に、アメリカ主導のグローバル経済、とりわけ、金融グローバリズムを支持し、日本経済を積極的にその中へと投げ込む政策だったからである。

だとすれば果たして、この方向がよかったのかどうか、これは本来、今回の選挙の大きな争点たるべきものだろう。しかも、構造改革のゆがみが、雇用問題や地方の衰退として顕著に現出している、といわれていたことを考えれば両党ともが、構造改革の評価についてまったく触れないのは、むしろ異常なことなのではなかろうか。

とりわけ、自民党にとって、小泉構造改革は大きな打撃をもたらした。前回の郵政選挙は、郵政民営化の是非《ぜひ》という一点をめぐって自民党内に大きな亀裂をもたらし、結局、そのつけが今回の自民の衰退の直接的な原因となった。自民党は前回の郵政選挙の大きなつけを払わざるをえないのである。

朝日新聞に面白い記事がでている。郵政法案の参院採決の1時間前、小泉首相と麻生氏が対面していた。

麻生氏は、解散総選挙に持ち込んだ場合、選挙に勝てるか、と首相に問うた。返ってきた答えは、「勝てる」というものではなく、「それはばくちだよ」というものであった。

麻生氏は、驚いて言った。「それでは選挙に踏み切るのは、民主党と政権を争うというより、内なる抵抗勢力を一掃するためのものですか」。小泉首相は「うん」と言った…。

小泉氏が「自民党をぶっ壊す」といったのは、こういうことである。自民党を一丸として民主党と争うよりも、自民党内の抗争に勝利することの方が大事だったのである。そして、そのつけを自民党ははらわざるをえない。小泉政権のもとにあって、自民党は構造改革を支持したために、公式的には構造改革を批判できないのである。麻生氏が郵政民営化に批判的だったのは事実であろうし、構造改革からも距離をとっていたことは間違いないものの、上の経緯からしてこれを批判することはできないのである。

一方、民主党はといえば、これも構造改革を批判しづらい。もともと民主党は構造改革推進派であって、彼らの主張は、「自民党では十分な構造改革ができない」というものだったからである。「構造改革」というこの十数年、日本の政治やマスコミをリードしてきた魔術がいまだに政治においてたちはだかっているのである。

しかし、いつまでもそんなことはいっておれまい。明らかに世界経済は、グローバルな市場競争を無条件で是認する時代から、その次の新たなステージへと移行しようとしている。いや、移行しなければならない。このまま、過激なまでのグローバルな市場競争を続けてゆけば、もっとも大きなダメージを受けるのは日本経済であろう。

この状況の中にあって、日本経済の長期的な方向をどのように舵《かじ》を切るかは、もはや待ったなしの重大事なのである。どうしてそのことが争点にならないのか、私には不思議でならない。構造改革の評価なしには、次のステージには移れないのである。両党ともメンツにこだわっている場合ではなかろう。この問題を避けて通るのでは、いくらマニフェストなどといっても体の良い官僚の作文とさして変わるまい。

民主主義進展と政治の低下

産経新聞
2009年9月13日

先ごろの総選挙での民主党の圧勝を受けて政権交代が実現した。多くの人が画期的な選挙だったという。民主党の政権運営や政策実行に、かなりの不安感を持っている人でさえ、「政権交代」そのものは結構なことだという。何が結構なのかというと、政権交代によって民意が政治に反映されるからだ、という。つまり、民主主義の進展だというのである。

政治に一家言ある一般人だけではなく、政治学者や政治評論家までがこんな議論をすると、私など、ついあまのじゃく根性を発揮したくなってくるのだ。「で、民主主義が進展すれば政治は良くなるの?」と、つい口がひとりでに動いてしまう。誰もが、民主主義が進展すれば政治は良くなると思っている。逆にいえば、今の日本で政治がうまく作動しないのは、民主主義が機能していないからだ、というわけだ。

民主主義とは、確かに、民意によって動く政治である。しかし、民意というものが人々の顔に書いてあるわけではないから、政党政治のもとでは、政党が政策を示し、それを「民意」が判断する、という手続きになる。そこで、たとえば、二大政党がそれぞれ政策を提示して、人々に選択権を与えれば、民意が反映されたことになるだろう。かくて、マニフェストによる政策選択が同時に政権選択になる、という理屈がでてくる。

この理屈に別に間違ったところはない。だが、ひとつ重要なことが隠されている。それは、「民意」は必ずしも「国」のことを考えるわけではない、ということだ。むろん、「民意」とは何か、というやっかいな問題があるが、今はそれは論じないことにしよう。民意とは、さしあたりは、多様な人々や意見や利益を集約したものだとしておこう。仮にそう定義しておいても、民意とは、まずは、人々の「私的」な関心事項の集まりなのである。

そもそも、近代社会になって民主政治が支配的になった理由を考えてみよう。いうまでもなく、近代社会のもっとも重要な価値は「自由」にある。「自由」といえば崇高に聞こえるが、ありていにいえば、人々は自分のことにしか関心を持たず、勝手に利益を追求してもよい、ということであろう。こういう社会では、人々の多様な「自由」＝「勝手」を調整するには民主政治しか手がない。

だとすれば、「自由・勝手・気まま」から構成される「民意」が、はたして「国」の行く末を冷静に考察した結果だなどとするのはあまりに能天気に過ぎるだろう。人々が関心を持つものは、何よりも、自分の身の安全、安定した生活、利得を得る機会である。要するに、身の安全が確保されれば、後は、物価が安く、給料があがり、ちょっと小銭がかせげればそれでよい。確かに、ずいぶんと人をバカにした話に聞こえるが、実際、それこそが、近代社会の政治的了解だったのではなかろうか。近代国家の役割とは、何よりも、人々の生命の安全確保、生活の安定、社会秩序の維持にこそある、というが政治学の教えるところなのである。この考えからすれば、「民意」が、国家の大計や国の行く末などという「大きな政治」に関心など持つ方が奇妙なことなのである。

こうなると、二大政党はどうなるか。両党とも、少しでも「民意」の歓心を買おうとするだろう。税金は安い方がよい。さまざまな補助金や手当をつけるのがよい。福祉を手厚くするのがよい。人々の嫌がることはやらず、聞こえの良い公約が並ぶ。かくて、自民党から民主党、共産党にいたるまであらゆる政党が、人々の生活の安定と向上をもっとも重要な争点にする、という事態となったわけである。

ここで、私はどうしても、最初に、「政治」という観念を、人間の社会的営みの最重要事とみなしたプラトンの意見をのぞいてみたくなる。よく知られているように、プラトンは民主政治に対して懐疑的であった。彼の主張は「哲人政治」といわれるもので、哲学者が政治を行う、あるいは、強力なアドバイザーとなる、というものであった。彼の理屈は簡単である。「政治（ポリティックス）」とは、人々が力を合わせて「善《よ》い国（ポリス）」を作るものである。ところが「善い国」がどのような国であるかを論じることができるのは、ほんのわずかな、りっぱな知識を持った「哲学者」でしかない。大衆は「哲学者」ではありえないのである。

多くの政治家は、大衆の好みや気質を知っていることをもって「知識」だと思っているが、それは間違っている。人々が「必要としているもの」と「善いもの」は必ずしも一致しない。「人々がほしがっているもの」を与えるのが政治ではないのである。

「人々がほしがっているものは何か」ではなく、「善い国はどうあるべきか」を政治の基準におく哲学者は、大衆からはもっとも嫌われる、とプラトンはいう。だから、民主政治と哲人政治は容易には相いれないのである。

「民意を反映することこそが政治だ」とする民主主義者の理屈と、「善い国を作ることが政治だ」とするプラトンの理屈のどちらに言い分があるのであろうか。むろん、われわれは、民主主義の枠組みをはずすことはできない。だが、それが、下手をすれば「政治」というもののレベルをかなり引き下げてしまう、という危険を伴っていることは十分に知っておかねばならないのである。

正論のスゝメ

国家のスポーツ的起源

産経新聞
2009年10月11日

主として20世紀の前半に活躍したスペインの哲学者であるオルテガは、かつて次のようなことを書いたことがあった。最初の社会の始まりは、他所《よそ》の女たちを略奪するために作られた若者たちの集団であった、と。

ずいぶん物騒な物言いではある。が、彼がいうのは、社会の始まりは、必要な食料を確保して生存を維持するといった「必要性」から生まれたのではなく、ありとあらゆる乱暴を働いて女性を略取するという「名誉」や「威信」を手にするための若者たちの集団的競争から生まれた、ということである。

むろんこんなことは実証の仕様もないことで、無意味といえば無意味な言説なのであるが、しかし、われわれが忘れてしまった、社会というものの根底に横たわるある種の暴力性と、ある種の連帯を同時に思い起こさせてくれる。ありとあらゆる暴力的な力を競って「名誉」や「威信」を手にしようとする若者たちの連帯によって結ばれた集団こそが、古代の国家のもとになった、というのである。

実は、このオルテガの論考は「国家のスポーツ的起源」と題されている。そこで、「スポーツと国家」などと並べれば、誰もがすぐにオリンピックを思い起こすだろう。オリンピックが国家の起源などというわけではないものの、オリンピックほど、国家とスポーツのつながりを実感させるものはないからである。２０１６年のオリンピックの開催を決定する先日のＩＯＣの総会は、それ自体がすでに国家による「名誉」と「威信」を懸けたオリンピックの一部と化していたが、勝利をえたのはブラジルのリオデジャネイロであった。

東京の敗北には、むろん、ＩＯＣの内部事情や、戦略的な事情などさまざまな理由があろうが、それとは別に、少し乱暴に象徴的な言い方をすれば、今日の日本ほど、「国家のスポーツ的起源」から隔たった国は、それほどないだろうと思われるのである。

戦後の日本においては、国家とは、人々の必要を満たし、生存や安定を確保する機構とされている。むろん、これはきわめて正しい見方である。だが、世界の多くの国は、国家をそうはみていない。国家とは、国民の「名誉」や「威信」を世界に示す装置であり、ここには激しい競争があり、国は、その競争を有効に行う人々の集まりである、とみている。特に新興国の場合はそういってよい。つまり「若い」国である。

そうだとすれば、「若い国」に勢いがあるのは当然であろう。ブラジルのような新興国にあっては、国家そのものがスポーツ的な競争集団のニュアンスを帯び、また、スポーツが国家的なニュアンスを帯びてくる。昨年（２００８年）の中国・北京オリンピックもそうであった。それに対比していえば、東京やシカゴの落選のひとつの大きな理由が、市民の支持が低調である、という点に求められたのもまた、象徴的なことである。

問題は、しかし、「名誉」や「威信」を求める競争という次元が、ただオリンピックのようなスポーツ競技に収まっておればよいのだが、どうもそうは言い切れない、という点にある。女性を略奪してくる若者集団というオルテガの、いささか物騒な国家の起源論は、むろん、これほどあからさまではないものの、資源や市場を獲得し、世界の中で大国の地位を占めたいという国家の願望、という形で、今日にも十分に通用する。

中国やブラジルのような若くて勢いのある国は、「スポーツの国家的支援」だけではなく、「国家のスポーツ的起源」を大いに発揮している。日本も、1964年の東京オリンピックの時期には、それだけの若さと勢いがあった。45年もたてば、勢いも失われる。ただ、ブラジルに対する敗北が、オリンピックだけのことではなく、このグローバル世界での政治、経済、文化全般に及ぶものではないか、と危惧《きぐ》するだけである。

しかしまた、ここで私は次のことも思いだしてしまう。スポーツとは、もともと「ディス・ポルト」という言葉を語源とし、これは「常軌をはずれたふるまい」というような意味だそうである。確かに、女性の略取をめぐる競争とは、「常軌をはずれたふるまい」であろう。「国家のスポーツ的起源」は、どこか「常軌をはずれたふるまい」という面を含んでいる。とすれば、今日の、資源や市場をめぐるグローバルな過激な国家間競争もまた、「ディス・ポルト」なものといってもよいだろう。それを象徴するような、国家的威信を過度に発揚する過剰な国家的スポーツとしてのオリンピックもますます「ディス・ポルト」なものとなりつつある。東京都民の低調な関心も、「ディス・ポルト」なものへの警戒心のゆえ、としておこう。

「国民のための政治」とは

産経新聞
2009年11月15日

かつて民主党が結成されたころ、鳩山由紀夫氏は、しきりに「民主党は市民の政党だ」といっていた。平成9年（1997年）に朝日新聞で鳩山氏と中曽根康弘元首相の対談が行われ、そこでも、「国民」という概念にこだわる中曽根氏に対して、鳩山氏は、「国民」という言葉を排し、これからは国境に固執する時代ではなくなり「地球市民」の時代になる、と述べている。

確かに、民主党が結成されたこの時期は、グローバル化の嵐の中で、やたら「地球市民」などという聞こえの良い、内容空疎な言葉が流行していた時代であった。さすがにそれから10年たって政権の座に就いた鳩山首相は「市民」とはいわない。かつては、「国民」を忌避して「市民」に固執していた民主党も、政権に近づくにつれ「国民」の語を使うようになった。そしてしきりに「国民のための政治」や「国民目線にたつ」などという。

民主政治が「国民のための政治」であることは自明のことなので、ことさらに「国民のための政治を実行する」というのは奇妙な話である。言いかえれば民主党にとって従来の日本の政治は民主政治ではなかった、ということになろう。実際、彼らの結党の精神はまさにそこにあって、その党名が示すように、真の民主政治を実現するというのがこの政党の使命だ、というのが彼らの自己認識である。

では、従来の日本の政治は何だったのか。官僚政治というわけだ。事実上、政治を動かしてきたものは選挙で選ばれた政治家ではなく選挙を経ない霞が関の官僚だという。ここで政治主導という言葉が登場してくる。政治主導による脱官僚政治の実現こそ民主党に与えられた最大の使命となった。政治主導などというと、政治家中心の政治で、政治家がやりたい放題を行う独善的政治を通常は思い浮かべるはずなのだが、民主党の政治主導は、政治家があくまで「国民のための政治」を行うものだ、という。そこで、マニフェストに過度にこだわることとなる。見ていていささか気の毒にも、また滑稽《こっけい》にも見えるほどのマニフェストに対するこだわりなのだが、それも、マニフェストこそが「国民との約束」だとみなされるからにほかならない。いささか滑稽なのは、実際にはマニフェストをすみずみまで検討して投票する「国民」などほとんどいないからである。すると、マニフェストとは、「国民のための政治」の単なるアリバイ工作に過ぎなくなってしまうであろう。

さてそうなると、問題は「国民のための政治」とは何を意味するか、だ。実際、この肝心要のキーワードがきわめてわかりにくい。もっといえば、「国民」とはいったい何なのか。これは別に民主党に限らず、「国民主権」をうたう民主政治のもっとも枢要で、かつ最大の難点なのである。確かに、額面上、民主政治は「国民のため」にある。では「国民」とは何か。言いかえれば「国民でないもの」とは何か。民主政治は、ここに大きな一線を引くことに常に苦心し、「国民」を定義するために、「国民の敵」を生み出し、国民でないものを排除してきた。たとえば、古代ギリシャの民主政治は、奴隷と外国人を排除することによって成り立った。アメリカの民主主義は黒人やネイティヴを排除することによって成立した。フランスの民主政治は貴族や僧侶階級を排除することで成立した。イギリスの民主政治は、植民地支配の上に成り立っていた。かくて、民主政治は「排除の原理」と不可分なのである。

で、民主党の唱える民主政治はどうなのか。いささかスケールは小さくなるが、それは「官僚」を敵対視することで成り立っている。今のところ、「国民」と「官僚」を敵対させることで、「国民」の一体化を図ろうというわけだ。

むろん、これが一種の見せかけであり、詐術であることはいうまでもない。確かに、官僚機構の機能不全という問題はあるものの、官僚は本来は「公僕（パブリック・サーヴァント）」なのだから、国民と敵対するはずはない。官僚機構と公僕精神の立て直しを図るのはよいが、「脱官僚」など本当に進行すれば、不利益をこうむるのは国民の方である。このことをもっといえば、政治家と官僚との（あるいは、民主党と自民党の間の）いわば権力争いにおいて、「国民のため」という言葉がご都合主義的に利用されている気がしないでもないのだ。

鳩山氏は、首相ともなれば、さすがに「地球市民」などという歯の浮いた言葉は使わない。しかし、どこまで本気で「国民」という概念を使っているのだろうか。外国人参政権問題をみても、「国民とは何か」は大きな難問なのである。いくら「宇宙人」を自任するといっても、問題は「地球」ではなく「日本」なのだ。「日本」をどのような国にしたいのか、という将来像を提示しなければ本当の政治主導などできるはずはなかろう。

正論のススメ

市場を支えるもの

産経新聞
2009年12月13日

　昨年（２００８年）のリーマン・ショックから一年あまり、すっかりあの危機など忘れてしまったかのように景気回復の期待が膨らんでいたところに、また少しずつ雲が覆ってきた。米ドルへの不信感、ドバイ・ショックの後、現在、株価は持ち直しているが、景気の先行きは不透明だ。日本の場合、鳩山不況などといわれるが、まとまった景気対策を打ち出せない民主党も不作為の罪といえるだろう。

　そもそも経済政策や景気対策にほとんど無関心、というのがこの政党の当初からの立場であった。だが、景気が悪化すれば、すぐさま政府の責任だと苦情を並べ、政府に窮訴《きゅうそ》するという国民世論もまたいささか情けない。

　数年前の小泉流の構造改革を圧倒的に支持した世論であれば、「小さな政府」によって市場競争をよしとする構造改革の精神も支持したはずだろう。とすれば、あまり安易に政府の助力を求めるのもおかしなものである。また、先の選挙で民主党を勝利に導いた小沢一郎氏は、常日頃、「自立した個人」「責任を持つ個人」などといっているのであり、その民主党に圧倒的な信任を与えた世論であれば、これまた、あまりに安直に政府に泣きつくのも道理に合わない。

しかし、自民・民主のどちらも経済政策の軸がまったく据わっていないことは事実であり、その結果、自民は民主の経済政策を批判する明瞭《めいりょう》な視点が打ち出せない。これは一体どういうことであろうか。

一般的にいえば、「生活第一」などという言葉からも予測できるように、民主党はサヨク・リベラル的な福祉路線へ傾き、自民党は市場競争重視の成長路線に傾いている。このように整理できれば、一応、経済についての両者の考え方は対立しているように見えるだろう。

だが、ことがそれほど単純ではないのは、通常は「大きい政府」のはずの福祉重視に立つ民主党が、財政削減政策からもわかるように「小さな政府」を打ち出そうとしているからである。他方で、市場競争重視のはずの自民党も簡単には割り切れず、麻生太郎前首相がそうだったように、財政拡張による景気刺激論者が結構多いからである。要するに、どちらの中にも、政府の介入をよしとするものと、それに対立する「小さな政府」重視派がいる。その結果として、民主党の経済政策の基軸も不透明になり、また、自民も民主の経済政策への批判に手をこまねいている、という結果となる。

さらにやっかいなのは、市場競争主義で「小さな政府」の構造改革路線を、両党とも基本的には支持したのであった。しかも、その構造改革が経済を著しく不安定にし、所得格差を生み出してしまった。だから、どちらも、今さら改めて政府の介入を訴えることもできず、さりとて市場競争主義で突っ走ることもできず、という暗礁に乗りあげてしまった。

だが、これは本当に暗礁なのであろうか。何か考え違いをしているのではなかろうか。経済学に多少ともなじみのあるものは、市場経済についての二種類の考え方に慣らされてきた。一つは自由主義と呼ばれるもので、「小さな政府」派である。政府は経済に介入すべきではない、という。

もう一つはいわば介入主義とでもいうべきもので、市場経済や不平等や失業を生み出すゆえに、それを政府によって事後的に救済すべし、という考えである。これは混合経済論ともいわれる。自由な資本主義と政府による経済運営を認める社会主義の混合だというわけだ。

そして、一般的にいえば、介入主義によって生産性が低下したので、経済を活性化するために市場競争主義へと転換したとされている。そこに出現したのが構造改革政策であった。

だが、実はここにもうひとつ第三の考え方がある。しかもそのことを経済学はほぼ完璧《かんぺき》に無視してきたのである。それは市場経済を安定した秩序として機能させるためには、一定の「社会的な土台」がなければならない、というものだ。

質のよい労働者を生み出すには、教育や、家族や、地域や、医療がうまく機能していなければならない。資源を適切な価格で確保するには、一定の自給率を維持していなければならない。資本が秩序を持って流動化するには、金融市場や金融機関が規律を持って信頼性を得ていなければならない。消費生活がうまく機能するには、所得格差が過大では困るし、長期にわたり安定した雇用も必要となる。

これらはすべて、市場を支える「社会的な土台」というべきものなのである。不平等を是正し失業を回避するのは、市場競争の落ちこぼれを救済するためではなく、秩序を持った市場競争を機能させるためなのだ。同じように、市場を支えるためには、人（労働力）の教育も医療も必要であり、食糧・資源の一定範囲での自給体制も必要となる。しかもそれらは市場では提供できない。そこに政府が介入するのは当然のことなのである。

それは、市場競争と対立する介入ではなく、市場秩序を支えるための介入とみなすべきなのだ。そして、構造改革が破壊したものこそ、市場を支える「社会的な土台」であった。とすれば、市場を機能させるための「社会的土台」を強化するための介入政策こそが求められているというべきである。

型がなくなった時代

産経新聞
2010年1月10日

今年（2010年）の干支《えと》は寅である。関西人の多くは寅といえば阪神タイガースを思い浮かべるのだろうが、私は、つい「寅さん」を思い浮かべてしまう。山田洋次監督の「男はつらいよ」の最終回である第49作の上映が平成9年（1997年）なので、このシリーズが終わってもう10年以上になる。第1作が昭和44年（1969年）、高度成長の真っ最中、全国の大学が騒然としていた時期であった。この前年に大学に入学して上京した私は、結局、これ以降、ほぼ毎年、この映画を見ることになる。夏のお盆前と年の瀬に、東京で「寅さん」を見てから帰省するといったあんばいであった。

この映画の冬版の最後には、必ず、正月風景がでてくる。どこかの地方都市で子供がたこあげをし、振り袖姿の女性たちが初詣にきている。「とらや」では、家族や隣人が集まり、もちを食べつつ年賀状を一枚一枚読んでいる。こうした典型的な正月風景でこの映画は終わるのである。

今年もいつのまにかあわただしく正月が過ぎた。「あわただしく正月が過ぎる」というのも妙な言い方ではあるのだが、実際、近年、「正月らしさ」はますます失われている。少し前までは、正月三が日は店という店はすべて閉店、神社、寺院以外はまったく人一人歩いてもおらず、時々、路地で、子供たちが羽根つきやたこあげをしていた。家々には門松が飾られ日の丸が立てられていた。私は、このまったく人一人いない死んだような町へでてみるのが結構好きで、いきなり時間が停止し、すべてが一瞬で凍結されたような町の真っ白な感触を味わうのが楽しかった。すべてが停止した正月三日間のみそぎをへて、確かに、年が改まり、すべてがリセットされる気がしたものだ。それが、昨今では、正月といえども、多くの店は開き、デパートやショッピングセンターなども2日から営業している。いつにもまして人は町にでかけ、テレビは、これみよがしににぎやかな特集を組んでいる。普通の休日と変わらない。かつてのすべての活動が停止した空白の時間、日常に割り込んできた不便極まりない非日常の時間を味わうことは大変難しくなってしまった。

正月三日という特殊な時間と空間は、一種の「けじめ」であった。年が改まるということに何の意味があるのかといえば、特別な意味は何もない。時間は何事もなく流れ、日常生活はただ続いてゆくだけである。にもかかわらず、人はあえてそこに新たなものの始まりと、それを始める決意を与えようとした。ページをめくるように、経験を刷新できるとみなそうとした。しかしそのためには、三日間の空白という「けじめ」が必要であった。

われわれの生活の中には、さまざまな「型」がある。親と子の間には「型」があり、親戚《しんせき》や友人とのつながりには、それなりの「型」がある。男と女の間にも「型」があった。地方には地方生活の「型」があった。正月には正月の「型」があり、盆には盆の「型」がある。「型」

を守るところに「けじめ」がでてくる。儒教的にいえば「礼」といってもよいかもしれない。「型」はたいていの場合、慣習であり、特別に合理的な理由は存在しない。

しかし、では、ただ形式的な約束事に過ぎないかといえば、そうでもない。儒教における「礼」がそうであるように、そこにはもともとそれなりの意味があり、この慣習を守ることで、人々は、昔の人が持っていた思いを追想し、心を正すことができるのである。

その「型」がどんどんと崩れつつある。それを崩してしまったものは、近代社会の合理的発想であり、個人の自由から出発する近代的価値であり、さらには、便利さを追求するわれわれの生活意識と、それに便乗する経済的利益主義である。

正月に三日間も店が閉まっているのは確かに不便だ。そこで、不便さを楽しむことのできない現代人の心理につけこんで、経済的利益主義が頭をもたげ、正月の真っ白な空白を、また、モノで満たそうとする。親と子供の間にある「型」などという堅苦しい（型苦しい？）ものは取り外して、それぞれが好きなことをやればいいじゃないか、ということになる。90年代の構造改革の中で、地方に大規模店舗が次々と出店して地方の「型」を崩してしまった。昔ながらのだらだらとした商店街でぼそぼそとモノを買うという不便さに耐えられない現代人は、利便性と安価さを選択したのである。

「変化」や「チェインジ」が合言葉となる時代には、「型」を守るどころか「型破り」が愛好される。近代社会は、たえざる変化を求めて、慣行や慣習を破壊しようとする。「法」に触れなければそれでよいのだ。この延長線上に、小沢一郎氏のように、皇室慣行という「型」さえも平然と破ってはばからない「型破り」がでてくる。「法」に触れないからよいではないか、というのである。

「寅さん」の映画が90年代半ばに終了したのは当然といえば当然であろう。構造改革やグローバル化や合理主義的改革の中で、日本社会から「型」がいっきょに失われていったからである。もはや「型」を持った地方は崩壊し、家族の「型」は霧消し、正月などの年中行事も「型」を失っていった。こうなれば、いくら司馬遼太郎ばりに「この国のかたち」といっても、「国の型」を見いだすのは難しい。そんな時代に入りつつあることを嘆くのは決して私自身が還暦になったせいではない、と思いたい。

歴史の「ものがたり」と「論理」

産経新聞
2010年2月15日

ＮＨＫの大河ドラマで坂本龍馬をやっている。また、昨年末（２００９年）には、秋山好古・真之兄弟を扱った司馬遼太郎の『坂の上の雲』を数回放映した。こちらは、3年計画だそうだ。いずれも、幕末から開国へかけて、そして維新から日露戦争への時代を扱ったもので、近代国家形成からその頂点へいたる日本を描こうとしている。明治政府の成立が１８６８年、日露戦争が１９０４年。その間わずか36年である。西南戦争が１８７７年、帝国憲法発布が１８８９年、日清戦争が１８９４年だから、日本は息つぐ間もなくあわただしく近代国家へと変身し、国際関係の大きな波の中に飛び込んでいった。

そこで、おおよそ、われわれの頭には次のような想念が植えつけられることとなる。すなわち、幕藩体制が行き詰まりつつあった幕末に、めずらしく大きな構想力と行動力を持った若い下級武士たちが現れ、「国の将来」を憂えるその純粋な行動力が、旧態依然たる支配体制を覆して新生日本を生み出した。それに続く先見の明を持った明治の指導者たちは、アジアの植民地化をもくろむ列強の中にあって、日本を列強と並ぶ一等国にまで持ち上げた。しかし、日露戦争の勝利に酔い、第1次大戦の戦勝に調子に乗る日本は過度の傲慢《ごうまん》におちいり、その後、昭和に入って軍部の台頭とともに日本は帝国主義化し大戦へと突き進んでいった。

要するに明治の近代国家形成は、世界的視野と健全な愛国心を持ったすぐれた政治指導者によってなされ、近代日本の栄光の時代であったが、昭和に入って、軍部の台頭と過剰な愛国心によって日本は道を誤った、というわけだ。

龍馬をはじめとする幕末維新の志士たちへのわれわれの共感も、また、秋山兄弟をはじめ、明治の元勲たちへの関心も、おおよそこのような「ものがたり」から発している。

私も、この「ものがたり」を認めるのにやぶさかではないのだが、それはあくまで暫定的であって、心中はもう少し複雑である。少なくとも、「論理」の問題としていえば、明治と昭和をそれほど簡単に明暗で区別するわけにはいかない。

今、「論理の問題」という言い方をした。変な言い方であることはよくわかっている。歴史に論理も何もないだろう。あるのは、出来事が生み出す事態の生成・変化のみであって、歴史の論理などというものはない、というのはその通りであろう。にもかかわらず、ここであえて「論理」といいたかったのは、次のようなきわめて単純なことを改めて想起したかったからである。

近代日本の目的の第一は、西洋列強による植民地化を回避し、日本を強国にすることであった。ところでもしそれに成功すると日本は列強と肩を並べる。列強と肩を並べれば、日本も列強と同様の行動をとり、そのことは列強との摩擦を引き起こす。となればどうなるか。いずれは列強との戦争になるであろう。これはあまりに明確で単純な「論理」である。もちろん、

「論理」がそのまま「現実」になる必然性もないし、そうなる必要もないのだが、驚くべきは、この単純な論理が、本当に「現実化」してしまった点にこそあろう。

この「論理」をもっとも明快に意識していたのは、たとえば福沢諭吉であった。今年（２０１０年）は、日韓併合から１００年である。いうまでもなく、福沢は、日本でもっともはやく朝鮮からの留学生を受け入れ、金玉均らの朝鮮独立派を強く支援した。にもかかわらず、朝鮮独立運動が失敗するや、彼は、手のひらを返したように朝鮮への支援を排し、「脱亜入欧」を説く。アジアの悪友との交際は遮断すべきだ、というのである。それどころか、文明の度合いの高い国が、低い国を指導するのは当然である、とまでいう。

その結果はどうなるか。さきほどの「論理」である。列強の仲間入りをした日本は列強と争わざるを得ない。福沢は、自分は決して主戦論者ではないが、行き着くところは戦争と覚悟だけは決めておけばよい、というようなことを書いている。

こうなると、明治の政治指導者はりっぱだったが、昭和に入って軍部の台頭によって日本は道を誤ったと簡単にいうわけにはいかない。問題は、日本の近代化そのものなのである。もし、道を誤ったというなら、それは明治の西欧模倣型近代化の帰結だとしなければならないだろう。

文明国になるために、日本はわずか三十数年の間に急激に西欧的な近代化を行った。それは、一方では列強との強い軋轢《あつれき》を生み出し、他方では、「日本的なもの」の深い喪失感を生み出していった。その両者が相まって、強烈なナショナリズムへと行き着くのである。

われわれは、国の方向が見えにくくなり、自信喪失に陥ると、しばしばこの「ものがたり」

を思い起こそうとする。近年もまた、維新の志士や明治の指導者にこの「ものがたり」を尋ねようとしているようだ。この「ものがたり」は、坂本龍馬や岩崎弥太郎や、秋山兄弟などの青春群像を描くことで、あの若くて元気で希望に燃えた日本を思いださせてくれる。それはそれでよいのだが、この青春群像の背後に隠れてしまう、日本の近代化、とりわけ西欧模倣の近代化というものの持つ問題へと、われわれの視界が届かなくなってしまうのでは困る。西欧型の近代化と、「日本的なもの」の喪失というテーマは、今日でも決して消失したわけではないからである。

正論のススメ

幸福追求という強迫観念

産経新聞
2010年3月15日

幸田文の原作を下じきにして山田洋次が監督した映画「おとうと」では、最後に、主人公が息を引き取る場面が、わりと克明に描かれている。笑福亭鶴瓶演じる、破天荒で飲んべいで、身内にも他人にも迷惑のかけどおしの「おとうと」が、唯一の身内である姉からも絶縁され、大阪の場末のボランティアによる介護施設に担ぎこまれ、そこで息を引き取る。最後にかけつけた姉と親切なボランティアの人たちと医者に看取《みと》られて、自分で予告した日に死んでゆく。この人の一生は果たして幸福だったのだろうか、それとも不幸だったのだろうか。

むろん、人の一生など、簡単に幸福だとも不幸だともいえない。平均収入の何倍もの所得を得て、美食と遊興の限りを尽くし、社会的な地位も得たからといって果たして幸福なわけでもないし、また、その逆だから不幸というわけでもない。トルストイは、幸福の形はみな同じだが、不幸は人によってみんな違うといったが、実際には幸福の形も人によって違うのであろう。

こんなあたりまえのことを前提にして、鳩山由紀夫首相のいう「幸福度指数」なるものに苦言を呈するのはいささか気恥ずかしくもなってくるのだが、それでもここに出来《しゅったい》する違和感の正体を少しは明らかにしておく必要はあるように思う。鳩山首相は、従来のGDP指標中心の経済成長が国民の実感を伴っていない、という反省から、新たな成長戦略として「幸福度指数」を定義したいと述べた。確かに、ＧＤＰで定義された物・サービスの経済活動の増大がわれわれを「豊か」にしたとは思えない。医療の不安、教育の質的低下、社会資本の立ち遅れ、過剰な労働、都市環境の劣化など、従来のＧＤＰで捉《とら》えきれないものはいくらでもある。幸福度指標といえば、すぐにブータンのＧＮＨ（国民総幸福量）の概念が思い浮かぶが、確かに、ブータンはＧＤＰで測定した経済活動は日本などよりはるかに低いが国民の生活満足度はかなり高い。そこで、従来のＧＤＰでは捉えきれない、「国民の本当のニーズ」を指標化し、そこに資本を投入することで新たな成長戦略にしようというわけだ。

この鳩山構想に対する批判はたちどころにいくつでもでてくる。まずもって、ここでも結局、「新たな成長戦略」に着地するのであれば、やはり従来の成長路線の発想とさして変わらないであろう。そもそもの問題は、「成長追求路線」にあったはずだからである。これはもっともな批判である。さらにもっと原則的な批判もありうる。そもそも幸福とは個人の主観なのだから、それを指標にすることなどできない。これももっともである。さらに現下の状況をみれば、「幸福」などと言っている場合ではない。それ以前の最低限の生活さえ破綻《はたん》している者が急増している。雇用保障、賃金水準の維持、福祉の充実。これらが先決だ。これももっともだ。

これらの批判に私も賛成である。と同時に、私には、何やら「幸福」という観念に囚《とら》われ、つまずき、とまどっている現代人の姿がここに映し出されているような気がする。

周知のように、ジェファーソンが起草したアメリカ独立宣言は、生存、自由、幸福追求の権利を普遍的価値と謳《うた》っている。ここから近代社会が始まった。生存、自由と並んで「幸福追求の権利」こそは、支配国イギリスに対する「抵抗」の思想であった。だがやがて抵抗する支配者などというものを見失ったときに、誰もが幸福でなければならない、という一種の強迫観念を生み出してしまった。他人が幸福であれば自分も幸福でなければ面白くない。不幸だと感じた途端、自分の人生は失敗だったと認めるほかない。われわれはすでにこうした「幸福の強迫観念」につかってしまっている。

ひとたび「幸福でなければならない」という強迫観念に捉えられてしまうと、人は決して幸福にはなれない。それどころか、この強迫観念は人をますます不幸にする。そして、実は、この幸福への強迫観念が無限の経済成長追求を生み出してもいるのである。言いかえれば、近代社会の精神をそのまま信奉しては、人は決して幸福になどなれない。

ところで、私には、もともと日本には、かくも利己的で強迫的な幸福追求の理念があったとは思われない。仮に、仏教的な無常観をとるにせよ、武士的な義務感をよしとするにせよ、儒教的な「分」の思想を持ち出すにせよ、神道的な清明心に依拠するにせよ、いずれも、個人的な幸福追求に背馳《はいち》する境地をよしとするばかりである。そこに日本人の死生観や自然観や美意識が生み出された。病と死と別離から逃れえない限り、人の生は、本質的に不幸である、というほかない。だからこそ、「面白きこともなき世を　面白く」生きようともするわけである。これは心持ちの問題である。「幸福」というのなら、指標などという前に、日本人の背負ってきた死生観や自然観を学び直すことから始めたいと思う。

平城遷都1300年に思う

産経新聞
2010年4月19日

奈良・平城京の遷都1300年だという。あまり派手ではないものの、復元中の平城京などでいくつかの催しものも予定されているようだ。奈良時代といえば大仏を造った聖武天皇がまず思い浮かぶが、少年時代に私はその聖武天皇の御陵《ごりょう》近くに住んでおり、学校の行き帰りなど毎日この御陵を見ていたものだ。訪れる人もなく、ひっそりとたたずむ小さな御陵は、かえって、病弱だったといわれるこの天皇の人柄を想像させるところがあって、静かな心地よさに人を引き込むようであった。

飛鳥時代から始まった日本の律令体制は、奈良時代でようやく一応の完成をみるとされる。唐を模倣しつつも、「日本型」の中央集権国家の形成というわけである。ではこの場合の「日本型中央集権国家」とは何だろうか。平城遷都1300年の意味はどこにあるのだろうか。

実は、平城遷都は2度行われている。710年に元明天皇によって最初の遷都が行われた後、740年に平城京を捨てた聖武天皇は、山背恭仁京や難波京をへて745年に再び平城京へ戻り、大仏造立の詔《みことのり》をだす。どうしてこれほど性急に次々と都を移すのか、私には前から不思議であった。

古代史に明るくない私には最近の古代史研究はよくわからない。しかし、平城京を捨てる聖武天皇の決断が、平城京において大きな影響力を誇る藤原氏、とりわけ藤原仲麻呂の力を排除したいためであり、仲麻呂と橘諸兄《もろえ》などの豪族との対立を和らげるためであった、という説は一応うなずける。ということは、平城京への帰還は、事実上、藤原仲麻呂への屈服であり権力の移行ということになるだろう。言いかえれば、奈良時代の中央集権国家体制の成立とは、まずは、やがて太政大臣にまで上る藤原仲麻呂による強権的な秩序作りだったということになる。むろん、その後、仲麻呂は民心を得ることはできず、吉備真備《きびのまきび》らによって討たれることになるのだが、それはすでに聖武天皇亡き後のことだ。

今、私がここで思いだしたいことは、このあたりの歴史の知識をもう一度整理することではない。ここに、「日本型国家」のある種のパターンができてくるということである。「天皇」というものがいつごろ明快な形で成立したのかはよくわからないようだが、少なくとも、天武朝期には、集権的な古代天皇制度が明瞭《めいりょう》なかたちで成立したとみられている。その後、藤原不比等による律令制の整備、さらに、『日本書紀』や『風土記』が編纂《へんさん》される。

そして、不比等以後、藤原氏は、天皇家と姻戚《いんせき》関係を結び、政治の実権を持ってゆく。ここに、『日本書紀』によって神話的根拠を与えられた万世一系の天皇国家という、中国にはみられない日本独自の政治体制ができる。

だが、ここで成立したのはそれだけではなかった。天皇は神話へと遡及《そきゅう》されることでいわば形式的で象徴的な存在となってゆき、政治権力は、たとえば藤原氏がにぎる。もう少し穏やかにいえば豪族間の争いで決まる。太政大臣、右大臣、左大臣以下は、いってみれば行政府であり、宮廷につかえる官僚組織となってゆく。

今風の言い方をすれば、主権者は天皇であるが、実質的権力は行政府と官僚が持つわけだ。ただこの場合の主権者は、近代の明治時代のような天皇主権（大権）ではなく、世俗的な政治権力に正統性を与える歴史的権威といったものへ移行してゆく。こうして、権威と権力の分離、世俗権力を正当化する神話的存在という日本独特の権力構造ができてゆく。聖武天皇による平城京への帰還は、こういう構造を生み出したということになる。

さて今日、われわれは、奈良時代のこのような権力構造とはまったく無縁になっているのだろうか。むろん、戦後、天皇は政治的主権者ではなくなった。それに代わって「国民」が主権者となった。政治を行うのは行政府であり、各大臣の下で官僚組織の力は強い。そして、かつての豪族が天皇と姻戚《いんせき》を作ることで争ったように、今日、あらゆる党派が「国民」の名をかたり、「国民」といわば（精神的な）姻戚関係を結ぼうと争っている。「国民」はその内実は無であり、その形式、称号は御旗にまつりあげられてゆく。事実上の政治は行政官が行う。こうなると、「形」の上では、今日の民主政治もかつての律令体制と大きく違うというわけでもなさそうだ。これも「日本型民主政」なのである。

だが、大きく違う点がある。それは、平城京においては、巨大大仏が建立されたことだ。政治権力や政治的主権の上に、いっそう大きく巨大な宗教的権威が生み出された。これに対し、今日の巨大建造物は都心の巨大高層ビルである。巨大高層ビルは、人々の虚栄心やおごりをいさめるよりもそれを助長し、巨額の利益を生み出すことで富をめぐる競争へと人々をかりたてる。大仏など建立すべくもない今日、何が人々のおごりをいさめ、精神的安定を与えるのであろうか。大仏はいまでも鎮座しているが、それは巨大な観光資源になってしまっている。

「アンポハンタイ」の果て

産経新聞
2010年5月17日

ちょうど50年前の5月19日（20日未明）、日米安保条約の改定が行われた。正確には、この日に新安保条約の批准がなされ、1カ月後の6月19日に自動的に発効したのである。「アンポハンタイ」の国民運動が本格的に盛り上がるのはこの可決がなされた後で、6月15日にはピークを迎える。

小学生だった私なども、何やらよくわからず、学校で「アンポハンタイ」などと叫びながらデモゴッコをやっていた。先生も田舎の小学生相手にいかに安保が悪いものかを説いていたものである。だから、私など、今でも上の句が「アンポ」とくれば、下の句は自動的に「ハンタイ」と続く。四文字熟語のようなものだ。こうしてみると、確かにたいへんな「国民的盛り上がり」を見せていたのかもしれない。

5月19日の批准が行われてから「アンポハンタイ」の国民運動が盛り上がったのは、岸内閣の強硬姿勢に対する反発からだといわれている。5月19日を境にして、「アンポハンタイ」は、安保条約への反対ではなく、民主政治の破壊に対する反対になった。安保条約そのものは棚にあげられて、「国民運動」なるものの大半は「民主政治を守れ」になったわけである。

岸信介首相からすれば心外なことで、サンフランシスコ条約と共に締結された旧安保条約を改定することで、日本は米軍に基地を提供する代わりに米軍は「日本および極東」の安全確保の責務を負うという、相互の義務を明確にしたのである。より「双務的」で、多少は対等に近づいた安保改定がなぜかくも国民的反対にあわねばならないのか、確かに心外だったに違いない。

もちろん、そうはいっても安保体制そのものがいびつな構造のものである。その理由は明白で、日本は平和憲法によって非軍事化されているからである。これではいくら「双務的」といいつのったとしても、日本はアメリカに国土および国民を守ってもらうというしかない。主導権はアメリカがにぎっているのだ。

むろん岸はそのことをよくわかった上での安保条約の整備であり、一説によると、岸の真意は、安保改定によって国民の大きな支持を確保し、この支持を背景にしていずれは憲法改正にもってゆきたかったのだともいわれている。その意味では、世論の動きは官僚政治家である岸の理解するところではなかった。岸は国民感情をまったく読み違えたのである。そのおかげで、国民の関心は「民主政治の擁護」へと向かい、自民党はもはや憲法問題を封印するほかなくなる。

岸の辞任後に登場した池田勇人首相は「低姿勢」を強調し、自民党に対する国民の不信をぬぐうかのように、国民のまなざしを経済成長へと向けていった。これは自民にとっても革新派にとっても都合のよいことであった。皮肉なことに、「アンポハンタイ」のおかげで日米安保体制はいっそう強固なものとなった。これは保守派には都合がよかった。そして、やはり「アンポハンタイ」のおかげで憲法改正は封印された。これは革新派には好都合であった。どちらも、「アンポハンタイ」のおかげで、深刻な政治的対立をやめ、関心を経済に注ぐことができるようになったのである。

しかし、実は、民主政治を守れという「アンポハンタイ」の国民運動によって封印されたのはもうひとつの「アンポハンタイ」であった。「もうひとつのアンポハンタイ」とは、もっと本格的な意味での安保体制反対論であり、さらにいえば、自主防衛論である。つまり、本来の問題は日本の防衛のあり方であり、憲法問題だったはずなのである。そして、そもそもそんな問題さえなかったかのように、60年代の日本人は、ひたすら働き、モノを作り、モノを買い、モノに囲まれることを生きがいにしていったのである。

そして50年後の記念すべき年に鳩山由紀夫首相の沖縄米軍基地移設問題が起きた。しかもご当人がそのつもりかどうか、わざわざ5月をこの問題の解決期限に指定している。

普天間飛行場の問題はあまりに稚拙な鳩山首相の失策であり、政治的な失策というより、政治家としての資質を含めた失態といいたくなる。このことについてこれ以上苦言や批判を重ねる必要もなかろう。ただあきれるほかない。

その上で皮肉な言い方をすれば、せっかく日米安保体制に亀裂を入れたのである。そんな「蛮勇（?・）」を持った首相はこれまでいなかったのだ。実際には「蛮勇」などというものではなかろう。ほとんど思いつきの人気取り発言でしかなかった。日米間に亀裂を入れて、そこでどうするのか、そこには何の見通しも準備も覚悟もなかった。

鳩山首相は当然辞任すべきだと私も考える。しかし、それで一件落着というわけにはいかない。普天間飛行場移設を、事実上、元の自民党とアメリカの合意に戻して、それで元に戻ったというわけにはいかない。50年前の「アンポハンタイ」のおかげで保守派も革新派も封印してしまったことを、われわれは改めて思い起こすべきなのではなかろうか。日本の防衛の根本的なあり方を、憲法問題まで含めて論議するというあの課題はまだ何ひとつ手つかずだからである。

菅内閣への「漠然とした期待」

産経新聞
2010年6月21日

鳩山由紀夫首相が辞任し、菅直人新首相が就任した途端に民主党の支持率は急上昇した。20%前後だった内閣支持率も、1週間もたたない間に60%台半ばになった。一方、「支持しない」は、70%台半ばから20%台の半ばへと急落した。これほどの急激な変化はめずらしい。いずれにせよ民主党はこの勢いを追い風に一気に参議院選へ突入しようとしている。

内閣支持率のこの急激な変化には二つの解釈が成り立つ。ひとつの解釈は次のようなものである。もともと鳩山政権の成立時の内閣支持率は70%を超えていたので、「民主党ブーム」はいまなお一貫して持続している。ただ、普天間飛行場移設問題で迷走した鳩山氏の政治手腕と小沢一郎氏の「体質」に対する失望がたまたま低支持率になっていただけだ。この説からすれば、この急激な変動は特に驚くにはあたらないことになる。

もうひとつの解釈は次のようなものである。今日の政治においては浮動層が著しく増大しており、その時々の政治的出来事や政治的イメージの変動によって世論は大きく左右される、というものだ。この説が正しければわれわれが目撃しているような支持率の大きな変動はそれ自体あまり望ましいことではない。なぜなら、いかなる政権も70%近くの高支持率を続けることはできない。これは菅氏であろうが誰であろうが同じことだ。そして、ひとたび支持率が低下すれば党内から内閣への不満が噴出し、それがさらに支持率を低下させるだろう。選挙がからめば、また首相交代という事態へと至るだろう。これも特に民主党の問題ではなく、すでに自民党で経験済みのことである。

今回の支持率の急激な変化は明らかに後者であろう。もしも、民主党に対する潜在的な支持が一貫しているとすれば奇妙なことになってしまうからだ。というのも、鳩山氏の理想主義と菅氏の現実主義ではかなり政策の根本が異なり、菅氏はマニフェストにもほとんどこだわっていないように見えるし、政治主導や脱官僚政治も後退した。明らかに1年前の「民主党らしさ」は後退している。それにもかかわらず一貫した民主党支持が存在するのだとすれば、そもそものマニフェスト選挙や脱官僚主義とは一体何だったのか、ということになろう。

では何がこの支持率の急変をもたらしているのか。菅氏にはまだとりたてて業績もない。民主党政権の8カ月は「失われた8カ月」とさえいわれている。とすれば、この支持率はただ将来への漠然たる期待だけということになろう。まだ実績のない人物とほとんど成果らしい成果を出していない政権政党にかくも過大な「期待」を寄せること自体が非常識でかつ不可思議なことというほかない。もっとも、もはや、「常識的」などという言葉が意味を持つ時代ではなくなったようで、不可思議なことなど日常化してはいるが。

「将来に対する漠然とした期待」が政治をかくも動揺させる時代とは何なのであろうか。確かに近代社会は後ろを見るよりも前を見ることを圧倒的に好んできた。「プログレス（進歩）」や

「プロジェクト（企画）」などという言葉に示されているように「プロ（前に）」を愛好してきた。「前をみる」ということは、本来は、前に何かをイメージできる、ということである。「進歩（プログレス）」にせよ、「企て（プロジェクト）」にせよ、「生み出す（プロデュース）」にせよ、一定の「手続き（プロセス）」を踏めば、前にあることがらが出現するのである。この場合には少なくとも、「前（プロ）」に来るものについてのイメージが与えられている。

ところが、今日ではそのイメージが何もない。「進歩（プログレス）」についての確かな見通しもなければ、「企て（プロジェクト）」への確実な設計もない。進歩する将来の姿などといっても、誰も確かに思い描けるものはいないだろう。日本そのものが、もう確実に「進歩」する将来像を描けるような段階ではないのである。

菅内閣の高支持率も、むしろ、将来への確かな姿も指針も示していないからこそ生まれている。ようするに「漠然とした期待」だけなのである。「期待」の中身は何かよくわからない。人々が菅氏に求めているものは何かと問うても確かな答えは出てこないだろう。むしろ、将来が漠然としているからこそ、可能性があるかのように思いたくなるのだ。

こうした形の政治は著しく不安定にならざるを得ない。確実には「進歩」を実感できない時代にもかかわらず、人々は「前」に何かある、と期待する。「後ろ」に蓄積されたものを確認するより、性急に「前」に眼をこらそうとする。しかしこの期待はいずれ裏切られるだろう。この時代に、国民の多数に満足を与える政策など簡単に実現できるはずもないからだ。期待が漠然としている間はよいのだが、政策が実現されてゆくと、いずれ何らかの不満が出てくる。

そして、この不満は政治にぶつけられ、内閣支持率や政党支持率の低下となってあらわれるだろう。

この数年、われわれは多種多様の不満を政治にぶつけ、安倍内閣から今にいたるまで、1年足らずという短期の間に内閣支持率の急落を引き起こして、内閣を取り換えてきた。だが政治の不安定によってもっとも不利益をこうむるのは実は国民自身なのである。

政治の閉塞 どこにあるのか

産経新聞
2010年7月19日

今回の参院選で「民意」は1年前の衆院選とはまったく異なった選択をした。それは民主党にきわめて強い批判を突き付けた。「民意」というものを頼りに政権についた民主党は、今回は「民意」なるものに翻弄《ほんろう》され、「民意」の恐ろしさをまざまざと実感したことであろう。

実際、鳩山由紀夫政権末期からの内閣支持率の動きはいささか異様なもので、こうなると、今日の日本の政治を動かし、それゆえにその混乱をもたらしているものは、民主党のいう官僚支配などではなく、皮肉なことに、「民意」なのではないか、と思ってしまう。そして少しうがった見方をすれば、政治が過剰に「民意」に寄り添おうとすることこそが政治の閉塞《へいそく》をまねいているのではないか、とさえ思えてくる。

この場合、「民意」とは世論調査に示される支持率であり、何かあるたびに内閣や政党の支持率が発表され、世論の動向に連動して政治は不安定になってゆく。

ところが、実は世論調査など、いいかげんとはいわないまでも、かなりその時々のアクシデントや状況に左右される。おまけに、支持率は、しばしば政策自体というよりも、スキャンダルや失言などに過度に反応する。少なくとも、世論が常に人々の「公共心」を示しているという保証はどこにもないのであって、われわれは「パブリック・オピニオン（公共的な意見）」と「マス・センティメント（大衆の情緒）」を区別しておかねばならない。「パブリック・オピニオン」が、1、2カ月でそれほどコロコロ変わるとは思えないから、かくも短期のうちにクルクル変わる世論調査の結果は、たぶんに「マス・センティメント」と見なしておいた方がよいであろう。

今日の日本の政治において決定的な意味を持つものは、かくて「民意」と「政治」の関係であるように思われる。

どうしてかといえば、今日ほど、「政治」に要請されている課題と「民意」に問う政治の間に大きな開きが生じた時代はそれほどないであろうからである。政治に要請されるものは基本的に次の三つであろう。（1）諸個人や諸グループの利害の調整、（2）国の将来の方向の提示、（3）危機的状況における決断。この三つである。そしてこのいずれもただ「民意を反映する」などという政治では不可能であろう。特に（2）と（3）はそうだ。そして、今日の日本に必要なものこそ、（2）と（3）の政治ではなかろうか。

あれこれ紙面を尽くすまでもなく、今日の日本は戦後六十数年の「平和と繁栄」の最終局面に近づいている。いや、実際にはもう最終局面からもはみ出してしまっているのかもしれない。これは自然災害や戦争や疫病のパンデミック（拡散）などという「目に見える危機」ではないものの、いくぶんかの長期にわたる、しかし深刻な「目に見えない危機」である。今日、世界中がグローバルな市場競争に邁進《まいしん》する中で、各国の利害が錯綜《さくそう》し、国益をめぐるしのぎを削る激しい競争の時代になった。その中で日本は翻弄され、将来の指針をまったく見定めることができないでいる。もはや、戦後やってきた「平和と繁栄」路線をこのまま先に延長することはできない。

たとえば、ギリシャ発の経済危機は依然としてまだそこにある。これは今後、どのように展開するかは不明であるが、もし仮に、ＥＵ圏全域に波及すれば、世界全体が再び、しかも前回のリーマン・ショックを上回る経済危機になるだろう。そうでなくとも深刻な日本の経済状況は致命的な打撃を受けかねない。問題は、あまりに過剰となった世界的な金融市場の投機的資本からいかにして国民の財産・資産を守るかにあるが、そうなれば、グローバルな金融中心経済から距離をとる必要があり、それは経済を収縮させることになる。

ドイツのメルケル首相は、ギリシャ危機の後で、財政赤字削減と金融規制を訴え、次のようなことを述べた。今後、ドイツ経済は縮小へ向かうだろう。これはきわめてつらい、厳しい時代になることを意味する。だから、国民が痛みを分かち合わねばならない、と。

このメルケル首相の発言は、むろん国民の反発を招いた。悪いのはギリシャなのになぜドイツ国民が割を食わねばならないのか、というわけである。「マス・センティメント」は政治に反発する。しかし、「国民の求めるもの」をそのまま実行しておれば、ドイツのみならずＥＵ全体が崩壊しかねないのである。

一体、日本のこの間の選挙で、どこの党首が、この種の発言をしえただろうか。消費税が争点であったといわれるが、一体、誰がこのような世界的な経済危機の可能性という文脈の中で論じたのであろうか。あるいは、戦後日本の「平和と繁栄」の終末について訴え、人口減少社会・高齢化社会へ移行する痛みについて誰が訴えたのであろうか。

むろん、鳩山さんではないが、「民意は聞く耳を持たない」かもしれない。真実を述べる政治家が当選するとはかぎらない。いや、往々にしてその逆である。しかし、だからといって「民意」に過度に寄り添った政治は、やがて「民意」にしっぺ返しをくらうだろう。あえて日本がその中に陥っている「見えない危機」を提示し、将来についての方向を指し示すという「政治」こそが求められているのである。

戦死者を思い出す

産経新聞
2010年8月15日

8月の風物といえば、セミの声、花火、高校野球、そしてあの終戦記念日、ということになる。終戦記念日を風物などというのはもってのほかだといわれるかもしれないが、子供のころの私にとってはそうであった。長い夏休み、高校野球を見ていると、8月15日正午になると野球が中断され、黙祷《もくとう》をする。球児たちと応援団のありったけの熱気のなかにさしはさまれた一瞬の厳粛さの持つ場違いな感覚、私はそこから終戦記念日というものの感触をはじめて感じとった。だから、あの暑さ、テレビで一日中やっている野球、時々やってくる夕立、そうしたものと一体となって「終戦記念日」が私の中に埋め込まれている。

むろん、これを「終戦記念日」などというのは奇妙なことである。ポツダム宣言を受諾して日本は敗北した。「敗戦の日」である。実際、終戦になるのは9月2日のミズーリ号での調印であって、8月15日は戦闘終結もしくは日本の降伏の日であった。それを「終戦記念日」とすることによって、戦争は終わったことにした。そこから新しい日本が始まるという了解が生まれた。「終戦」の記念日はまた、「戦後の開始」の記念日でもあった。暗く絶望的なものの終わりは、明るく希望に燃えたものの始まりであった。戦後、われわれは、この記念日をそのようなものにしたのである。

確かに「終戦記念日」のあの黙祷の厳粛さは、戦死者たちへの深い哀悼と生き残った者の自責にも似た内省を示している。しかし、この厳粛さは、たとえば1分間が過ぎれば、もとの高校野球の熱狂と騒々しさにやすやすと戻ってしまう類《たぐい》のものである。1分間の厳粛の後には、何事もなかったかのようににぎやかな宴《うたげ》がまた始まる。こうして、いったい何を記念したのかわからぬうちに戦後は六十数年が過ぎてしまった。

そして、六十数年も過ぎれば、高校野球の間にさしはさまれる黙祷の厳粛さえ、若い人には届きにくくなっている。インターネットから始まり、ケイタイ、アイ・フォーン、そしてアイ・パッドと続くコミュニケーション手段の革新のなかで生育している若者たちにとって、黙祷が持つ戦死者たちとの交感など何のリアリティも持てないのかもしれない。バーチャル・リアリティの方がリアルになってしまっているのである。

死者たちに思いを致すということは、別の言い方をすれば記憶するということである。そして記憶することは難しい。もっと正確にいえば、記憶したと思われるものを思いだすことは難しい。まして、戦後生まれの者にとっては、戦死者さえも想像裏のものでしかないのだから、小林秀雄ではないが、想像でしかないものを「うまく」思いだすことはたいへんに難しい。だから、思いだすことは、「うまく」想像することでもあるのだ。

私にとっては、あの戦争を象徴するものは、その多くが志願して死地へ赴いた若者の特攻である。むろん、特攻の背後には、あるいは勇んで出征し、あるいは涙をこらえて徴兵され、死地へと送られた無数の若者がいる。地獄のごとき見知らぬ密林や海原に命を散らした無数の魂がある。その魂の思いを想像することこそが、あの場違いな時間である黙祷が暗示しているものであった。特攻は、私にとっては、そのもっとも先鋭に想像力をかきたてる表出だったのである。

あれから六十数年が経過して、戦後日本という時間と空間を眺めるとき、多くの者が、この「戦後」なるものに戸惑い、ある大きな違和感を覚えるのではなかろうか。金銭的な損得にほとんど人生の関心を集約し、自由のうえにさらに自由を求め、伝統と権威の破壊を進歩とみなし、ありとあらゆる欲望の解放を是認し、そのあげくに、倫理も規範も失ってしまった人々の群れこそが、今日の日本人の自画像なのではなかろうか。100歳以上の所在不明の高齢者が次々と明らかになり、連日のごとく、親が子を殺したの、子が親を殺したの、と報道される国が平和国家であるなどという欺瞞《ぎまん》はもう通用しない。

基本になっていることは、戦後日本には、われわれの精神をささえる基本的な倫理観が失われてしまった、ということなのである。戦後の基本的な価値は、自由や平等であり、物的な幸福であり、そのための経済成長であった。このような戦後の価値のもとで、倫理的な関心を持続することは難しい。倫理とは、法のように外部から人を縛るものではなく、内面において人が何かに頭《こうべ》を垂れるものだからである。自由が人々を大声で叫ばせるものであるのに対して、倫理は人をして静かに内面の声に耳を傾かせるものである。

私には、もしも戦後日本において倫理の基盤があるとすれば、それは、あの戦死者たちへ思いをはせることだけであろうと思う。それは、特攻を美化するなどという批判とは無関係なことであり、また、靖国問題とも次元の異なったことである。われわれは、侵略戦争であったのなかったの、といったあまりにあの戦争の性急な歴史的評価にこだわり過ぎてきた。私が述べている戦死者への思い、とはそのような歴史的解釈以前の問題である。しかし、確かにいえることは、敗戦の日であるはずの「終戦記念日」を、やがては「戦後」の開始の日とみなして、そこに自由や民主主義の戦後空間を作り出したとき、われわれは戦死者を「うまく」思いだすことをやめてしまったのである。

正論のススメ

恐れられるリーダー像

産経新聞
2010年9月20日

民主党の代表選挙で菅直人氏が勝利し、小沢一郎氏は敗北した。平成5年（1993年）に自民党を割って出て以来、この20年近く日本の政治の一方の中心にいたのが小沢氏であってみれば、この敗北の意味はたいへんに大きい。民主党の成立によって、小沢流の政治改革に一段落ついたのか、それともそれは挫折したのか、あるいは、これから民主党の分裂や政界再編などの第二幕が始まるのだろうか。容易には予測しがたいが、現状で予想できることは、小沢氏の圧倒的な影響力が一気に低下したということと、同時にまた、小沢氏に残された政治的野心によって民主党の内紛や分裂の可能性がさらに高まった、ということであろう。

ところで小沢氏はどうして敗れたのか。誰もが小沢氏が民主党内の最高の実力者であることを知っている。もっとさめた言い方をすれば、ほとんど政治の素人集団にもみえる民主党の中にあって、プロの政治家はほぼ小沢氏一人であるようにもみえる。にもかかわらずどうして小沢氏は敗北したのであろうか。

むろん、たった3カ月前に鳩山由紀夫前首相とともに幹事長の座を辞した政治家がのうのうと代表選に出馬することがそもそもヘンだ、ということはできる。また、小沢氏についてまわる「政治とカネ」の問題を指摘することもできよう。西松建設の献金問題について小沢氏は国会で説明していないし、検察審査会によって起訴相当の決定がなされるかもしれない政治家を事実上総理にすることはどうみてもヘンである。それはそうなのだが、それらの理由を小沢氏の敗因にするなら、今日の日本国民の世論も決して見捨てたものではない、ということになる。

しかし私はあまり世論調査や支持率などというものを信じていないので、これでもって今日の日本の世論が健全である、などという気はあまりしない。少なくとも少し前までは、次期総理としての小沢氏の待望論はけっこう多かったのである。とすれば、「政治とカネ」の問題を小沢氏が国会でそれなりに釈明をし、検察審査会が仮に不起訴の方向を打ち出せば、小沢氏の総理はありえたのであろうか。もしそんなことで世論が動き支持率があがるのだとすれば、私はやはり世論など信じられないのである。

私は小沢氏に会ったこともなければ接点もないので、ご本人がどのような人物なのかはまったくわからない。報道されている情報によると、彼の政治家としての最大の特質はその強権的で独裁的な性格にある、とされている。剛腕、辣腕《らつわん》、身勝手、人のいうことを聞かない、などの評がこの人物を形容している。端的にいえば、実力を持ったマキャベリアンという権力志向の政略家といったところなのだ。

ところでそのマキャベリは『君主論』のなかで次のようなことを書いている。君主は、愛されるのと恐れられるのとどちらがよいか、と問うて彼は次のように述べている。仮にそのどちらかを選ぶとすれば、君主は、愛されるよりも恐れられることを選ぶべきだ、と。どうしてかというと、そもそも人間はむら気で、恩知らずで、偽善者で、厚かましいものであり、いくらでも人を裏切るからだとマキャベリはいう。

だから、どんなに恩を与えても人はいくらでも裏切る。「がんらい人は邪悪なものだから、たんに恩義によってつながれている愛情などは、自分の利害がからむ機会が起きれば、すぐにでも断ち切ってしまうものだからである」（『君主論』会田雄次訳より）というわけだ。

かくて君主は愛されることを求めるよりも、恐れられなければならない。しかし、とマキャベリはいう。「君主は、人から恨みを受けないようにして、恐れられる存在にならなければならない」と。「恐れられること」と「恨みを受けること」は違うのである。

この場合の「君主」とは、むろん政治的リーダーといいかえてよい。政治的なリーダーの資質とはたいへんに難しいものである。「愛される」よりは「恐れられる」のがよく、かつ「恨みを受けてはならない」のだから。

繰り返すが、私は小沢氏の実像は知らない。報道カメラに露出している限りでいえば、彼は「愛される」よりは「恐れられる」ことを求めていたようにみえる。彼自身が、政治の世界で、いわば仁義なき権力闘争をやってきたのであろう。人が容易に裏切ることを小沢氏はおそらく自らも経験しているのであろう。しかし「うまく恐れられること」はたいへん難しい。「愛」も「恐れ」もすぐに「恨み」に変わってしまうからである。それは小沢氏自身がよく知っていることであろうが、今回の代表選などを見ていると、「うまく恐れられる」ことがいかに難しいかを十分に知らされたように思われる。

尖閣で敗北する「戦後日本」

産経新聞
2010年10月18日

「戦争は形を変えた政治である」というクラウゼビッツ風の言葉を逆の面からみれば、「政治とは形を変えた戦争である」ということもできよう。この場合の政治とは外交といってもよい。

確かに、衝突する2つの国の国益を実現するために武力に訴えるのが戦争であれば、戦争に至る道ゆきを回避しようとするのが外交である。こういえば、戦争と外交は別種のもの、まったく対立するもののようにみえるが、実際には、戦争を回避するための外交が不可欠とされる場面までくれば、ある意味でもう戦争は始まっているともいえる。

このとき、外交とは、知略を駆使した駆け引きを行い、時には信頼回復をめざすとしても、根本的には力を背後に持っている。武力対立をシミュレートしながら言葉を砲弾として使うのである。

尖閣諸島での中国漁船の問題は誰もが論じているように民主党政権の大失態であった。「粛々と法的措置に従う」といいながら検察の「政治的判断」に粛々と従うというトンチンカンな事態であった。「検察の判断に委ねる」として責任を検察に押しつけるだけで中国に一片の強力な抗議も発しない、というのでは政治主導もなにもあったものではない。

だが自民党の批判ももうひとつで、検察の政治的判断の背後に政府介入があったのではないか、と問い詰めている。だが、ことがもともと政治的問題なのだから、この場合、政治介入があるのが当然で、むしろ解決法がどうあれ、政府が政治的判断を回避した方が問題なのである。

暴露されたのは、民主党政権の対外政治力・外交能力のおそまつさであるが、では自民党ならもっとましだったか、というと、平成16年（2004年）に中国人活動家が尖閣に上陸して逮捕されたときには、小泉政権の判断によってすぐに釈放・送還された。

いずれもうやむやに事態を収拾したわけである。むろん、外交には多少の不合理や妥協も秘策も不可欠で物事をすべて明るみに出して論議すべしという「民主的な外交」がよいわけではない。しかし、とりあえず事態を穏便にすます「事なかれ主義」と、政府がそれなりの責任を持って秘密裏に交渉を行って妥協するのはまったく別のことである。今回、船長釈放にあたって、政府が中国政府と何らかの取引や交渉を行ったとは思えない。外務省の外交ルートを使ったという形跡もない。妙なところで「政治主導」（脱官僚主義）が作用してしまったのである。

中国はその後、ロシアと共同で再び戦争問題を持ち出して、日本を牽制《けんせい》している。ロシアはつい先ごろ、日本が降伏調印した9月2日を「戦勝記念日」として反日意識をかきたてようとしている。明らかに北方領土を意識してのことだ。尖閣についてはいくら日本の側に正義があろうと、中国は決して自国の領土であるという主張を撤回しないであろう。そしてもうひとつ韓国との間に竹島が横たわっている。この三つの問題はその性格を少しずつ異にはするが、日本の領土であるとする日本の主張は妥当なものだ。しかし天然資源にせよ海産資源にせよ資源という「利益」が絡んでくるとき「正義」だけでは事態を解決するのは難しい。中国やロシアは既成事実を積み上げ、事実上の領土化を図ろうとしており、その背後には軍事力という「力」と、それから「歴史認識」がある。あたかも、あの戦争は日本の誤った戦争であったから、その償いとして多少の不都合は我慢して当然だろう、とでもいわんばかりに聞こえる。

こうなると、日本にとってはたいへんに厳しい事態となってくる。実際上、中国、ロシア、韓国という国境線を接する三国との間でいまだに国境が画定していないということになる。国境線が画定していないということは、厳密な意味ではまだ戦争は終わっていない、ということだ。むろん、尖閣は日本固有の領土であり「尖閣問題」は存在しない、ということもでき、それは「正論」である。だが、「正論」が通用しない状況に遭遇したとき、いかなる対応が求められるかが問われるのだ。「尖閣問題は存在しない」ということによって、むしろ事態から目をそむけることにもなりかねない。

尖閣をめぐる対中関係や北方領土をめぐる対露関係は、日本の対外政策や外交能力の著しい貧弱さの原因が、「力」の欠如と「歴史認識」にあることを改めて示している。そしてその両者ともに、「あの戦争」の敗戦によってもたらされたものである。しかしそれはまた、日本の軍事的侵略を断罪・反省してできあがった平和主義と民主主義の「戦後」そのものといってよい。

とすれば、この尖閣の問題においてわれわれが直面しているのは、目の前にある中国との軋《あつ》轢《れき》というだけではなく、「力」の放棄と「東京裁判史観」といわれる歴史認識を賛美してきた「戦後」の価値観そのものというほかあるまい。平和主義とアジアへの贖罪《しょくざい》意識だけでは外交にはならないのである。

「形を変えた戦争」としての政治を取り戻すには、厳密な意味では戦争はまだ終わっていない（国境線はまだ画定していないし、北朝鮮とはまだ終戦に至っていない）ことを改めて知っておくべきであろう。

平和主義によって「ハードパワー」を失い、歴史認識によって「ソフトパワー」にハンディをつけられているのでは、日本の外交が弱体なのも無理はないにしても、「無理はない」で済ませられることではない。

政治への過剰な期待と失望

産経新聞
2010年11月14日

政治の混迷の度合いがますます深まっている。尖閣、北方領土、円高、デフレ、TPP、それに中国船との衝突映像の流出と、この1カ月ほどを見ても、この先、どのように進展するのか予想もつかない問題が山積し、それを処する政治の方向性も見えない。

さしあたり問題はどこにあるかといえば、民主党の政権運営の稚拙さと政策実行力の脆弱《ぜいじゃく》さということになろう。確かに、鳩山前政権の普天間飛行場移設問題から今回の菅政権の尖閣問題にいたるまで、その政策判断や事態への対応はきわめて杜撰《ずさん》なものであり、そこに小沢一郎（元代表）という爆弾を抱えているということになれば、民主党に政権担当能力ありや、という疑義が発せられるのも当然である。

それはそれで私もそう思う。しかし、もし問題が民主党の未熟さと杜撰さだけにあるなら政権交代が起きれば事態は改善することになろう。だがそれで万事解決というわけにはいくまい。今日の政治の迷走にはもっと根本的な事情があると思う。

先日行われたアメリカの議会選挙においても、民主党は大敗した。オバマ大統領への批判の表出だという。2年前のあのオバマ・ブームからすれば民意はまったく逆の方に振れたことになる。主たる原因は雇用問題にあってオバマ政権では10％近くの失業率を解消できなかったというのが最大の敗因だとされている。では共和党に適切な政策案があるかというとそういうわけでもなく、民主党の「大きい政府」を批判しているだけだ。共和党の勝利も経済回復が遅れている現状に対する人々の不満に乗っかったという面が強い。

日本においては、いうまでもなく昨年（２００９年）の民主党ブームはもはやすっかり過去のものとなり、今では民主党もただ政権を維持するのが精いっぱいという状態となった。

つまり、日本においてもアメリカにおいても、問題は、この両者の民主党というよりも、民主政治そのものにあると思えてくるのだ。端的にいえば、民主政治のもとでは、主権者である国民（人々）は、政治に対して過大な要求を突き付ける。何か問題があれば、人々は政治がそれを解決してくれることを過剰に期待する。特に民主党のように、「政治家は国民の皆さまのために働かせていただく」などといういいかげんな言葉を連発すると、あたかも、町内会で会長のもとへありとあらゆる不満や苦情が殺到するように、人々は問題の解決を政治に預けようとする。そして、それがうまく解決されなければ、必要以上に政治に対する不信や失望が増幅されてしまうのだ。

例えば雇用問題にせよ、円高にせよ、デフレにせよ、今日の経済問題に適切で即効性のある解決などありえない。これらの問題を生み出している基本的な原因は急速に進展したグローバル経済と金融中心経済への移行にある。金融中心経済はバブルを引き起こし経済を不安定化しグローバル化は経済の中心を先進国から新興国へと移してしまう。この二つの特徴を持った現代の経済構造を修正せねば政府ができることなどたかが知れている。それにもかかわらず雇用や経済不安を抱えた人々は政府に何とかしてと悲鳴を上げるのだ。

また、尖閣での民主党の弱腰が批判されている。世論の大半も菅政権の対応がまずいと感じているようだ。私もそう思う。しかしその上で考えてみれば、もし、日本が徹底して対中強硬策にでたとしよう。中国の反日感情はほとんど爆発寸前までゆくであろう。まずはありえないとは思うが、もしも中国政府が漁船保護を理由に尖閣に海軍を派遣すればどうなるのか。日本は中国と交戦状態に入らざるを得ないが、その場合に、アメリカはいったいどのように出るのか。そのことについての確かな了解はあるのか。こうしたことはまったくの未知数なのである。とすれば、問題の根本は、たとえば尖閣を保守するためにも、結局のところ、自前の自衛軍が必要だという点にある。領土が侵略された場合には個別の自衛権は発動できるから、自衛軍による戦闘態勢を可能とするほかない。

こうしたことはいわば論理的帰結である。では、尖閣強硬論の世論は軍備増強や憲法改正に賛成するのであろうか。必ずしもそうとも思われない。また、菅政権を批判する自民党もそこまではいわない。そうだとすれば、この問題についても、多くの人々はただ感情的な不満をぶつけているだけということになる。

こうしたことが民主政治をきわめて不安定にしてゆくように思う。経済問題にせよ、防衛問題にせよ、今日の課題は、容易に解答が得られる種類のものではない。経済問題の根底には「グローバリズム」という現実があり、防衛問題の根底には「平和憲法プラス日米安保体制」

という変則的な国家体制がある。これらのことがらを先送りにして小手先の対応を迫られる政治にできることは限られている。にもかかわらず政治が問題を解決できなければ、人々はすぐにその政権を見限る。その結果、政治そのものが著しく不安定になってゆくのだ。それは政権政党が民主党であろうが自民党であろうが同じことであって、民主政治というものは、いくら国民が主権者だといっても、政治に対する過度な期待と過剰な失望を自制しなければうまくゆかないであろう。

ウィキリークスの危険性

産経新聞
2010年12月20日

少し前に大学の講義で学生たちに「政治家は場合によっては嘘をついてよいか」と質問をしたことがある。すると多数の学生が「よい」と答えた。少し意外な気もしたが、内心「結構、大人の考え方をしているものだ」などと思ったものである。

もちろん、事と場合によるであろう。国民代表の政治家が国民に対して真実を告げなければならない、というのはいうまでもなく政治家の責務である。しかしだからといって、政治家は常に正直で誠実で国民に対して本当のことを話さなければならない、などというのは子供じみた民主主義の形式論である。実際の政治が実直さだけで動けば政治家の苦労も半減するであろう。政治家に「裏」も「表」もあるのは政治家の責任ではなく、「人間交際」がそのようなものだからである。

アメリカのいわゆる「ネオコン」の思想的支柱と見なされた哲学者レオ・シュトラウスは、政治の場で語られる言葉には、「表に出たもの」と「裏に隠されたもの」があり、政治に関わる言説では、人は「表に出たもの」においては決して本心を語らないものである、本当のことは「裏に隠されたもの」においてしか語れない、と述べた。

本当に重要なこと、大事なことは少数の信頼できる者にしか語れない。微妙なこと、誤解を受けそうなこと、しかし大事なことは、大勢の前でパブリックに表出できるものではない。それは信頼できる者にしか伝わらない。こういうことはわれわれの日常を見ればいくらでも思い当たるだろう。同時に人は、いささかどぎつく自らの思いを表現したり、本気とも冗談ともつかぬ皮肉やジョークによって思いを表現する。これも信頼できる仲間にしか適切には伝わらない。それをいちいちパブリックに表明するわけにはいかない。

ところで、ウィキリークスなるものによって、この「裏に隠されてきた」情報が次々とネットに公開されている。このケースは、今述べてきた「政治家の嘘」からは少しずれてはいるのだが、しかし全く別の事柄でもない。インターネットの類にほぼ無関心な私には、ウィキリークスなるものの実態やそのメカニズムはよくわからないが、いずれにせよその意味するところは、内部告発や他の手段によって投稿された政府や企業に関わる匿名情報がネットで公開される点にあり、「裏に隠された」情報の表面化である。

「裏に隠された情報」にもさまざまあり、アメリカの外交官がサルコジ（仏大統領）を権威主義者と呼んだり、ベルルスコーニ（伊首相）を無能といったりするというゴシップの類から、イラク攻撃の軍事秘密など深刻な外交上、国防上の問題にいたる情報まで多様である。そして、それが仮に無作為に、あるいはある種の悪意を持って公開されればどうなるのか。いずれにせよロクなことにはならない。ゴシップの類の公開は、それ自体は児戯に類するものだが、その子供じみた戯れが実際に政治を動かすとなると事態は放置できない。また、シリアスな秘匿情報が公開されれば重要な政治的・外交的決断に大きな支障を与えかねない。それは「政治」というものを不必要に動揺させる可能性大である。

40年ほど前の沖縄返還交渉において、佐藤政権は基地の継続使用や核持ち込みについてアメリカ政府と密約を交わしたが、もしこの外交機密がリークされておれば、沖縄返還はどのような経緯をたどったであろうか。

当然ながら、政治的決断においては、今ここで公表できないものはある。「裏」に隠れたものは、それに関わる人々の信頼によって維持される。それが個人の間の信頼であれ、組織的なものであれ、関わるものが守秘義務を持つという相互の信頼において成り立っている。この相互信頼があって、「表」と「裏」の二重性が維持されるのである。告発の「匿名性」はこの信頼を著しく損なうのである。

ウィキリークス的なるものは、政治を構成するこの二重性を認めない。「裏」をすべて「表」に表出すべきだという。それを「民主主義」だというのだ。

私には、子供じみた悪ふざけと子供じみた悪意に正義の仮面をかぶせているようにしかみえない。しかし問題なのは、「民主主義」なるものがこの種の悪意と高い親和性を持っている、ということである。少なくとも、民主主義はこの手の情報公開というまやかしの正義に対する免疫力が著しく弱い。

内部告発や機密情報の暴露がすべて、ことごとく間違っているというほど私は原理主義的ではない。しかしそのもっとも危険な点は、内部告発や機密情報の暴露をひとたび正義にしてしまうと、政治や組織を支えている基本的な人間相互の信頼が失われてしまうことにある。「人間交際」の基底には「義」とでもいうべきものがあり、明らかにより大きな「大義」がなければ、簡単に破るべきことがらではないだろう。先般の海上保安庁職員による中国漁船衝突の映像リークも、確かにもとはといえば民主党の対応の稚拙にあるにせよ、決して「正義」の名で称賛されることがらではない。

インターネットの展開が民主主義を促進するという根拠のない楽観論がずっと続いている。そうかもしれない。しかしその意味は、それは、政治の基底にある人間の信頼や「義」を喪失させることによって、政治的な混乱と不信に拍車をかけるということであり、それこそが民主政治の帰結だとすれば、はたしてこの事態を楽観などできるのであろうか。

薄れゆく正月風情

産経新聞
2011年1月10日

正月が過ぎて10日も経て書くのも気がひけるが、年年、正月というものの実感が薄らいでゆく。ひとつは歳《とし》のせいかもしれない。歳をとると物事に対する新鮮な感動はどうしても薄れてゆくだろう。ましてや正月も60回も経験しておれば特に何というものでもない。ただカレンダーのめくり方がいつもより多少手が込んでいるという程度のことである。これはもっぱら個人的な事情である。だがどうもそれだけでは済まない何かがあるようにも思われる。それは時代というものに関わる何かであろう。こちらは個人的な事情とは違った共同の経験に関わっている。

子供の頃の記憶を持ち出せばまた個人的事情に立ち入りそうではあるが、少なくとも昭和30年代には、正月は格別のものであった。各家には日の丸が掲げられ、ささやかながらも門松がおかれ、しめ縄が結わえられていた。年末になると、買い出し、大掃除、おせちづくりと大人たちはいかにも忙しそうで、町はいつにない活気にあふれていた。そして、年があけると、時間は突然に歩みをやめ、寺社以外、町は完全に活動を停止した。それが三日間続くのである。私はこの死んだような町の風情が結構好きで、店という店がすべて閉まり、人一人歩いていない真っ白な空間が何やら妙に神聖なもののように思われたものである。

こんな記憶をたぐりよせたのは、いうまでもなく、昨今の正月の光景と対照させるためである。それでもしばらく前までは、大手のスーパーやショッピングセンターは三が日は閉めていた。それが今では正月から堂々と営業している。それどころか、通常午前10時開店なのが、元旦に限り朝9時から特売セールなどを行っている。町なかの商店もほとんど開いている。そこに、初詣帰りの人々が群がってくる。

日の丸はおろか門松もしめ縄もあまり見ることはなく羽根つきも凧《たこ》揚げもめったに目にしない。あの死んだような空白の時間と静寂はどこかへ消えてしまった。私は個人的には昔のあの正月の風情をなつかしむ。正月の三が日は、店という店は基本的には営業停止にすればよいとさえ思う。あの聖なる静寂を取り戻すことができればと思う。しかし個人的感慨とは別に、どうしてこうなったのか、そのことが気にかかるのだ。

正月はもともとその年の歳神を迎えて豊穣《ほうじょう》を祈願する儀式だったようだが、そうだとすれば正月にはいくぶんかの宗教的な時間が流れていたことは間違いなかろう。年が改まることで、旧年の恥や垢《あか》を洗い落とす。真っ白な三日間は、日常から抜け出し、多少は神聖なる時間に浸ることで一種のみそぎを行い、新たな年の安全と豊穣を願っていたのであろう。寺社以外はいっさい活動を休止するということ自体が集団的な儀式なのである。この儀式をへて、人も社会もそれなりに新たに生まれ変わる。非日常的で多少は神聖な時間の感触を宗教的と称するなら、正月にはどこか宗教的雰囲気があった。

それがなくなったのである。新たな年にいたるという儀式的な手順が失われてしまった。正月という特権的な時間も通常の時間も同じになってしまった。それを隔てる敷居《ボーダー》がなくなったのである。

何やらバリアフリーの時間を文字通り何の障害もなく移動しているようなものである。ボーダーレス社会とはこのようなものなのであろう。

新しい年へと移り行く時間の敷居をつくっていたものは、何かに対する畏れであったろう。年が変わる、という運命的な時間の動きに対する畏れである。寺社へ初詣にゆき、賽銭《さいせん》を投げ、お祈りをし、絵馬を買い、おみくじを引く、という今日では若者のデートや家族の行楽の口実にしかすぎない風習も、もとはといえば、どこか時間を動かす神聖な見えない力を感受する宗教的感性の名残といえよう。人はそのようなものを発明し、それをうまく使うことによって時間に敷居を与え、時間に意味を与え、そうして集団の共同の経験を作り出してきたのであろう。

あの戦争が終わった時、国文学者の折口信夫は「神、敗れたまいし」とうたった。この戦争の意味は、日本の神々が敗北したことだ、という。確かに神々は敗北したのである。ただしそれはアメリカの軍事力によって敗北したのではなく、日本人が日本の神々を見捨てたということだ。理由は簡単で、神風が吹かなかったからだというのである。神風などに期待するよりも、アメリカ流の合理主義、実用主義に頼った方が、もっと生活を豊かで快適にしてくれると考えたのであった。

神を見捨てた後にわれわれが神の座に祭りあげたのは、経済的利益であった。神が立ち去った後の正月を経済原則が支配している。正月に営業すれば利益があがる、というただその一点だけが決定的な基準になったのである。経済効率という尺度は、非日常と日常の区別もなくし、バリアフリーな時間を生み出した。この傾向は90年代の規制改革、構造改革以後ますます進展したのである。神という見えない力に畏れを持っていたはずのわれわれは、今日、利益と利便の持つ見えない力に支配されている。いつかこの流れが逆転し、あの徹底して不便で静かな正月がまためぐることを初夢としておこう。

正論のスススメ

名古屋「民主革命」の意味

産経新聞
2011年2月21日

この2月にはいって「民主化」や「民主主義革命」と呼ばれた出来事がふたつあいついだ。ひとつはエジプトの「民主化」であり、これは確かに世界的な意味を持つ大きな出来事である。もうひとつはかなりスケールは小さくなるが、名古屋の出直し市長選挙である。

むろんこの二つを並べても特に意味はない。エジプトのムバラク政権崩壊は自動的に「民主化」を意味するかどうか現状ではまだ不確かであり、イスラム勢力の動向がカギをにぎる。だがいずれ議会主義への移行がはかられることは間違いなく、それ自体はさしあたり民主化と捉えられるだろう。もっともそれが社会を安定させるかどうかは不明である。

一方「民主主義革命が起きた」あるいは「民主主義を名古屋名物にする」と豪語した河村たかし市長の再選は議会との対決、議会への強い不信に端を発したものである。民主主義とはこの場合、議会主義に対する、首長権限の強化として理解されている。世界史的にみれば、エジプトの「民主化」に比して取るに足らない名古屋市長選であるが、私がいまここで論じたいのは、この日本国内での「民主化」の意味である。

名古屋の市議会にどのような事情があるのかはよく知らないが、現状でいえば、河村市長と市議会の対立は、10％の市民税減税と議員報酬の50％カットという市長の提案を市議会が拒否したことに始まった。そして、この対立を争点に一度は辞任し出直し市長選をはかった河村氏が圧倒的に勝利した。つまり、市民は市長提案を支持したことになる。

この河村方式が無視しえない重要性を持つのは、それが名古屋に限らずかなり一般性を持ったモデルになりうるからである。市民税減税と議員報酬のカットをセットとして議会と対決し、議会との対立を演出することで市民の支持を得る、という方式である。それを「民主主義革命」だという。民主主義を政治における「民意」の直接的な反映という意味に解すればその通りであろう。

ただこの「革命」は、およそあらゆる「革命」がそうであるように、たいへんに甘美な毒を含んだものだ。それは大衆的なエネルギーを引き出して、それを支えにするが、大衆への依存は無限のポピュリズムに陥るか、もしくは大衆を利用した一種の独裁に帰着するであろう。大衆に媚《こ》びるポピュリズムにせよ、大衆を利用した独裁にせよ、民主主義の陥る最大の罠《わな》なのであって、そこにこそ民主主義の大きな欠陥があるというのが歴史の示すところであった。議会主義とは、この欠陥を是正するものだったのである。

歴史的にいえば、議会主義と民主主義とは少し異なっている。この両者をいちはやく歴史の舞台に押し上げたイギリスは、もともと王権の国であった。その王が広く諸侯から意見を聞くために召集したのが議会であるが、そのうちに議会はしばしば王権と対立するようになる。さらにその議会に平民が参加することによって議会が「民主化」したわけである。かくて、議会こそが民主主義の砦《とりで》とみなされるようになる。

イギリスの王権は世襲であるが、この王権を市民代表として選出したのがアメリカの大統領制であった。

したがってアメリカのような大統領制の場合、民意はふたつの形に分割されて表出される。しかし大統領制の場合、市民はその人物、人格、指導力などによって大統領を選出するのであって、必ずしもひとつひとつの政策によってではない。

アメリカにおいてもしばしば大統領と議会は対立するのだが、この対立はむしろ権力の分散であって、大統領に過度に権限が集中することを防いでいる。むろん、大統領と議会とどちらの方が「民主的」かなどと論じても意味はない。

アメリカの大統領と日本の地方首長を並べてもこれも相違が大きすぎるのだが、それでも制度的にいえば、市民の直接選挙で選出される首長は大統領に近い。したがって、首長と議会が対立することは十分に想定できる。問題はこの対立が意味のあるものかどうかなのだ。

なにやら「民主化」とか「民主主義革命」という名のもとに、深刻な政治の崩壊が進んでいるようにみえる。政治的争点の単純化、敵対勢力のわかりやすい特定化、それによる支持率の確保、この「民意」を背景にした権限の集中、といった政治である。これは、「抵抗勢力」なるものとの対決によって民意を調達した小泉政治から始まり、官僚と敵対することで選挙を制した民主党へと受け継がれ、そして、今日、議会と敵対する首長という形で地方政治に受け継がれているやり方である。いずれも政治的な争点が、もっぱら、抵抗勢力や官僚あるいは議会といった敵対勢力との対決そのものへと変形されている。

その結果、政治が本当の意味での「議論」によって推移するのではなく、対決するその姿勢そのものによって動かされてゆく。端的にいえば、政治はどうしても劇場化するほかない。もし現実に生じている事態がかくのごときものだとすれば、それは民主主義の進展どころか、衆愚政治という民主主義の罠《わな》への陥落というべきではなかろうか。確かに議会が何を議論しているかは見えにくい。だが、議会における議論や説得こそがまずは民主政治の基本であることは今でも変わりないのである。

「驕り」から「畏れ」へ

産経新聞
2011年4月18日

1755年にポルトガルのリスボンを襲った大地震は、この町をいっきに破壊し、津波による死者も含めて6万人の犠牲者を出したといわれている。この大地震を歴史に残すものとなったのは、地震の被害の甚大さによるだけではなく、この地震が当時のヨーロッパの世界観に大きな影響を与えたからだという。

地震が起きたのがちょうど11月1日のキリスト教の祭日であった。また大地震で教会が倒壊したこともあり、この世は最善のものであるという神学的な世界観が崩れてしまったのだった。この地震によって大きな精神的影響を受けた人物の一人に哲学者のカントがいた。彼は地震の研究などもしたりするが、やがて有名な『判断力批判』という書物を書く。少し噛《か》み砕いて若干敷衍《ふえん》して述べれば、ここでカントは次のようなことを述べている。

荒れ狂う海、暴風、雷、こうした人間の力をはるかに超えた巨大な自然現象は人間に恐怖心をおこさせる。それは人の命も財産もすべて一瞬にして破壊し尽くすだけの力を備えている。そのことに人は本能的に恐怖を覚える。しかし、理性の力と構想力を持って人は、自然現象を解明し、恐怖を乗り越えることができる。そのとき、人は自然に対して「崇高」な感じを持ち、その崇高さによって、人格性を高め、自然を支配することができる。つまり、人は、生物的な存在としては巨大な自然の脅威に屈服するが、しかし理性や構想力を持った人格性において自然を支配できる、というのである。

この延長線上に確かに近代的な科学的思考というものが出てくるだろう。大地震や巨大な暴風のような自然現象をただ恐怖するのではなく、そのなかに横たわっている法則を理性の力によって取り出し、自然現象を動かしているメカニズムに驚嘆しつつも、それを理解することで人は自然を支配することができるだろう。こうして、この世は神がつくった完全なものか否か、という神学的論議は意味を失い、近代的で科学的な色彩を持った世界観が支配的になってゆく。リスボン地震が世界観の転換をもたらしたとはいわないにしても、しかしそのひとつの契機となったということはできるだろう。ところで、それでは今回の東日本大震災はそれに匹敵するような文明的意味を持っているのであろうか。ここですぐにたいへんに皮肉なことに気がつく。

カントや当時の啓蒙《けいもう》主義者、合理主義者が切り開いた道は、人間は、ただ生物的な存在として自然にひれ伏すのではなく、理性の力によって自然に働きかけ、自然を支配し、さらには社会に働きかけてこれを変革し、こうしていっそうの幸福を手に入れる、ということである。科学を発展させ、技術を生み出し、経済を成長させ、自由や幸福を増大させる、というわけである。

もちろん、カント自身は理性の限界をよく理解していたし、人間の能力が万全だなどとはまったく考えていなかった。にもかかわらず、リスボン大地震から250年もたてば、人は科学と技術の力を万能であるかのようにみなすようになる。この極限に核の技術ができ核兵器と原発ができあがった。

そして、自然を支配して、よりいっそうの物的幸福を手に入れるという近代文明の無限の歩みにはもはや歯止めはかからなくなっていた。

今回の大地震では地震と津波という自然現象とともに、福島の原発がきわめて重要な意味を持っている。被災地だけではなく福島に世界中の関心が向いている。放射線値やその拡散に関心が集まっている。特にアメリカは早い段階から原発事故の管理には関心を示していた。

だが、まさにその近代的科学・技術主義を極限まで推し進め、核技術を開発して、二度までも日本に原子爆弾を投下して放射線をまき散らかしたアメリカが、福島原発での日本政府の対応や情報提供に注文をつけたり、放射線拡散に神経質になっている。また日本もアメリカの助力を必要としているのである。考えてみればなんとも皮肉というか苦い構図というほかない。被災地支援を「トモダチ作戦」などといっているが、こうなると、アメリカが開発した軽水炉タイプの原発によってエネルギーを管理し、経済成長によって人間の幸福を増進するというアメリカ的な価値をすっかり取り入れていた日本は、確かにアメリカの「トモダチ」ということになるのかもしれない。

東日本大震災がかつてのリスボンのように世界観の転機になるのか否か、それは不明である。しかしそうなるべきであろう。ただこの転換は、当時出現した啓蒙《けいもう》思想や科学主義とは逆で、人間中心的な理性や科学の限界を如実に示すものであった。自然の脅威は、それを支配できるとした人間の驕《おご》りを打ち砕いた。カントは「崇高」という言葉で人間の理性能力や自然に立ちむかう雄々しさに訴えた。しかし、それはいつのまにか驕りに変わる。今度の災害が示したことは、「驕り」ではなく、また「恐れ」でもなく、自然への「畏れ」を持つことである。自然への「畏れ」と「おののき」を持つという賢明さをわれわれはすっかり忘れていたように思う。

正論のスス メ

見えない「霊性への目覚め」

産経新聞
2011年5月16日

今年（2011年）は法然の没後800年の大遠忌で、京都の国立博物館などでも「法然上人絵巻」を中心にその生涯を振り返る展覧会が開かれた。法然は、9歳の時に父の非業の死を経験し、その後比叡山に入り、黒谷に移るものの、ほぼ30年を叡山にこもって修行を積む。しかし43歳の時に山を降り、京の町で専修念仏を説くようになる。ただ「ナムアミダブツ」と唱えて、阿弥陀仏の本願にすがるという絶対的な他力本願を説くのである。

30年におよぶ叡山での修行においてあらゆる経典を知り尽くした法然が、どうして念仏による阿弥陀仏の救済のみを説くようになったのか、その真意はよくわからない。当時の社会にあって、真に救済を求める衆生は、経典を読み修行する時間も余裕も能力もなかった。彼らを救済するには、ただ一念を込めて念仏を唱えるという易業しかなかったとよくいわれる。

確かに一応のところそういえるだろうと思う。平安末期から鎌倉初期へかけての時代は、台頭してきた武士の勢力争いのなかで激しい戦乱の時代であった。保元、平治の乱から源平合戦の時代である。さらに、京の都では、大飢饉《ききん》、大火、疫病さらには大地震が起きる。町中の建物が倒れ、死者の群れが横たわり、地震の余震は20日も続いたといわれている。「末法」の時代だったのである。

通常の状態であれば、叡山にこもって学僧として修行を積めばよい。しかし、末法の時代は、そんなオーソドックスなやり方は通用しない。この非常時にこそ真に衆生を救う必要がある。それは「聖道門」ではなく「浄土門」によるほかない。こうして、阿弥陀仏への絶対的な帰依を説く他力本願がでてくる。

私には、他力本願とは大変な思想のように思われ、わが身を振り返れば、とてもではないができそうもない。「私」を徹底して「無」にし、無条件に阿弥陀仏に帰依するというのは尋常ならざる考えであろう。いっさいの学問的知識は不必要どころかむしろ救済の邪魔になるのである。「一文不知の愚鈍の身」でなければならないのである。恐るべき思想だと私には思われる。確かに法然は仏教上の革命家であった。

にもかかわらず、専修念仏と浄土信仰が一気に広がっていったのは、それだけ時代が絶望的だったからであろう。今日、われわれは危機の時代にあるとか、展望のない時代だとかいうが、平安末期から鎌倉へかけては今日とは比較にならない悲惨な時代であっただろう。生きるためにはいかなる悪事も働かざるをえない状況だったであろう。悪人正機説もこの時代だからこそでてくるのである。

ところで、鈴木大拙は、まさにこの悲惨な末法の時代を経てはじめて日本人が「霊性」に目覚めた、という。何か絶対的な力に帰依し、その力による救済を願うほかなくなったようなこの時代に、はじめて「霊性」に目覚めたというのである。

「霊性」とは、人智を超えたはかり知れない力である。絶対的な何かに自己を委ねること、すなわち信仰である。この絶対的な何かの前で、自己を無に帰する。自己を無にしたとき、初めて救済という契機が働き出すのである。

ここに、「日本的霊性」というものがあった。時代状況が悲惨であり絶望的であればあるほど、「霊性」への覚醒は鋭くも強度なものとなろう。

今日の日本人が直面している難局が、これに匹敵するとはいわない。また、ひとたび近代化をくぐり抜けた今日の時代状況を、法然の生きた「末法」の時代に重ね合わせることはほとんど無意味なことである。

しかしその上であえていえば、私には今日の「霊性」ということがいささか気になるのである。今回の大震災と原発事故が示したことは、いかに人間が「理性」を駆使して自然を管理し、エネルギーを作り出し、科学と技術によって経済を成長させても、人智・人力ではどうにもならない領域があるということであった。「想定外」などという気楽な言い方をするが、少なくとも「想定外」があることは想定しておかねばならないのである。

この「想定外」の領域に直面したとき、「生」と「死」は、通常の状態とはまったく異なった様相を示してくる。両者の境界は曖昧となり、厳然と分けられるものではなくなり、「生」に転ぶか「死」に転ぶかもほとんど偶然によるほかない。「生」と「死」は別物ではなく重なりあってくるだろう。この状態にあって、生きようとすれば、人の領域を超えた何ものかに自らを委ねるほかなかろう。これが「霊性」というものなのである。

大震災から2カ月が経過し、徐々に関心は復興に向いている。しかし、あくまでテレビ画面でみる印象でしかないのだが、被災地を覆う絶望的な悲しみや怒りのなかから立ちあがってくるある種の「宗教的なもの」の姿がどうも見えない。「霊性」への覚醒のようなものが見えない。たぶん、欧米で似たようなことが起きれば、人々は教会の廃墟にたたずみ、十字を切り、祈りをささげ、ミサをあげる、といった光景が映し出されるであろう。しかしそれに類したものがない。

取り立てて「宗教」を持ち出そうとする意図は私にはないのだが、それにしても、かくも人の領域を超えた何かに直面したときに、「霊性」への思いがまったく見えないのはいささか奇妙なことではなかろうか。どうにもならない不条理に直面したとき、人はどこか「宗教的なもの」に触れるであろう。それは人の能力の限界を思い起こさせ、人の傲慢を戒める。近代主義や技術万能が限界まできた今日、「霊性」を改めて思いかえすことも無意味ではないだろう。

正論のススメ

原発事故の意味するもの

産経新聞
2011年6月20日

想定外かどうかはともかく、今回の大地震が原発事故を誘発したことは深刻な事態である。この問題はさしあたっては脱原発かそれとも原発推進かという二者択一で論じられているが、どうやら議論は膠着《こうちゃく》に陥り、決定的な視点が見いだせない。そして、その決定不能な宙づり状況こそ今日のわれわれの姿である。

原発をどうするかは、むろん日本だけのことではなく、世界の主要国の共通の関心であり、その対応はそれぞれの国益や国情を反映している。中国やベトナムなど、いっそうの経済成長をめざす国は原発推進を表明し、アメリカも同様である。国内電力の8割を原発に依存するフランスもいち早く原発推進を打ち出した。

一方、ドイツ、スイス、イタリアは現状では脱原発路線を打ち出している。特にイタリアは国民投票で明確に脱原発が表現された。ドイツなどが今後どのように推移するかは不明だが、これらの国は、将来のグローバルな市場競争での成長を追求するよりもむしろゆるやかな経済への傾斜をめざしているように見える。もしも、日本が脱原発に向かうとすると、スイスを除いて先の戦争の敗戦国が脱原発ということになり、そこに何か心理的なものがあるのかもしれない。

しかし現状で日本は崩れゆく建屋の前にたたずんで呆然《ぼうぜん》としているようにみえる。じっさい、これは決定不能なのである。決断して選択するほかない。

どうしてわれわれは決定不能な状態に陥っているのか。それは、これが「価値」にかかわる選択であり、そして「価値」についての選択をわれわれは極力回避してきたからではなかろうか。

原発は近代技術の極致である。近代技術はどこかで人間の支配の領域を超えてしまう。近代技術をささえるものは専門科学であるが、専門科学は、つねに一定の仮定（想定）のもとで理論的な正解をだしてくる。その想定のもとで技術がつくられる。これは原発にせよ、ロケットにせよ、ITにせよ、遺伝子工学にせよ同じことだ。ところが、じっさいにはたいてい「想定外」のことがおきる。というよりむしろ近代技術そのものが「想定外」を生み出してしまうのである。

たとえば、3年ほど前にリーマン・ショックが起きたが、これなどまさしく「金融工学」という独特の技術が生み出したパニックといっても過言ではない。「金融工学」という「技術」は、ITや統計学や数学の技法を駆使して金融取引のリスクを管理できるとした。それは一定の統計上の想定のもとでは成り立つが、じっさいには、金融工学を使った取引そのものが金融市場を不安定にして「想定外」を生み出したのである。

そこでわれわれは一つの逆説に直面する。それは、近代技術はある「想定」をおかねば成立しないのだが、ほかならぬその技術そのものが「想定外」の事態を生み出してしまう、ということだ。

今回の原発もその面が強い。発端は予想を超えた巨大津波だが、その後の事態がどう進行するのかは「想定外」になってしまい、管理不能に陥ったのである。

こういう技術によってわれわれの生活が維持されていることをまずは知っておかねばならない。ITにせよ、遺伝子工学や生命技術にせよ、じっさい、いかなる「想定外」を生み出すかは不明といわねばならない。そして技術が高度化すればするほど、「想定外」が起きるリスクは高まるであろう。われわれはその途方もない危険を受け入れることで、今日の豊かさを作り上げてきた、というほかない。

しかし、ほんとうのところわれわれ日本人にそれだけの自覚があったのだろうか。あるいは、豊かさであれ、経済成長であれ、近代技術への確信であれ、ともかくもある「価値」を選択的に選び取ってきたのだろうか。私にはどうもそうとも思われない。

アメリカには強い科学技術への信仰や市場競争への信仰という「価値」がある。中国には、ともかくも大国化するという「価値」選択がある。ドイツにはどこかまだ自然主義的志向（あるいは「森」への志向）があるようにもみえる。では日本にあるのは何なのか。それがみえないのである。

戦後日本は、大きな意味では国家的なあるいは国民的な「価値」選択をほとんど放棄してきた。アメリカ並みに豊かになりたいという漠然たる期待はあったが、それも「価値」というほどのことでもない。だからこそ逆に「価値」選択の必要のない近代技術を受け入れ、もっぱら技術に依存した豊かさを追求したのである。そこにアメリカのような技術信仰があったわけでもなく、ただ、他国がそうしているから、アメリカがそうしているから、というだけのことであったろう。状況を読むつもりが状況に追従することになっていった。しかし、そのおかげで価値を問うという面倒なことを回避できたのである。

しかしもうそうはいかない。原発の将来は日本の将来の選択にかかってくるのである。脱原発は脱経済成長路線を意味するし、日本の国際競争力を落とす。そのことを覚悟しなければならない。一方、原発推進は、高いリスクを覚悟でグローバルな市場競争路線を維持することを意味する。グローバルな近代主義をいっそう徹底することである。いったいどちらを選ぶのか。どちらの将来像を選択するのか。われわれはただ原発そのものではなく、その将来像を「価値」選択しなければならないのである。

「菅現象」をめぐる困惑

産経新聞
2011年7月18日

何とも奇妙な、しかも居心地の悪い政治状況が続いている。中心にあるのは、「やめる、やめる詐欺」のような様相を呈している菅直人首相の「居座り」であるが、居心地のよい椅子に座りつづけている首相を見ている側は確かに居心地が悪い。皆が「なんであんたがそこに座っているの」という。首相の方は「オレにはやりたいことがあるからだ」という。いったい、この現象は何なのか。困惑の源泉は、何が問題の焦点なのかがもうひとつはっきりしないからである。

私は政治の世界とは、ほとんどまったく接点を持たないので、情報はすべて新聞・テレビ等マスメディアを通じてのものである。メディアによると、3・11（東日本大震災）以降の対応の不備、内閣の意思決定の不透明さ、官僚との間の不信感、さらには最近の原発政策をめぐる混乱など、まったくもって首相失格だという。その通りだろうと推測はつく。

しかし、菅おろしを唱えるマスメディアなどの論調もうひとつで、「首相は権力にしがみつくために、方針も信念もなく支持率の上がりそうなことを何でもする」と批判する。だが国民の求めることを実行するのならば、それこそが「国民のための政治」ということになるだろう。

ところがまた一方で、「首相は国民など無視しており、自分の地位や名誉にしか関心がない」とも批判される。だが政治主導というならある程度の独断は認めねばならないだろう。これではどちらが事態を正確に示しているのかよくわからない。

しかも、では菅首相にかわって誰が首相になればうまくいくのか、と問うても適切な名前はなかなか浮かんでこない。事実、マスメディアによるこの種の世論調査においてもてんでばらばらな候補名が出ては消える、といった状態なのだ。

おまけに、仮に自民党に政権が変わったとして、自民党が問題なく円滑に事態を処理していたとも考えにくい。本当なら、自民党は、大枠でよいが独自の復興構想やエネルギー政策を提示すべきであり、ただ「菅政権では復興は不可能だ」と訴えるだけでは、いかにもこころもとない。

一般論としては、海外メディアなど、ほとんどあいた口がふさがらないといった様子で、なぜこの大変な時期に政権交代や首相交代で大騒ぎをするのか、と疑問を投げかけるのももっともであろう。

にもかかわらず、これほど四面楚歌《そか》に立たされた首相はめずらしい。自党の敵対勢力との権力闘争はしばしばみられるが、幹事長から官房長官、官房副長官まで含めて側近からも事実上退陣を迫られている人物はかつてなかっただろう。

いったい、何が起こっているのだろうか。

実は、ここから推論できることは簡単で、問題は政策論ではなく人物論なのである。政策以前に、菅首相という人物にはほとんど人格上の問題がある、ということだ。私は菅氏がどのような人物かまったく知らないが、民主党も含め、政権を支えるはずの側近までがこぞって菅おろしに走るのは、この人が首相として不適格だからだと解釈するほかあるまい。

そうすれば、先ほどの、「菅氏は国民の喜ぶことを何でもする」という批判と「菅氏は国民のことなど何も考えていない」という一見したところ対立する批判も理解できる。「菅氏は国民のために政治をするのではなく、自己の権力のために国民を利用しているにすぎない」ということだ。

さて、このことは何を意味しているのか。これはただ菅氏という固有名詞を持った特定の政治家の問題ではない。もしも、菅氏がもっぱら権力に関心を持つ首相不適格者（その点で人格的な問題を持つ人物）だとすれば、そんなことは以前から民主党員にはわかっていたことではないのか。ひとたびは菅氏を支持した民主党員が、いまさら「首相にふさわしくない」などといえる柄ではあるまい。

しかし、もっといえば、これは「政治」というものの理解に関わる。民主党は、ことさら政策論議といい政策選択といってきた。国民は合理的に政策選択をせよ、と訴えてきた。しかし、実は、民主政治にあって国民が見るべきなのは「人物」なのである。選ぶべき基準の基本はまずは人物なのである。政策よりも、それを実現する人物をわれわれは見なければならない。私は、菅氏を知らずとも、それでも昔からあの笑顔や話し方に何か居心地の悪いものを感じていた。もっともこれは「個人的感じ」であって、だからどうというわけではないが。

民主政治の質は、結局のところは、われわれの「人を見る力」に依存するのである。だから、小沢（一郎元代表）、鳩山（由紀夫前首相）、菅のトロイカによって走り出した民主党をひとたびあれほど支持した人々は、いまさらこの三人が期待はずれだったなどと簡単にいえるものではあるまい。ただ、自らの「人を見る目」のなさを反省するほかあるまい。

政策は言葉で語られる。言葉は重要である。しかしまた、今日の政治舞台では言葉はあまりに軽々しく、便宜的でかつ耳当たりよく使われる。すると問題は、言葉を使う人物へと戻ってくるのであり、われわれの人物を見る目に帰着するだろう。民主政治の土台は、国民の「人を見る目」にあるといわねばならない。

利便性と換えられないもの

産経新聞
2011年8月16日

倉本聰の脚本によるテレビドラマ「北の国から」が制作されて30年になるという。昭和56年（1981年）に始まり平成14年（2002年）に終了した。30年を記念してかBSで再放送をしている。

先日、北海道に行く用事があり、富良野へ出向きがてら「北の国から」のロケ地を訪れてみた。この作品の舞台は、富良野といっても麓郷《ろくごう》という地区で、富良野の中心部からまだ車を30分ほど走らせなければならない。ふだん、入り組んで湿度の高い場所で生活している私などからすると、広大な畑と森に囲まれた大地の風景は別世界であり、確かに「自然」そのものといってよい。信号ひとつない道路を車で飛ばすと、その向こうには十勝岳や富良野岳がそびえている。

時代を画したこのドラマについてあれこれ解説する必要もないであろう。東京で妻と子供2人と平凡な生活をしていた男が、妻の不倫をきっかけに妻と別れ、2人の子供を連れて故郷の富良野に戻る。人里離れた森の中に丸太小屋をたてて3人で生活を始める、という設定だ。目の前に広がるのはただ畑と丘だけである。

倉本は、このドラマの意図を、都会生活に慣れた子供が自然のただなかにほうり込まれてどのように生きてゆくかという実験だ、と述べているが、じっさい、この地で小屋を建て、長期ロケを敢行し、子供の成長を20年間追い続けたわけで、ドラマ自体が壮大な実験であった。

純という男の子がこの地についてまず言ったのは次の言葉だった。「電気のないところでいったいどうやって生活するのですか」。答えて父親の五郎は言う。「日が暮れれば寝ればいいんですよ」と。日が出れば起きて畑を耕し、日が沈めば寝ればよい。食べ物は畑で作ればよい。それでいいではないか。それこそがわれわれの生活の原点ではなかったのか。

ドラマはこう問いかける。とはいえ、時代は80年代、日本経済は、おそらくは最後の、そしてもっとも虚栄に満ちた繁栄へ突き進んでいる時であった。都会の消費文化はこうこうと灯《とも》る明かりのもとにうんかのごとく人々を集めていた。

ところで、ドラマの何回目かに次のような場面があった。別れた妻の代理という弁護士が子供に会いに来る。田舎暮らしがいやで東京に戻りたい純の気持ちを知っている弁護士は、ホテルの一室に純を呼んで、サンドイッチをとり、それとなく東京へ来るように促す。純君は本当はこんな生活はいやなんでしょう、というわけだ。弁護士はホテルから純の母親に電話をし、話をさせようとする。一瞬、久しぶりのサンドイッチと電話に心を動かされた純は、しかし、電話にでることなく、一目散に部屋を飛び出してゆく。

この純の心理についてドラマでは何の説明もしていない。特に説明の必要もないであろう。この時、純には、どうして父親が東京を捨てて、これほどまでの不便な田舎にこなければならなかったのか、その理由がかすかにわかったのである。いかに不便でもそれに耐えなければならない何かがある、と思えたのであろう。

東京に象徴される都会の文明は、モノにあふれ、不夜城のごとく電気は町を照らし、利便性と自由を無限に提供しつづけている。しかし、その文明が見失った「何か」がある。その「何か」は、一流ホテルのゆったりした部屋でサンドイッチを腹いっぱい食べさせてもらっても、また、電話ですぐに母親とおしゃべりができても、決してそれと引き換えに失ってはならないものなのであった。

確かに、われわれは、田舎を捨て、森を捨て、畑を捨て、都会化することを欲望してきた。たとえ虚栄であっても、モノにあふれた生活と自由を追い求めてきた。「お日さんが昇れば起きて畑をたがやし、お日さんが沈めば寝ればいいじゃないか」というだけでは満足できないのである。たとえそれがわれわれの「原点」だとしても、その「原点」にいつまでもとどまることはできないのである。おそらくそれが人間というものなのであろう。そして、火をおこし、やがて電気を作り、原発を生み出し、今日、ほとんど無駄なまでに多量の電力を使って便利で快適な生活を享受している。

しかし、その文明化のなかで、一瞬、純の心をとらえたあの「何か」をわれわれが失ってしまったら、この都会的文明そのものがただの虚栄の市に過ぎなくなるであろう。その「何か」をわれわれは常に思い起こす必要があるのだろう。利便性や快適さとは引き換えられない「何か」である。

ところで皮肉なことに、「北の国から」から30年たって、この夏は全国的に電力が不足している。原発事故以来、電力供給が思うようにならない。東京の町は暗くなり、全国的に脱原発で電力消費の削減が唱えられている。

しかしだからといって誰も、あの麓郷《ろくごう》へ移住しようなどとは言わない。ロケ地も「五郎の最初の家」や「純の初恋の場所」などという観光スポットにちゃっかりと収まっているのである。かくいう私もその観光にあやかっているだけだ。文明化は必然であって、よいも悪いもない。ただ、富良野で電気のない生活をしなければ、純はあの大切な「何か」を一生思い知ることはなかっただろうことは、われわれも知っておくべきであろう。

正論のススメ

サンフランシスコ条約60年

産経新聞
2011年9月19日

1951年の9月8日にサンフランシスコで「日本国との平和条約」、通称サンフランシスコ条約が締結された。今年（2011年）はそれから60年である。にもかかわらず、このことを話題にしたメディアはほとんどなかった。何かというと何々周年の大好きな新聞や雑誌も特に特集を組むわけでもなく、改めてその意味を検証しようとするものもない。

もちろん実際の発効は1952年の4月28日なので、そちらの日付こそが記念的な意味を持つということかもしれないし、それはそれでよい。だが、そもそもサンフランシスコ条約などというものに対する関心が薄れてしまっているように思われるのだ。

9月8日でも4月28日でもよいが、どうしてこの日付に対して特権的な意味を与える必要があるのか。いうまでもなく、この条約によって日本はあの戦争に終止符を打ち、主権を回復したからである。「連合国は、日本国及びその領水に対する日本国民の完全な主権を承認する」（第一条b）とある。

ということは1945年9月2日のミズーリ号での停戦協定から1952年の4月28日までは、日本には少なくとも完全な主権はなかった、ということになる。もっとも、私には、

「完全な主権」と「完全でない主権」の区別はよくわからない。端的に「主権」でよいであろうと思うが、おそらくは、ＧＨＱによる占領時代に主権をいっさい剥奪したなどというわけにはいかなかったからであろう。しかも形式上、日本国政府は一貫して存続していた。

私は国際法には明るくないので、占領期のような国家構造をさして「完全でない主権国家」などという言い方が可能なのかどうかはよくわからない。だが、この事態が「主権国家」という観念からすれば異常事態であったことは間違いない。敗戦国が形式上は政府を維持しながら、しかも、その政府が占領軍に支配されていたのである。

占領政策の根拠となったポツダム宣言には次のようなことが記されている。軍国主義的勢力が取り除かれ、戦争遂行能力が破壊されたという確証が得られるまでは、連合国の指定すべき日本国領域内の諸地点は占拠される、というのである。繰り返すが、「連合国の指定すべき日本国領域内の諸地点は占拠される」と書かれている。

ところが、９月２日の「降伏文書」では次のようになっている。「天皇および日本政府の国家統治の権限は、本降伏条項を実施する為適当と認むる措置を執る連合国最高司令官の制限のもとにおかれる」。そして実は、この「制限のもとにおかれる」の「制限」は原文では“subject to”であり、通常は「従属する」という意を持つ。すなわち、日本の主権は事実上、連合国最高司令官に「従属する」。にもかかわらず、主権は「制限される」としたわけである。

むろんこれは翻訳の問題であろう。しかし、そこには一種の粉飾の意図があったとも思われる。そもそもポツダム宣言には、このような条項はみえない。日本の国内の諸地点を占拠する、とあるだけだ。それが「降伏文書」では、日本の主権はGHQに従属するとされている。

しかも、それを「制限される」と表現したのである。いかに敗戦後のドサクサとはいえ、主権性という国家にとってのもっとも枢要な問題をどうしてかくもずさんに処理したのか、あるいはそもそものようなことが可能だったのか、私にはよくわからない。もっといえば、敗戦直後には、「国体護持」として天皇制度の保持のみに焦点が合わされ、占領政策と主権性の帰属という難題には関心が向かわなかった、ということかもしれない。

しかし、これは奇妙に、確かに「不完全な主権性」とでもいうべきものを示している。形式上の主権は日本国政府に与えられ、GHQはそれをコントロールしているようにみえるものの、主権はせいぜい「制限」されているのである。少なくとも、日本からすればそれは「制限」されている。

しかし、アメリカからすれば、日本の主権はGHQに「従属」しているわけである。アメリカは日本を意のままに操れる、ということだ。事実上は、日本には主権性は帰属しないのである。

サンフランシスコ条約は、これが異常な事態であることを一応認めている。異常な事態なのは、形式上、1951年まではまだ交戦状態にあったからである。占領もいわば戦争の延長線上で行われた、ということだ。もっとも、交戦状態であるといえるためには、相手国に、不完全であれ、「主権」がなければならない。かくて、事実上、主権を奪いながら、あたかも主権性があるかのように装うという何とも奇妙な事態が生み出された。そして、サンフランシスコ条約によって、この奇妙な事態は解消した、というのである。

しかし本当にそうであろうか。サンフランシスコ条約と同時に日米安保条約が締結された。「日本の国内の諸地点」は依然としてアメリカに占拠されている。日本の防衛はアメリカの手に委ねられている。日本は独立国家であるものの、国防という主権の最高の発動を「制限」されていることになる。おまけに、日本側からみれば「制限」であるとしても、アメリカは、事実上日本はアメリカに「従属」している、と見なしているふしもある。となれば、いまだに日本は「不完全な主権国家」ということになるのではなかろうか。

正論のススメ

「首相の決断」について

産経新聞
2011年10月17日

しばしば首相に対して強力なリーダーシップや政治的決断力が期待される。支持率を見る限り、出だし好調であった野田佳彦首相もここへきて支持率を落としているが、その理由も、首相の決断力の欠落に起因するようである。前任者と異なって地味でパフォーマンスを避けるのは良いが、どうも安全運転で失点を最小にしようとする態度が物足りない、というわけだ。

確かに、政治の本領は決断にあると、例えば法学者であり政治思想家でもあるカール・シュミットも述べた。このことは正しいと私も思う。しかし、シュミットが述べたのは、一種の例外状態における決断であった。つまり、危機的な事態においてである。そして、危機的な事態においては民主主義はうまく機能しないのである。危機的な事態のさなかにあって、いちいち多様な意見を闘わせ、熟議を通して意見の集約を図るなどという悠長なことはやっておれないからだ。だから、シュミットが「政治の本質は決断にあり」といった裏側の意味は、民主主義では本当の政治はできない、ということであった。

今日の日本の状況が「危機」なのかどうかは私には即断できない。私自身は、少し長期にわたる文明の危機、もしくは歴史的な危機というものを考えている。しかし、多くのメディアやジャーナリズムは、めったにない危機的事態だと述べている。とすれば、首相に強力なリーダーシップを求め、強力な決断力を求めるなら、民主主義では危機を乗り切れない、というぐらいの論陣を張らなければならない。

ところが、そもそも、「国民が首相に求めるものは決断力である」などという世論調査や支持率調査を引き出してきて、世論を政治に反映させようなどという趣向そのものがいかにも民主主義なのだから、これではどうにもならないであろう。

しかも、民主党こそは民主主義の申し子であるのだから、その民主党の危機における強力な決断を期待する方が無理というものであろう。

もっとも事態は民主党に限らず自民党にしても同様というほかない。強力なリーダーシップと言いながら、「国民のための政治」などと言って「決断」を回避しているのは、民主、自民を問わず、今日の政党政治のほとんど必然の成りゆきなのである。考えてみれば、政党と世論の両者によって支持されなければ務まらないのが、今日の民主政治の下での首相というものである。とすれば、首相は党と世論の両者を説得しなければ決断などしようもない。

ところが、さしあたっての重要課題について、党も世論も真っ二つに分かれ、決定不能になっている。原発問題しかり、ＴＰＰ（環太平洋戦略的経済連携協定）問題しかり、財政問題しかり。これらの課題に関して、民主党も自民党も内部で分裂し、世論も見事に分裂している。

原発については、情緒的な脱原発論者は多いものの、現状の電力需要をみれば、容易に脱原発に踏み込むわけにはいかない。ＴＰＰについては、推進派と慎重派でほとんど接点の見いだせないほどの対立を示しており、そもそも、それぞれについても利害得失の推定も困難である。

財政問題も、かくも大きな災害時に、そもそも財政問題を持ち出すことについての見解がまったく二分されてしまうという様相である。

これでは、いくら蛮勇を持った首相が登場しても「決断」を下すのは難しい。ましてや民主主義を売り物にした政党の内閣であればほとんど期待する方が無理というものであろう。民主政治のもとで、政治的リーダーがそれなりに「決断」を下すことができるのは、潜在的にであれ、国民の間におおよその価値の共有があればこそなのである。

とすれば、今日の事態の困難さ、深刻さの本質がどこにあるかは明白であろう。原発にせよ、TPPにせよ、財政問題にせよ、それらの課題に対処すべき価値観が見失われている、ということなのだ。原発か脱原発か、TPP推進か反対か、財政再建が拡張か、といった問題は、もはや単なる利害得失だけでは決定できない。そもそも、それらの利害得失さえも容易には計測も推測もできないのである。

とすれば、それらに対処する価値はどこからでてくるのか。私には、それは日本についての将来のおおよその社会イメージしかないだろうと思う。長期的な社会の向かう方向である。原発か脱原発かは、長期的には日本のエネルギー政策や経済成長への期待と無関係ではない。TPPは、日本経済の輸出依存の度合いや食糧自給、すなわちグローバル化した世界における日本の産業構造や自給的安定性と無関係ではない。財政再建か財政拡張かも、ただ経済上の問題ではなく、将来へ向けた公共的インフラストラクチャーの形成と不可分で、それは将来の社会ビジョンのなかでしか議論できない。

将来の社会像について私なりの見方はあるが、それはともかくとして、いずれにせよ、ここで要請されているのは、日本をどのような国家として将来へ向けて構想するかという価値選択にほかならないのであり、その価値を提示することこそが、さしあたりの首相の「決断」というべきであろう。

ＴＰＰ交渉参加 なぜ危険か

産経新聞
2011年11月21日

この13日に野田佳彦首相が環太平洋戦略的経済連携協定（ＴＰＰ）交渉参加を表明した。「参加へ向けた交渉」ではなく「交渉へ向けた参加」という曖昧なもので、ＴＰＰ参加が決まるわけではなく、交渉次第では不参加はありうる、ということになっている。賛成派はいう。ＴＰＰの大きな意義は域内経済の自由化へむけたルール作りであるから、日本の国益を反映させるべくルール作りに参加すればよい。もし日本の国益に反すればＴＰＰに参加しなければよい。そもそも、交渉の舞台にさえ上らないのは不戦敗である、と。

形式論としてはその通りであろう。しかし、まさにＴＰＰとは政治的交渉なのである。日本にそれだけの政治的交渉力や戦略性があれば苦労はしない。１９８５年のプラザ合意あたりから始まって、１９９０年代の日米構造協議やいわゆる構造改革という流れのなかで、明らかに日本はアメリカ流の個人主義的で能力主義的で金融中心の資本主義に巻き込まれていった。それが日本の「国益」になっておればよいが、誰もそうは思わないであろう。この十数年の名目成長率がほぼゼロに近いという事態をみて日本の「国益」が増進したなどというわけにはいかない。

この十数年、日本は明らかに規制緩和を行い、市場を開放し、金融を自由化し、グローバル化をそれなりに推進してきた。つまり「国を開いてきた」のである。その「開国」の結果、日本は海外の安価な賃金と競争し、企業は工場を海外へ移転することとなった。それは日本にデフレ経済をもたらした。「開国」すなわち「グローバル化」がこの十数年のデフレ経済の唯一の要因ではないものの、その重要な背景をなしていることは間違いない。そして「開国政策」であった構造改革は決して日本経済を再生させなかったのである。

とすれば、いまだに、TPPで日本は「開国せよ」などという論議があるが、これはまったくもって悪質な宣伝というべきである。しかも、それが日本の交渉力を弱める。日本は決して国際経済で孤立しているわけでも国を閉ざしているわけでもない。すでに十分に開国している。問題はいかにして、どのように国を開くかにある。もっと正確にいえば、どこまで「開き」、どこを「閉じるか」が問題なのだ。それは政治的交渉力に依存する。

しかし、その場合に、「国を開くことは善」であり「日本は国を閉ざしている」などという前提から出発すれば、日本経済を全面的に自由化すべし、というアメリカの要求にどうやって対処するというのであろうか。これでは、最初から、「われわれは国を閉ざした変則国家です」といっているようなものである。もしこの状態で「国益」のためにTPP参加を断念するると宣言すれば、それは「日本はグローバル・スタンダードに従わない独善的国家だ」といっていることになる。この悪評をはねのけて、それでも「国益」のためにTPP不参加という決断を下すだけの政治力と信念があるとは思えない。とすれば、事実上「国益」などとは無関係に、全面自由化、市場開放、競争力強化といった名目でアメリカ主導のルール作りに巻き込まれてゆくことはほとんど目に見えているではないか。

実際には、「国益」というものは、それほど簡単には定義できない。賛成派も反対派も自派こそが「国益」を実現するというが、「国益」を測るのは難しい。「国益」を仮にGDPの増減という経済的効果で測るとしても、試算によって大きく見解が分かれるようで確定的なことはいえまい。そもそもルールがまだ決まっていないのだから、本当は試算などやりようがないのである。

私は、TPPの具体的な様相について詳しいわけではなく、その効果についても特に意見があるわけではない。ただこういう場合には「原則」に立ち返りたいと思う。そして、「原則」からすればTPPにはたいへんに大きな危惧を持たざるをえない。それはこうである。

経済活動は、いくつかの「生産要素」を使って「生産」を行い「生産物」を市場で配分してゆく。「生産要素」の代表は「労働」「資本」「土地・資源」であり、さらにそれらを機能させるための装置というべき「交通ネットワーク」「医療・教育」「食糧」「社会秩序・安全性」「人間関係・組織」も広義の生産要素である。

確かに、生産物は、多くの場合、市場の自由競争に委ねてもよい。しかし、生産要素は容易には市場化できないし、そうすべきではない。生産要素が不安定化すると、生産体系まで不安定化するからだ。だから、労働、資本、資源、食糧、医療、教育、交通、といったものはある程度規制され、決して市場の自由取引に委ねるべきものではない。それはわれわれの社会生活の安定性と深くかかわっているのである。

ところで、今回のＴＰＰで問題となるのは、まさにこの「生産要素」の市場化と言ってよい。労働、投資・金融、農業、医療、公共事業（政府調達）といった争点はすべて「生産要素」に関わり、それは容易に自由化すべきではない。これが「原則」だと思う。ところが今日のアメリカ型の経済は、生産要素も生産物も区別しない。市場経済も社会生活も重なり合っている。すべてが自由競争原理でよいと見なしている。ここに、経済観の大きな違いがある。私には、人間の社会生活に密接に関連した生産要素や公共的資産を自由な市場取引から保護することは、決して「特異」で「閉鎖的」な経済観とは思われない。それを「国を開くか、閉ざすかの選択だ」などというレトリックでごまかすわけにはいかない。

いかに国益を増進するか

産経新聞
2011年12月19日

1日付の本紙「正論」欄に竹中平蔵氏がTPP（環太平洋戦略的経済連携協定）賛成論を展開し、その中で次のように述べておられる。TPPへの交渉参加は当然であり日本にはそれ以外の選択はないとした後で「自由貿易が国民全体に大きな利益をもたらすことはアダム・スミスの『国富論』以来、世界が経験してきた共有の理解だ。日本自身これまで自由貿易で最も大きな利益を得てきた国の一つといえる」と。このたった数行の短い文章を読んで多くの人は腑《ふ》に落ちるのだろうか。私はたちどころに4カ所も引っかかってしまう。随分と乱暴な議論だと思う。

第一に、「自由貿易が国民全体に大きな利益をもたらす」という命題。これがほぼ机上の空論であることはいまさら言うまでもなかろう。まず、現代のあまりに金融経済が肥大し、技術移転が容易になったグローバル経済と自由貿易体制とは大きく異なっている。しかも、それが「国民全体」の利益になる、などという理屈はどこからもでてこない。そもそも「国民全体の利益」とは何なのだろうか。

第二に、この命題はアダム・スミスが述べたかのように書かれている。しかしこれも決して正しくはない。『国富論』を少しでも注意深く読めば、スミスが決して単純な自由貿易論者ではないことはすぐわかる。スミスは当時のいわば金融グローバル化政策というべき重商主義に反対したのだった。彼は、自由貿易にすれば、投資家はまずは国内の安全な産業に投資をするので国内産業が活発化する、といったのだ。

第三に、「（これは）世界が経験してきた共有の理解だ」という。あれこれ述べる必要もなかろう。自由貿易が世界共有の理解だ、などということはありえない。中国はどうなのか、ロシアやインド、ブラジルはどうなのか、アラブはどうかなどという疑問はさておいても、先進国でさえも、イデオロギーはともかく実際には決して自由貿易を共通了解にしているわけではない。もし暗黙の共通了解があるとすれば、それは、広義の自由経済の枠組みを守りつついかにして戦略的に国益を増進するか、という点だけである。

もしもそれが「世界の共通の了解」になっているのならば、どうしてＷＴＯ（世界貿易機関）がうまくいかないのか。ＷＴＯがうまくいかなかったからこそ、ＦＴＡ（自由貿易協定）や今回のような地域的経済連携がでてきたのではないか。

しかも、ＴＰＰは決してグローバルな自由貿易ではなく一種のブロック経済である。だからこそ推進派のかなりの人が、中国を政治的・経済的に封じ込めるべきだ、という。竹中氏自身は封じ込め説ではないようだが、それでもＴＰＰの基礎に日米同盟があると書いておられる。つまりＴＰＰとは政治的・経済的ブロックだと言っているのである。

第四に、「日本はこれまで自由貿易で大きな利益を得てきた」という命題。これも決して無条件に正しいわけではない。日本が閉鎖経済でもなく社会主義でもなく、広い意味で自由経済圏にあり、そこに戦後日本の経済発展の基盤があったことは事実であり、そんなことを否定する者はいない。

自由経済圏にあることと、徹底した自由貿易や自由競争をすることとは違っている。両者をあまりに安易に重ねてはならない。

しかも、もしも日本がこれまで開かれた自由貿易によって利益を得てきた、というのなら、この十数年の構造改革やグローバリズム論はいったい何だったのだろうか。この十数年、「改革論者」は、ひたすら日本は閉鎖的で官僚主導的で集団主義的で真の自由競争をしていない、グローバル化していない、と批判してきたのではなかったか。だとすれば、戦後の日本の経済発展は、自由競争やグローバル化を制限していたがゆえの成果だといわねばならないことになるはずだ。実際、１９８０年代末には、「日本の奇跡」の理由は、その集団主義や官僚主導経済に求められたのであった。

竹中論文の趣意は「ＴＰＰが国民皆保険を崩す」という議論への反論なので、上に述べたことはいわば「枕」である。とはいえ、この「枕」に書かれていることは、ＴＰＰ推進派の典型的な論拠なのである。別に竹中氏に限ったことではない。

私はいま竹中氏を批判しようというのでもないし、ＴＰＰ反対論を唱えようというわけでもない。この点は前回のこの欄に書いた。ただ問題は、ＴＰＰ推進論の背後に上のようなきわめて雑な自由貿易論がある、ということが気になるのである。いわば、「開国イデオロギー」というようなもので、それは次のように述べる。「世界中で自由貿易やグローバリズムが受け入れられている。日本だけが遅れている。もはや選択肢はありえない」と。

竹中氏は同論文で次のようにも書いている。「内閣府の試算でも、参加が日本経済にとって全体としてプラスに働くことが明らかになっている。国民の大多数がＴＰＰに賛成し、大新聞の社説のほぼすべて参加に賛成…こうした状況下で交渉に参加しないといった選択肢はあり得なかった」と。

これもあまりに乱暴な議論だ。参加が日本経済にマイナスを及ぼすという試算もある。それに、これからルールについて交渉するというのだ。まだルールができていないのにどうやって確かな算定ができるというのだろう。また、世論調査では国民の半分近くがＴＰＰ慎重論である。大新聞の社説などというものが何なのであろうか。これも竹中氏に限った話ではない。この種の議論が横行しているのだ。このようなあまりに粗雑な議論こそが、賛否どちらであれ、ＴＰＰについてのまともな論議をさまたげているのである。

「将来」を見据えよ

産経新聞
2012年1月16日

「未来」は、読んで字のごとく「未だ来ざる」ものである。だから「未来」など予想すべくもないのであって、それについて論じることなど意味はない、ということにもなろう。

昨年（2011年）の年初にいったい誰があの東日本大震災を予測できたであろう。大地震を想定して一年の計をたてることなどまったく不可能であった。

しかし「未来」のことをまた「将来」ともいう。「将来」といえば「将《まさ》に来たらんとする」ものであって、それについては想定しておかねばならない。将にわれわれの前に来たらんとするものとしての時間を、いまここに取り込んでおかなければならない。

「未来」というバクゼンたる時間を「将来」と見なさなければならない、と言ったのは（むろんドイツ語でではあるが）哲学者のハイデッガーであった。「未来」といえば、そんなものはどうせわかりはしない、といって思考の外にほうり出す。しかし「将来」といえば、それは次の瞬間には差し迫った現実となるのである。

巨大地震という自然災害が昨年の年初の時点でまったく想定外であったことは致し方ない。しかし、今この時点で、もうひとつの「危機」については思考の枠外だなどというわけにはいかない。

それは、グローバルな経済危機である。

現在ＥＵを襲っている経済危機は、このままでいけば相当に深刻な事態となるだろうし、それはもはやＥＵだけの問題ではなく、アメリカ、中国へと波及し、結局のところ世界経済全体を奈落の底に落としかねない。少なくともかなりの可能性として、この新たなグローバル恐慌を想定しておかなければならない。

「新たな恐慌」といったのは、２００８年のリーマン・ショックによる世界経済のクラッシュに続いて、という意味であるが、実際には、これは一続きのものだ。リーマン・ショックがまだ終わっていない、というべきであり、もっといえば、「リーマン・ショック的なもの」が、世界経済のなかで常態化してしまった、ということにもなろう。

リーマン・ショックは、グローバルな金融市場へと流れこんできた過剰資本が金融・不動産バブルを引きおこしたことから始まった。バブルの崩壊は金融機関に膨大な不良債権を生み出し、景気を一気に悪化させる。景気回復をはかる政府は、財政政策に頼るほかない。しかしそれは巨額の財政赤字を生み出す。

だがいつまでも財政赤字を続けるわけにはいかない。そこでまた超金融緩和政策を行うこととなる。こうしてふたたびグローバル金融市場へ過剰な資金が供給される。

そこで、この過剰資本は、次には、巨額な財政赤字をかかえた国債市場へも流入する。かくて従来は安定資産とされてきた国債さえもが投機の対象とされてゆく。当然ながら、巨額な財政赤字の国がねらわれる。つまり、「国の信用」が投機資本によって翻弄される。

これが、リーマン・ショックからギリシャ・ショックへ、さらにはEUショックへという流れだ。

その意味では、今日のEUショックはリーマン・ショックの延長線上にあるといってよいが、深刻さの度合いにおいてははるかにそれをしのいでいる。

リーマン・ショックの場合には、それでもまだ財政発動ができた。また、中国経済が世界経済を牽引《けんいん》できた。しかし、今回はそれも不可能である。EUショックがグローバルなレベルで深刻な景気の悪化をもたらしたとしても、もはや巨額な財政出動は難しい。中国経済にも期待をかけるわけにはいかない。アメリカもきわめて深刻な事態に陥るであろう。こうなると、ほんとうにグローバル恐慌が生じたときに、それを救う「ラスト・リゾート（最後の受け止め手）」は存在しないのだ。

こうして、今日の世界では「景気回復」「財政健全化」「バブル経済の回避」という三つの要請を両立させることができなくなっている。いわば「トリレンマ」に陥っている。この「トリレンマ」を避ける政策手段は見当たらない。

確かに、問題を処理するような適切な政策は存在しない。しかし、だからといってこの「しのびよる危機」から目をそむけるわけにはいかない。少なくとも、われわれが「将に来るべき」危機に直面していることは知っておかなければならない。この危機は、地震と同様、いつどのような規模で生じるかは別として、ほぼ必然にやってくるものだからである。それは「未来」の事柄ではなく「将来」の事態なのだ。

世界経済の不安定化を招いたものは、せんじつめるところ、グローバルな金融市場のなかで異形なものへと膨らんでしまった投機的資本である。つまり、グローバリズム、金融中心経済への移行、ＩＴ革命という、この二十数年におよぶ成長政策がそれを生み出してしまった。政策当局（政府や中央銀行）は、みずからが生み出した怪物によって自らの手足を縛りつけられてしまったのである。

これはたいへんに皮肉な事態であり、しかも深刻な状態というほかない。もしこの深刻さを認識するとすれば、なすべきことは、グローバリズムから距離をおき、投機的な金融への規制をかけ、自由化路線を転換することである。それはたいへんに難しいことだとしても、「将来」の危機に備えるには、その方向しかないであろう。

「維新の会ブーム」の危うさ

産経新聞
2012年2月20日

大阪維新の会が国政に打って出ようとしている。維新塾にも3000人以上の応募者が殺到し、来るべき総選挙には300人の候補者をたてる、とも言われている。まさしく「維新の会」ブームであり、今後の政治の焦点になる。このブームが続けば、次回の総選挙では自民、民主ともに過半数を取れず、大躍進の維新の会との連立のあげく、事実上、維新の会の政策を丸のみなどという事態も十分に考えられる。

国政に参加する場合の公約である「維新八策」として、首相公選、参議院の廃止、道州制の導入、脱原発、TPP参加などを唱えており、上のような事態になれば、刷新といえば刷新であるが、大混乱といえば大混乱になりかねない。

確かに今日の日本を覆う閉塞感《へいそく》と、自民、民主の「二大政党政治」への強い失望を前提にすれば、ともかくも行動力が売り物の維新の会への高い期待もわからないではない。既成のシステムへの攻撃や破壊的なエネルギーが「何か」を期待させることも事実である。

しかし、それは「何」であろうか。何を期待させるのであろうか。その「何か」は私にはよくわからない。よくわからない以上、私は維新の会には大きな危惧の念を抱かざるを得ない。

それは原則的なものである。

維新の会の政策は、脱原発のように昨年（２０１１年）の事態を受けたものは別として、基本的には１９９０年代以来の「改革論」の延長線上にある。いや、それをもっと徹底したものである。経済的にはグローバル化、市場競争主義、短期的な成果主義、能力主義という新自由主義路線への傾斜であり、政治的には、脱官僚化、強力な政治的リーダーシップ、地方分権、財政再建であり、これらは、この十数年の「改革論」そのものである。首相公選なども議論として目新しいものではない。

したがって、「構造改革」であれ「政治改革」であれ「行政改革」であれ、「改革論」を支持したものは維新の会に反対する理由がない。しかも、90年代から２０００年代へかけて、実は自民党も、これに対立する民主党も基本的に「改革派」であった。いや、正面から「改革」への警戒など説いた政治勢力などほんのわずかしかなかった。

だから話はこうなる。今日の日本の閉塞感は、自民にせよ民主にせよ、「改革」が十分に達成されなかった点にある。かくて、既成政党にはない斬新なエネルギーを持った平成の坂本龍馬たちならば一気に「改革」を実現できる、というわけだ。

しかし考えていただきたい。この十数年の「改革」は何をもたらしたのだろうか。グローバル化のおかげで、日本経済は米中の景気に大きく左右され、国際金融市場や商品市場での資本の投機に翻弄され、個人主義的な市場競争化のおかげで地域格差や所得格差が開き、雇用の不安定をもたらした。

そして、政治改革は、確かに小選挙区によって二大政党制を生み、マニフェスト選挙を可能とした。それで政治はどうなったのか。この帰結が民主党政治であった。政治そのものが著しく不安定化し、マニフェストはほとんど無意味であることが判明した。

二大政党政治は、選挙のたびに移り変わる民意を反映して衆参のねじれを生み出した。そもそも民主党の失敗の最大の原因は、脱官僚主義、政治主導にあり、いってみれば、にわか作りの素人集団による政治の貧困ということに落ちついたのではなかったろうか。

維新の会への期待は素人集団による、あるいはそれゆえの爆発力への期待である。それは未知であるがゆえの期待である。ここで「素人」というのは別に政策論がないという意味ではない。従来の政党政治においては、党内実績や地元との交流、人間相互の信頼関係の醸成、官僚との調整など時間をかけた積み上げが必要とみなされていた。このプロセスをすべて省略して政治主導による合理的解法を見いだせるとする政治をここでは「素人政治」というのである。

しかし、これは言いがかりではない。もしも維新の会が本当に「何か」を成し遂げて日本を動かせばそれは結構なことである。維新の会に私は何の恨みもない。だが私が気になるのは、この十数年の「改革」が何をもたらしたのか、そのことを少し踏まえれば、この急進的改革派に対して強い警戒が先立つのが当然ではないのか、ということだ。さもなければ、この数年の、雇用不安、金融不安、地域の不安、医療などの不安などはいったい何だったのか。民主党の失敗は何だったというのか。ただの錯覚だったというのだろうか。

結局のところ、十数年にわたる「改革」についての功罪がいまだに整理されていないのだ。

すべてがうやむやに進行していくのである。グローバル化の功罪、金融自由化の功罪、日本的経営の崩壊の意味、二大政党政治の功罪、小選挙区制やマニフェストの問題、これらの問題を、自民も民主も整理できていない。むろん、マスメディアやジャーナリズムとて同様である。

この間隙《かんげき》をついて、明治の「革命」を想起させるような「維新革命」が「民意」をえる。フランス革命において、ジャコバン派が一気に勢力を拡張したのは、あらゆる党派が権力抗争に消耗しているときに、権力の空白を縫って、ただ「民衆の友」というスローガンを掲げたジャコバン派に誰もが反対できなくなったからだ、といわれている。むろん、時代も状況も違うがそうなってからでは遅いのだ。

大きな議論消えたこの1年

産経新聞
2012年3月19日

日本人の特質を「縮み志向」と言った人がいる。たとえば住所表記もそうであるが、東京都云々《うんぬん》という大きなところから始まり、渋谷区…町というようにだんだんと小さくなってゆく。徐々にスケールダウンし、細かくなってゆく。

もちろん住所の場合とはまったく違うが、震災後のこの1年を見ていると、ここでも「縮み志向」ならぬ「縮み思考」が大いに発揮されている。

昨年（2011年）の3・11の後には、日本社会の大きな転機であるとか、近代文明の転換である、といった議論が一気に噴き出した。経済成長に邁進《まいしん》し地方を切り捨ててきた戦後日本の発展路線に対する批判もでてきた。「戦後は終わった」という人もいた。

確かにこれらは大きな打ち上げ花火のようなところがあり、ズドンと一発打ち上げられれば、それでお役御免というところがないわけでもない。具体的な段階になればなるほど、いつまでも大きな打ち上げ花火ばかりやってはおれまい。

しかし、それにしても、1年たって昨今の論議や風潮を見てみると、「日本」にとってあの巨大地震の意味はどこにあったのだろうという気がしてくる。この2、3カ月でいえば、中央政治やマスコミ・世論の関心は、ほとんど、消費税増税問題、公務員給与や人員の削減、税・福祉一体改革、そしてＴＰＰ（環太平洋戦略的経済連携協定）交渉参加問題、ついでに衆議院解散へ向けた政局作りに終始している。

災後の復興の論議は財政論議へと向かい、財政論議は財源へと推移し、財源論議はまたまた行政の無駄の削減や増税論といったレベルへと移行している。ＴＰＰを別にすれば、ほとんど財政削減と行政改革についての、つまり「カネ」と「人」の無駄という台所事情へ収束してしまった。

これらの論議が無意味で不必要なわけではない。何をするにも「カネ」は必要であり、最後は「カネ」の話になる、というのもわからないではない。

だがそれにしても、1年前の、あの「緊迫感」はどうなってしまったのだろうか。この未曽有の「国民的災禍」を転機として次の時代を切り開く、といったような「大きな論議」はほとんどしぼんでしまった。復興がらみでいえば、そもそも「復興会議」の提案はその後どうなったのだろうか。具体的な東北復興（「創造的復興」などといわれた）はどのような方向に動いているのだろうか。今頃になって、野田佳彦首相が巨大ながれきの山を諸自治体で引き受けてほしいなどといっている。そして原発は再稼働するのかどうなのか。これもほとんど方針が定まらない。

もちろん、復興などと口ではいうが、被災者にとってはまずは生活の確保が先決であり、「がれきの山」などとあたかもやっかいな粗大ごみのような言い方自体がたまらないであろう。

確かに、時間をかけて少しずつ問題を片づけてゆくほかなかろう。

だがそれでもいくつか無視しえない事柄はある。あの巨大地震によって、われわれの思考を大きく変えなければならなくなったことは事実なのだ。

第一に、ともかくも「復興」を優先しなければならない。とすれば、増税や歳出削減よりも前に、ある程度の規模の復興対策としての財政出動や公共投資は不可欠である。財政健全化はいずれ政治課題になるとしても、東北復興と福島の除染や原発処理をどのような形で実現するかの論議が優先されるべき課題である。

第二に、「災後」などという人もいるが、実際には「災後」どころか、「災中」と見ておかねばならない。仮に地震学者の見解を信じるなら、今後、日本各地で巨大地震が想定されている。東京大地震も予測されている。したがって、「防災」こそが緊急の課題であって、これにはもう時間をかけている暇はない。首都機能分散も当然ありうる。むろん具体的方策をすぐさま提示することは困難であろうが、目立った議論もないのはどうしたことか。

第三に、原発を含めてエネルギー政策をどのようにするのか。原発についてはほとんど判断停止のように見受けられる。世論の過半は反対であり、経済界は推進派である。私は、短期的には安全性の高い原発はすみやかに再稼働すべきであり、長期的には経済成長の予測とエネルギー自給と分散の観点を考慮しつつ徐々に減原発にもってゆくのがよいと思うが、いずれにせよ、これはある程度長期的な日本社会のビジョンと不可分であろう。

第四に、この地震は、日本が先進国のなかでもかなり特異な立地条件のもとにあることを示した。日本の優先課題は「効率性の追求」というより、まずは「安全性の確保」であり、偶発的な事態に対する経済社会の「強靭性《きょうじん》（弾力性）の確保」であることが判明したはずである。過度な市場競争よりも、地域社会の安定や社会的インフラストラクチャーの確保こそが優先されるべきなのである。これは従来の「市場原理主義」とは異なる方向なのだ。

いくつか列挙したが、これらは昨年の大地震から得られる当然の教訓であり、当然の方向転換である。せめてこの程度の「大きな論議」がなければわれわれはいつまでたっても前へは進むことができないだろう。

サンフランシスコ条約60年（続）

産経新聞
2012年4月16日

この28日でサンフランシスコ講和条約が発効して60年になる。この条約が締結されたのは1951年の9月8日であった。昨年（2011年）の9月8日は締結60年で、マスコミやジャーナリズムでも多少の特集など組まれるかと思っていたのだが、実際にはまったくその種の動きはなかった。

さすがに今年（2012年）は発効60年で、多少の議論や検証はでてくるのではないかと思うが、それにしても、60年もたてば、あらゆる出来事が歴史という巨大な収納庫のなかへしまいこまれてしまうものなのであろうか。

サンフランシスコ条約は決して過ぎ去った歴史的事実というものではない。まさしく今日のわれわれがその上に生を組み立てている礎石となっているからである。サンフランシスコ条約の上にわれわれは戦後日本という国を構築してきたのである。

同条約には、これを期して日本は「完全な主権を回復する」と述べられている。「完全な主権」が何を意味するのかはもうひとつよくわからないのだが、いずれにせよ、占領統治された国家という変則的な状態はここに終了し、日本は主権国家となって国際社会に復帰したわけである。英米などとの戦争はここで正式に終わったわけである。

確かに60年前の4月28日をもって日本は主権を回復した。だがそれは本当に主権の回復だったのだろうか。いうまでもなく同条約と同時に日米安全保障条約が締結された。同条約は、アメリカによる日本の防衛は「暫定的措置」だとし、日本自身が「自国の防衛のため漸進的に自ら責任を負うことを期待する」と記している。

ここでアメリカは、日米安保体制が暫定的なものであり、いずれ日本は自主防衛という「本来の姿」へと戻るべきことを明記しているのだ。

もちろん、日本の自主防衛への最大の障害は憲法そのものであった。だから、もし自主防衛という「本来の姿」への回帰を果たすとなるとどうしても憲法改正が必要となる。そしてアメリカも、サンフランシスコ条約締結にあわせて日本が憲法改正へ向けて動くことを期待していたようでもある。

だが吉田茂首相は憲法改正論を一蹴した。平和憲法とアメリカによる防衛体制のもとで経済発展を実現することこそが国益だと考えた。もちろんそれが国家としては「半人前国家」であることを吉田はよく知った上での決断であった。歴史に「もしも」は禁句だといわれるが、あえて「もしも」といえば、この時に吉田首相が憲法論議を提起していたらどうなっていたのであろう。

サンフランシスコ条約締結以前の占領状態は、公式的にいえば、いまだ戦争継続中なのであり、広義の戦争状態における占領である。日本には主権はない。したがって、「本来」の意味でいえば、あの憲法は無効である。憲法制定とは、主権の最高度の発動以外の何ものでもないからだ。

「もしも」このような認識があれば、主権回復と同時に新憲法制定へ着手するのが「本来」の姿であった。いいかえれば、占領期間に制定された憲法や教育基本法など、「国のかたち」にかかわる基本構造をそのまま受け入れた戦後が改めてここに始まったのだ。

これが、サンフランシスコ条約における「完全な主権の回復」である。形の上では日本は主権国家となり、実体の上では「不完全主権国家」となった。同条約によって、日本は確かに国際社会に復帰したのである。だがそれはまたアメリカへの新たなる従属でもあった。それは、占領政策のように、アメリカによる目に見える統治ではないものの、アメリカの圧倒的な影響力の圏域にとどめ置かれる、というような種類のものであった。

しかもわれわれ日本人の大半は、この従属を、やむをえない暫定措置だと思うどころか、自発的に意図し、積極的によしとしたのである。ある人たちは、この従属に「利」がある、とみなした。ある人たちは、この従属を、日本の国際社会への名誉ある復帰とみなすことにした。

そしてあれから60年もたてば、誰もサンフランシスコ条約こそが、戦後日本の矛盾の源泉だなどとは思わない。それは、戦後日本の経済発展の礎石であり、「第二の開国」などといわれたりするように、平和国家日本の世界への船出だとみなされるようになった。

戦後日本には大きな矛盾がある。それは、日本の安全保障上の、あるいは経済上の「利」は、実は、アメリカへの目に見えない従属によってもたらされたのであり、戦後日本の世界における「名誉ある地位」なるものは、「半人前国家」であるがゆえのものだ、ということだ。

端的にいえば、戦後日本の繁栄であり発展であるとされるもの、すなわち日本が得た「利」は、実は、「完全な主権」をいまだに回復していないがゆえに可能だったということになる。そして60年たって、今日、実は戦後日本の繁栄や発展など、どうにも底の浅いものであったことが暴露されてきている。経済成長も平和主義も、どうやら本当にはわれわれの支えにはならなかったことがわかってきた。サンフランシスコ条約は決して過ぎ去った歴史的出来事というわけにはいかないのである。

他人事でないEU危機

産経新聞
2012年5月21日

１９８９年にベルリンの壁が崩壊し、東西ドイツの統合が実現し、ヨーロッパの冷戦が終わったとき、日本ではほとんど「自由」と「民主主義」の勝利を歓迎するという論調一色だったと聞いていた。「聞いていた」というのは、当時、私はちょうどイギリスに滞在していたからだ。そのイギリスでも西側の勝利大歓迎に違いはないのであるが、いささか印象に残ったのは、サッチャー首相が、これを歓迎するとしながらも、同時にある強い懸念を表明していたことだった。それは、東西ドイツの統合によって、ヨーロッパの中心部に、またあの強力なドイツが誕生し、ヨーロッパの勢力バランスが崩れるのではないか、という懸念であった。

こういう視点は日本ではなかなか実感しづらいものではないかと思う。しかし、当時、ヨーロッパの首脳たちがもっとも関心を持っていたことは強力なドイツの誕生であった。

この懸念をもっとも強く持っていたのがフランスであり、結局、フランス・ドイツが中心になってEUが誕生する。ドイツをEUという大きな枠のなかに縛りこむというわけである。92年のマーストリヒト条約でEUへの動きがかくもスピーディーに加速するなどとは2年前には誰も予想していなかっただろう。それだけ、フランスをはじめとするヨーロッパ諸国のドイツに対する警戒感が強かったのである。

市場統合は確かに戦後の石炭・鉄鋼共同体以来の宿願だったとしても、市場統合で経済を一体化すれば、政治的な敵対もなくなるであろうというのがヨーロッパ統合の趣旨である。要は、国家間の対立を未然に防ぎ、戦争を回避するのがヨーロッパ統合であった。

ところがそのＥＵが昨年（２０１１年）来たいへんな事態になっている。ギリシャ危機は一時は回避されたかに見えたが、結局、事態は深刻化している。議会は調整がつかず再選挙が行われるというが、どうころんでもうまい解決策は見当たらない。徹底した緊縮財政案を受け入れなければ公的機関からの援助は得られない。しかしそうすると経済状況は悪化し、賃金は低下し、民衆の不満は高まる。一方で財政拡張すればドイツ・フランスからの援助が打ち切られる可能性もあり、ＥＵからの離脱という事態も想定される。

しかもそれはただギリシャだけの話ではないところにＥＵ問題の深刻さがあり、イタリア、スペイン、ポルトガルなどが同じ運命をたどらないともかぎらないのである。

それだけではない。事態はＥＵの心臓部であるフランスまで及んでいるのであって、それが先頃の選挙にも示されたのだった。

緊縮財政を掲げてドイツとともにＥＵの枠組みをあくまでまもろうというサルコジに対して、国内の雇用確保、景気回復のためには財政拡張も辞さないというオランドを国民は支持した。しかも、実際には、ＥＵ反対派で国内政策優先の極右と極左が大きく票を伸ばしたのであり、明らかにＥＵ路線への反発が急速に拡大している。

どうしてこういうことになったのだろうか。

もちろん、ギリシャの特殊事情とか、ヘッジファンドの動向などがあるにせよ、基本的な構造は次のようなことだ。

市場統合、特に金融市場の統合によって資本の国境を越えた動きが著しく、各国の国債も国境を越えてＥＵ内で消化されている。ところが政治的な主導は各国にあり、それゆえ、各国政府は自国の経済の安定や雇用の確保に対して責任を負うことになる。ところが、金融市場が統合されているために、各国政府が採りうる手段は財政政策しかない。そこで財政拡張をすれば、今度は財政赤字が膨らむ。国債発行で財政資金を確保しようとすれば、ＥＵ全体に広がった国債市場が投機資本にねらわれる。かくて、緊縮財政へと戻ってくる。するとますます国内の不満が高まり、それは政治を不安定化してしまう。

簡単にいえば、金融市場での資本の自由な移動と、財政健全化と、国内経済の景気回復という三つのことがらが並び立たないのだ。

しかし、実はこれは最初からわかっていたことであった。ＥＵは市場統合を行った。またＥＵには各国への財政上の縛りがある。とすれば、ＥＵ全体が成長しない限り、国内経済の景気の維持は難しいのである。政策手段が縛られてしまっている。つまり、経済統合をやりながら、政治的主権は各国にあり、各国は国民生活に責任を持つというＥＵ方式に無理があった。

成長力が落ちてくるとたちまちこの矛盾が噴き出してくるのである。確かに経済上の「自由化」は進んだ。ギリシャも旧東ヨーロッパも「自由経済」になった。しかし、そのために生じる問題が大衆の不満やいらだちを引き起こし、それが「民主政治」を著しく不安定にしてしまうのである。

しかも考えてみれば、これは実はＥＵだけのことではない。世界全体で同じ構造ができつつある。今日の世界では、金融市場はグローバルに統合しており、しかし政治的主権は各国にあり、それぞれの政府は自国の雇用と景気に責任を持たなければならない。採りうる手段は財政政策だが、それをするとグローバルな投機資本に狙われる。こうしたジレンマのなかで大衆の不満が政治を著しく不安定化してしまうのだ。日本でも同様の事態へと移行しつつあるのであって、ＥＵ危機は決してユーラシア大陸の反対側の出来事ではない。むしろそれこそが今日の世界の縮図であることを知っておかねばならない。

政治は何をするものなのか

産経新聞
2012年6月18日

もともと私は「政治」に対する関心の薄い人間である。性癖としていえば「政治」には近づきたくない、という方である。だから、いわゆる永田町情報などというものにはまったくうとく、国会で審議されている事項についても、常日頃、それほど関心を持っているわけではない。要するに、民主的な政治の「主権者」としての自覚もなければ、その義務も果たしていないと告白するほかない。正直にいえば、物事を知悉《ちしつ》した政治家がそこそこ適切に事態を処理してくれて、特段の不都合が降りかかってこなければそれでよい、というわけである。

かくのごとき、どうみても民主国家の市民として落第だと思うのだが、その割には、たとえばこのコラムもそうであるが、「政治」について書く機会が多い。われながら気恥ずかしくもなるのだが、それには理由はなくもなく、私の個人的性癖はともかくとして、政治にかかわる現象そのものはきわめて重要だと思っており、また関心をひくからである。

というのも、政治は、一方で「利」をめぐる駆け引き、取引、綱引きの連鎖であると同時に、他方で、意思決定の「正当性」をどこかで担保しなければならないからだ。「正当性」をめぐる言説や論議が不可欠であり、そこにどうしても「政治とは何か」という問いがたえず喚起されてくるからである。

この「政治とは何か」という問いを最初に発したのは古代ギリシャのプラトンやアリストテレスで、両者の間にはいくぶんかの相違はあるが、それでも彼らが共通に持っていた思いは、政治とは、何か善《よ》きものを実現するための共同の活動であり、そのためには、徳を持った善き市民が政治にあたらなければならない、という考えであった。

「善きもの」とは何かといっても定義は難しい。しかし、「善き国家」「善き生活」という何らかのイメージは人々のなかにもあり、それを明確に提示するのが、政治家であった。

今日いう「ポリティックス」も基本的にはギリシャの「ポリス」に発し、「ポリス」は人々が充実した善き生を実現するための共同体（都市国家）であった。ついでにいえば、「ポリティック＝思慮深い」も、また「ポリース＝警察」も関連語である。

しかし、今日の政治に人々が期待するものはもはや「善い生」や「善い国家」の実現なのではない。近代国家における政治は、何よりも国民の生活の確保、国の安全保障を旨とする。国民の生命、財産の安全確保、さらに生活保障、これが政治の第一義的な役割とみなされている。

どうしてこの転換が生じたのだろうか。それは、何を「善い」とみなすかは個々人の自由だとする自由主義（リベラリズム）が近代の原則になったからである。だから、「善い生」の中身は人によって違うし、それに「善い国家」のイメージも人によって違う。それを一つに集約することはできない、というのである。

こうして、政治は、国や人間の生についての理念も理想も語ることができなくなった。いや語るべきではなくなった。

　すると政治はどうなるのだろうか。国民生活に直接に関わる事項の調整をもっぱらにするほかない。つまり、政治はどんどん行政化してゆくだろう。確かに、政治はわれわれの生活に近づき、密着してくる。年金問題や福祉給付、子ども手当から公務員給与などへ、まさしく生活に密着した論点へと流れてゆく。

　より正確にいえば、社会の制度に関わる課題が、もっぱら身近な生活感覚において論じられるようになる。これは本来は、具体的な行政に属する問題なのである。しかし、身近な生活に関わる課題であれば、誰もがそれなりに利害に巻き込まれるので、結局、政治は、この利害調整に多大なエネルギーをとられることになるだろう。

　アメリカの「ネオコン」の思想的な源流として有名な政治哲学者のレオ・シュトラウスは、このような事態をさして、近代社会では政治のレベルは著しく引き下げられた、と述べた。近代ではもはや大きな構想をめぐって争ったり、理想的国家への接近を意図したりするという「大きな政治」は不可能になる、というのだ。政治は行政化し、逆に行政的なテーマが政治化してしまう。

　今回の消費税騒動も、問題がこれほどねじれたのは、将来の日本社会のありようについての「大きな構想」を出せないからである。あるいは、「善《よ》き社会」のイメージが確定できないからである。今後の少子高齢化のなかでいかなる社会を目指すのか、という構想が描けないから、消費税だけを取り出しても、本当は論議のしようがないのである。だから、一方では、素朴な生活感覚から反対がなされたり、小沢一郎元代表のように民主党のマニフェストにはなかった、などという反論がなされたりする。後は、税率や実施方法をめぐる細かい対立になる。

確かに個人の自由を原理とする近代社会は、シュトラウスのいうように「政治のレベル」を引き下げてしまった。「善き社会」のイメージを構想することは難しくなった。しかし、それがまったくなければまた、政治的な意思決定はささいな利害対立や利害調整に終始し、紛糾し、結局は政権構想なき政局へと陥ってしまうだろう。一度は、与野党が共同して、今後の日本社会の目指すべき大きな方向について、共通化できる了解点と対立点を描いてみてはどうなのであろうか。

正論のススメ

五輪という「はめはずし」

産経新聞
2012年7月16日

あと10日ほどでロンドン・オリンピックである。ロンドンでの開催は1908年、48年に続いて三度目となる。近年のオリンピックといえば前回の北京にせよ、少し前のシドニーにせよ、ソウルにせよ、また、次回のリオデジャネイロにせよ、新興国の国威発揚という面が強い。開会式など開催のたびに派手な演出へと傾き、特に4年前の北京の場合はアトラクションの見せ物と化した大仕掛けのものであった。その意味では、新興国ではあるまいし、いまさら派手なパフォーマンスも国威発揚とも無縁のはずのイギリスがどのようなオリンピックを演出するかは興味をひくところだ。

もっともオリンピックが国威発揚の場であり、その国の文化や価値まで表出してしまうには理由がないわけでもない。オリンピックはいうまでもなくスポーツ大会の頂点だ。そしてスポーツとは、もともとディス・ポルトという言葉から発しているそうである。

ポルトとは、港であり、船の左舷という意味だ。どうして左舷というかというと、通常、船が接岸するのは左舷だからである。すなわち、ポルトとは、港に船が横付けになることを意味している。とすると、ディス・ポルトとは、船が港に横付けになっていない状態、すなわち不安定で秩序を逸しており、いわばはめをはずした状態なのである。ポルトにはまた、態度、挙動という意味もあるので、それから類推してもディス・ポルトとは、はずれてしまった態度、といったニュアンスがあるのだろう。

どうみてもあまりよい意味ではない。だからスポーツには、運動競技という意味のほかに、気晴らし、ふざけ、冗談などという意味もある。これも確かに、精神が港にちゃんと接岸されず、はめをはずしてしまった状態なのである。

とすると、どうやら4年前のあの北京流のはめをはずしたような（とはいえ、むろんすべて計算ずくの）派手な開会式など、ディス・ポルトにふさわしいともいえるわけで、オリンピックがますますパフォーマンスの様相を帯びてくるのもまた当然ともいえよう。もともとはマイナスイメージであったディス・ポルトがいつのまにかプラスイメージになってしまったからだ。

さらにいえば、スポーツという「はめのはずし方」は、ただの気晴らしなどというレベルを超えて、獲物をめぐる戦士たちの集団の相互の戦闘を思いおこさせる。

事実、以前に一度この欄でも書いたことがあるが、スペインの哲学者、オルテガは、スポーツは、特に女性を獲得するための男性の部族集団同士の争いに発している、という種類のことを述べている。だから、そこでは集団の一致結束が求められ、厳しい規律が要求され、しかも戦いに勝つことに高い名誉が与えられる。ここに、部族の結集がなされ、それが国家のひとつの起源だ、というのだ。

もちろん、起源といっても別に歴史学の真理を論じているわけではなく、国家なるものを理解するひとつの手だてであるが、ここにオリンピックを重ねてみると、よくわかる気がする。

いやサッカーのワールドカップの方がいっそう理解しやすいかもしれないが、いずれにせよ、スポーツとは本質的に観客の前で名誉をかけて戦う見せ物なのであり、またそのことによって部族の一致団結をうながすものなのだ。

スポーツの勝者は、当然ながら皆から喝采をあび、女性にもて、部族のヒーローとなってゆく。もちろん、かつての部族は今日では国家になっており、この見せ物が同時に巨大な国威発揚になるのである。だが面白いことに、それは、ディス・ポルト、すなわち港の岸壁からはずれることであり、はめをはずすことでもあったのだ。

オリンピックというと、私などどうしても1964年の東京オリンピックを思い起こす。私は中学生であった。しばしばいわれるがこのオリンピックは、特に日本にとっては独特の意味を持っていた。ひとつは、これがアジアで初のオリンピックであり、日本が文字通り、敗戦から立ち直ってアジアの最先端を走る先進国家となったことを意味していた。また、これは高度成長を強力に後押しし、日本の経済発展を決定づけた。そうして、このオリンピックは日本人に大きな勇気と自信を与えたといわれている。

なにせ中学生なので、日本人の自信と勇気はよくわからない。ただこの時ほど、皆がディス・ポルトに浮かれていたときはなかった。オリンピックは、その多くが首都で行われ、どうしても都市ではなく、その国を代表することになる。特に東京の場合はそうだった。東京は、日本人すべてにとっての近代日本の象徴であり、発展と先進の象徴であった。「東京」に日本のすべてがかかっていた。

それから50年弱。再び東京が開催国となる可能性もでてきている。考えてみれば、確かに64年のオリンピックのあたりから「日本丸」は岸壁を離れてしまったように思われる。古き日本、伝統的日本、昔ながらの日本の風景や習慣や地域など、このあたりから急激に変わりだしてゆく。高速鉄道、高速道路網、高層ビルというグローバルな基準へと東京も日本も変化していった。

確かにディス《離》・ポルト《岸》して、その後、日本中がディス・ポルト《はめをはずす》ようになった。それから50年たって、この船はどこへいこうとしているのだろうか。接岸すべき岸壁はあるのだろうか。その前にロンドンはどこへ接岸するのだろうかと気になるのだ。

大震災から2年目の夏

産経新聞
2012年8月20日

東日本大震災から二度目の夏である。ある人は、いまだに家族がみつからないが、今年（2012年）のお盆は家族を迎えなければ仕方ない。そうでなければ前へ進めない、といっていた。そうはいうものの、その声はどこかとまどいを隠しきれない、という風情であった。

こうしたとまどいがいまだに無数に続いているのであろう。どのような形であれ、姿を目にしなければあきらめはつかない。しかし、またどこかで区切りを付けなければ先には進めない。どうにもならない思いが人々をいまだに引き裂いている。

今年の3月、ほんの少しの時間だったが、ちょうど震災1年後の釜石を訪れた。被災した知人に会うためであった。その時、知人が次のようなことを言っていた。

仮設住宅に入るのに多少の苦労はあったが、あれだけの大災害からすれば、思いのほか物資は次々に届けられた。ともかくも生活できる場所は提供され、電気製品や衣料や生活物資は次々と送られてきた。それはそれでありがたいことである。しかし、正直にいえば、こんな風に簡便に復興が進んでしまっていいのか、という気がする。

あれだけの巨大災害なのだ。簡単に復興などできるわけがない。自分たちはもっと時間がかかると思っているし、その覚悟でいる。それを、ただポンポンと住宅が建てられ、生活物資が空から降るように提供され、いかにも簡便にモノを配給されてそれで復興などというのは何か違う気がする、というのだ。

もちろん、まずは生活が大事である。そのためにはともかくも物資が必要である。そしてそれさえも満足に確保できない場所もある。復興予算も未消化だといい、政府の復興構想会議の提言もどうなったのかよくわからない。

確かに物的な復興を急ぐことは致し方のないことだろう。しかし、このやり方は、いってみれば、戦後日本の復興と同じではないか。焼け跡にバラックを建て、アメリカの援助でともかくも物資を確保し、やがて焼け跡のバラックは簡便なプレハブ住宅に変わり、文化住宅につづいてモルタルのアパートができ、ショッピングセンターが造られ、団地ができ、今ではコンビニがなければ生活が成り立たなくなった。

今回の東北の「復興」も、こういう戦後日本の経済復興の縮小版で行われるとしたら、それではこの大震災で被災した意味がない。

戦後の日本がやってきた「復興」とは何か。それは、生活のためと称してともかくも物資的な富を生み出し、生活を簡便で便利なものとしてきた。だがそうすることで、精神的な何かを生活から追い出し、人の手の届かないものへの畏敬や、死者や先人への思いや、自分を支えてくれる人々への責任などをあまりに軽く見てきたのではなかったか。

そうだとすれば、東北の「復興」は、たとえいくら時間がかかっても、自分たちの手で、こうした戦後日本が失ったものを取り返すようなものでなければならないのではないか。こうこの知人はいうのである。

これは、重い言葉である。私自身も同じように感じていたので、十分に共感できることである。

ただ違うのは、私は、被災してないので、いわば頭の中で考えているだけなのに対して、この人は、住宅も財産もすっかり失った上でそういっているのだ。

ここには大きなジレンマがある。これほどの大災害であるからには、まずは、生活の確保が第一であり、そしてその延長線上に、プレハブの仮設住宅から始まり、ビル建設、ショッピングセンター、マンションという方向が見えている。実際、復興資金が投下されたために建設業の時ならぬ活況などという事態になる。ホテルも飲食店も大忙しだとも聞く。

これはこれで致し方ないことかもしれない。しかし、そうなればいっそう、家族や住宅を失った人々の思いは、やるせない沈黙のなかにとじ込められて行くであろう。確かに、姿を見せない家族は死者とし、死者については沈黙しなければ「先には進めない」のだ。

しかし、それでもあきらめきれないものが残る。とすれば、本当に「先に進む」ことがよいのであろうか。こういう疑問がわいてきても当然ではないだろうか。

戦後日本は復興から成長へと続く流れのなかで、何か大事なものを失ってしまった。それは、本当の意味での死者への鎮魂である。あの戦争における３００万人余といわれる死者たちへの鎮魂である。もちろん、戦死者や犠牲者の家族はそれぞれのやり方で死者を悼んできたであろう。

しかし、国家的な形において、あるいは国民的な規模において、死者の魂の鎮めというものは失われてしまった。なぜなら、鎮魂は宗教的儀礼であり、宗教は政治から分離されるべし、という奇妙な合理主義が公式化してしまったからである。しかも、国民の大多数は、死者への鎮魂などよりも、今日、明日生きてゆく食糧の確保に関心を向けたからである。

「復興」とは難事業である。物的な復興は可能であろう。しかし、死者の魂を置き去りにした復興など本当はありえない。死者と向き合い、死者の思いを救い出すところからしか本当の復興は始まらないのであろう。

正論のススメ

常軌を逸する政治

産経新聞
2012年9月17日

「ますます混迷を深める」という程度の形容では収まらないような政治状況になった。もとより政治には筋書きもなければ、まして整合性や論理一貫性などというものを求めるわけにはいかないが、それにしても「常識」というものがこれほど見えなくなってしまった政治状況もめずらしいのではなかろうか。

たとえば、8月の時点で野田内閣はどうみても行き詰まっていた。社会保障・税の一体改革などといいながら、社会保障改革はほとんど地に足がつかず、税ももっぱら消費増税だけに焦点が絞られていた。それでも野田佳彦首相は消費増税に政治生命をかけるといっており、自民党はいわば助け舟を出して三党合意にいたったのである。

「常識的」にいえば、野田首相は消費増税法案を通せば一大目的を達したのだから、解散、総選挙となるであろう。野田・谷垣会談である種の合意がなされたと考えるのが「常識」であろう。ところが野田首相はまったく解散の気配もなくますますやる気満々。一方、自民党は三党合意を非難する問責決議に賛同するという、これまた「常識」では考えがたい事態になる。

今週から来週にかけて民主、自民、両党の党首選が行われるが、結局、現時点で党首が確実視されているのは、支持率低下をもたらした野田さんの方で、どうみても優勢のはずの自民党は谷垣禎一総裁が降り、誰が党首になるのやら、混乱状態に陥っているのである。しかも谷垣さんを支えるはずの石原伸晃幹事長が立候補している。これらも「常識」では理解できまい。

政治改革で二大政党制を作ったはずが、二大政党がこのありさまだというわけで、一気に「日本維新の会」が旋風を巻き起こしている。党首である橋下徹大阪市長は、政策実現のためには３００人を超える候補をたて過半数をねらう、という。現実性はともかく、心意気はわからなくはない。

ところが、現時点で橋下さんは、自分はあくまで大阪市長であって、立候補しないという。考えにくいことではあるが、もしも過半数を得て政権を取ったとしていったい誰が総理になるのだろうか。いうまでもなく維新の会は橋下政党である。その党首が大阪で市の行政にかかりきりなどということはありえない。

「日本維新の会」が３００人を超える候補者を擁立できるのかどうか、疑問はあるが、かりに擁立するとしても、そのほとんどはにわかづくりの素人部隊になるであろう。じっさい、「維新の会」について、橋下さん自らが「これは素人集団だ」と述べている。

しかし一方で「素人集団」といいながら、他方で政権を取って日本を変える、というのも「常識」では考えられない。通常ならば、政治をなめるな、ということになろう。

もっとも、彼からすれば、「素人集団」が国政に打ってでなければならないほどに既成政党による政治が停滞している、ということかもしれない。

しかし、それではたとえばこの3年ほどの民主党政権の失敗はどこにあったのか。「維新の会」は「統治機構を変える」ことこそが、彼らの仕事だという。

しかし、言葉は違え、「統治機構を変える」は、平成5年（1993年）に始まる政治改革の目的だった。政治改革が唱えたのは「脱官僚政治」であり「民意の反映」であり「政治主導」であり「政策選択の政治」であった。その行き着いた先が民主党政治であった。そして、民主党が失敗した理由はといえば、彼らが十分な準備もなく政権の座についたからである。つまり、いってみれば彼らは「素人集団」だった、というところに落ち着いてきたのではなかっただろうか。

「日本維新の会」の政策の基本におかれている政策も、おおよそ「政治改革」のなかで叫ばれてきたものである。地方分権・道州制、首相公選、議員定数削減、官僚行政のスリム化などは、基本的に政治改革のプログラムであった。それをいっそう過激化して大胆に打ち出したものである。

とすれば、「常識」からすれば、まずは実現不可能な絵空事とみるのが当然であろう。とてもではないが「素人集団」の手におえる政策ではない、とみるべきであろう。しかも「維新の会」は、政策本位で候補者を選び、連携を模索するといっているが、TPP反対論者など必ずしも政策的に一致しない者を候補者にしようとし、政策的に近い「みんなの党」とたもとをわかって、（大阪では）特に政策的一致もない公明党と選挙に際して連携しようとしている。

さらにいえば、安倍晋三元首相が維新の会との連携を強めている、と報じられている。近年においてもっとも政治らしい政治を行おうとしたのは、「戦後レジームからの脱却」を唱え、憲法改正の道筋をつけようとした安倍さんであった。政治家としてはめずらしく「保守」という理念を打ち出したのだった。

しかし、新自由主義的な方向を打ち出し、破壊的なまでの急進的改革を訴える「日本維新の会」と安倍さんの「保守」の理念が一致するとは私には思われない。安倍さんの目算がどのあたりにあるのかよくわからないが、「日本維新の会」が唱える「統治機構の改革」と安倍さんの「戦後レジームからの脱却」にはかなりの距離があるように思うのだ。

少なくとも私の「常識」では理解しがたいことを列挙しているうちに紙面が尽きてしまった。まだまだいくらでもある。あるいは、今日の政治には、もはやかつての「常識」など通用しないのかもしれない。また、政界再編への過渡期の混乱だというべきかもしれない。しかし、もしもこれが政治改革以来の流れだとすれば、それは「常」なる「道」を見失った、つまり「常軌を逸した」政治状況というほかない。

「尖閣・竹島」が示すもの

産経新聞
2012年10月22日

尖閣・竹島問題をめぐるわが国と中国・韓国との間の緊張は、この8月、9月の危機的な状況を脱したかにみえている。一時は、連日、新聞紙上におどっていた尖閣・竹島の文字もめっきり減った。もっとも、先週、また中国海軍の艦船が尖閣近くの先島沖の接続水域を航行などと報ぜられているが。

もちろんのこと、9月以降、事態が沈静化したわけでもなく、また状況が変化したわけでもない。海上保安庁の巡視船はずっとこの領域を航行し続けている。事態はこれからも続く。日本、中国、韓国、いずれも言い分を変えるとは考えられないから、この問題には解決のめどはたたない。いわば潜在的な紛争状態が続くことになる。ただ、それが顕在化すると文字通り危機は爆発しかねない。その危険があまりに高すぎるために双方とも事態を先送りしようとしているのである。

尖閣・竹島問題は、われわれ日本人にとっては明白に日本の領土であり、それは、いかに国際法というものが曖昧なものだとしても、法的な常識からして正当性は揺るがないと考えている。にもかかわらずどうして中国・韓国が、両島を彼らの領土と主張して譲らないのか。二つの事情がある。ひとつの事情は、将来からやってき、もうひとつは過去からやってくる。

将来の事情とは、ここに原油などの自然資源および漁業資源が存在するからであり、いずれ、資源確保は国家の重要な生命線になると思われているからだ。とりわけ尖閣の場合には、１９６８年にこの地域における石油資源の埋蔵が指摘されるようになってから、中国・台湾ともに領有権を主張しはじめた。

ところが、ここにもうひとつやっかいな問題があって、それは過去からやってくる。中国・韓国とも、この問題を歴史問題と結び付けているからである。韓国の場合には、１９０５年の日本による竹島の領土化は、１９１０年の日韓併合へつながるものだ、という。日本の朝鮮半島の植民地化は竹島から始まったという。中国もそれと呼応するかのように、１８９５年の日本による尖閣の領土化は日清戦争と切り離すことができない、という。つまり、これも、日本の中国進出への第一歩が尖閣から始まった、ということだ。

いかにも「さかのぼり戦争史」のようなもので、われわれからすれば、言いがかりもはなはだしい。にもかかわらず、中国・韓国ともに、日本のアジア大陸に対する侵略戦争という歴史観を持ち出す。韓国の場合には、竹島を日本の朝鮮半島植民地化の象徴とする教育が徹底されているようで、言いかえれば、竹島（独島）を死守することが、韓国独立の象徴だという。

繰り返すが、日本からすれば、両者ともそれこそ歴史の歪曲《わいきょく》であり、認めるわけにはいかない。しかしいまここで考えておかなければならないことは、この二つの事情を重ねあわせるとどうなるか、ということだ。

ここで、将来の資源をめぐる国境紛争と、過去の歴史認識が重なり合ってくる。言いかえれば、20世紀初頭のあの状況が将来の展望のなかで現在に重ね合わせられる、ということである。20世紀の初頭のあの状況、それは資源と市場の獲得をめぐる帝国主義であった。西洋列強がアジアを植民地化し、おくれて列強へ参入してきた日本が、これに負けじとアジアへの足がかりを求めた。そこに横たわるのは、資源と市場の確保であった。その結果として生じた日中戦争や日米戦争は、戦後、アジアの支配を意図する日本の侵略戦争である、と見なされた。この歴史観を明白に表現したのはアメリカである。

さて、そうするとどうなるか。まず、資源と市場をめぐる国家間競争という20世紀初頭の状況が、将来の資源確保という事情を軸にして、現在へ回帰している、といわねばならない。今日の過度なグローバル競争が、世界をふたたび20世紀初頭の帝国主義へと回帰させている、といってもよいだろう。尖閣をめぐる中国、竹島をめぐる韓国、そして北方領土をめぐるロシアとの間の潜在的な国境紛争は、このような帝国主義への回帰という現状のなかで理解しなければならない。そして、それがほとんど連想のように20世紀初頭の情景へとわれわれをいざない、歴史問題が持ち出されてくるのである。

中国・韓国は、かつて、尖閣や竹島を日本がぶんどったという。大陸進出という日本の帝国主義の第一歩だったという。この中韓の言い分を、今日、裏返して、日本から見れば、尖閣をうかがい、竹島を実効支配する中国・韓国は、このグローバル化の時代の帝国主義の第一歩だ、ということになろう。歴史問題は、この状況のなかで、中国・韓国に対する日本の批判をあらかじめ封じ込めるために持ち出されているといいたくもなるのだ。

さて今日の世界が、徐々にではあるが20世紀初頭の資源や市場をめぐる国家間の軋轢《あつれき》の時代へと回帰しているとすればどうか。もちろん、私は、かの時代のように一気に大戦争が生じるなどといっているのではない。歴史がまったく同じことを繰り返すわけもない。しかし、局地戦は生じえる状況ではある。とすれば、世界から戦争はなくなり平和な時代になった、という前提で書かれた戦後憲法の前文はもはや意味をなさないことになるであろう。平和憲法に象徴される日本の「戦後」というものが、いかに特異な時代であったかをわれわれは改めて理解しなければならないのだ。

古典軽視　大学改革の弊害

産経新聞
2012年11月19日

11月1日は「古典の日」である。「古典に親しもう」ということをわざわざキャンペーンしなければならないのが、いささかつらいところではあるが、致し方あるまい。本来、「古典」とは、われわれの日常生活のなかに組み込まれた知恵であったり、子供のころに簡略版で読んだりしたものだが、もはやそういう習慣も失われてしまったのだから。

それが一般社会であればともかく、大学となるといささか問題である。先日、数人の学生と話したおり、漱石の『草枕』の例の有名な冒頭を述べたところ、ほとんど誰もそれを知らなかった。漱石を読んだという者もほとんどいなかった。「どうしてか」と問うと、「僕らの時代とは時代感覚が違い過ぎる」というのである。

これでは「古典」など読むはずもなかろう。「時代感覚が違う」のである。となれば、同時代のものしか読まないだろう。しかも、自分の生活実感にあったものしか読まないだろう。言いかえれば、今の自分にあてはまるものにしか関心がないのだ。この方向を延長すると、今ここで役に立つものにしか関心が向かないだろう。

これは困ったことである。しかし実は、この心理にお墨付きを与えてきたのが、この十数年の大学改革であった。大学教育の基本方針を「社会にでて役に立つ学生をつくる」という方向で推進してきた。同時に、教育・研究上の短期的で可視的な成果主義を重視し、その評価を大学の事実上のランク付けとし、時には大学の予算にまで影響を及ぼすようなシステムを作り上げてきた。

このなかで、十数年にわたる「教養教育」の解体も進められてきた。「社会に役立つ」からすれば「教養」などというものは無用の長物であって、大事なことは「専門的知識」を植え付けることである。したがって、「教養」と呼ばれるものは、「専門の導入」や「社会へでて役立つ知識」でよいではないか、というのである。

ところで、最近出された藤本夕衣さんという教育学研究者の書いた『古典を喪った大学』（NTT出版）という好著を読んだ。この書物のなかで、藤本さんは、今日の大学教育の混迷の根本的な理由を「ポストモダンの大学」に求めている。「ポストモダン」とは何か。それは、人々の共有する価値が見えなくなり、何が大事かという順位づけさえできなくなってしまった時代である。ということは、書物や知識においても、何が大事な書物で、大事な知識か、という議論そのものが成立しなくなったということだ。すると、「古典」という権威はなくなってしまう。すべてが相対化され、「何でもあり」となる。

となればどうなるか。漱石も鷗外ももはや権威でも何でもない。『源氏物語』も別に日本人が誇るべき古典などというものでもない。もちろん古典は日本に限ったことではない。プラトンだってマキャベリだって、別に特権視するにはおよばない。それよりも、最近の流行作家を読めばいいし、「何とかムック」あたりですませばよい。あるいは「社会にでて役に立つ」簡略版の専門書だけ読んで単位をそろえればよい、ということになろう。

しかし、「古典」とは何であろうか。「古典」とは、人間の生の充実や社会の規範や世界の見方などを模索するそのきっかけを与えてくれるものである。確かに時代は違う。したがってそこから直接的に「役に立つ」答えを得られるものではなかろう。だが古典に書かれている問題は普遍的であり、そこで扱われているテーマはわれわれの時代と共有できるものなのである。それこそが古典が長く読み伝えられてきた唯一の理由であろう。

今日の時代は、さまざまな事項がいり乱れ、交錯した複雑な時代である。たいへんに生きにくい時代である。だからいくら「専門的知識」ばかり身につけても決して「生」が充実するわけではないのだ。むしろ「専門的知識」の独り歩きこそが人間を偏ったものにする危険は大なるものがある。大事なことは、何が重要かという問いを自分に発する能力であり、ものごとを自分で考える力である。そして「古典」とは、その手助けであり、その訓練となる。

かつては、それは「人格陶冶《とうや》」としての「教養」とされた。戦後の教育改革のなかで、それは「一般教育」と呼ばれるようになった。そして今また、それは専門教育への単なる準備や実践的知識の伝授に貶《おとし》められようとしている。

先にあげた藤本さんが述べているが、１９８０年代に教養教育の意味づけについて大論争（「文化戦争」と呼ばれた）のあったアメリカで、それぞれ対立する立場に立つ二人の哲学者が、それでも「古典を読む」ことこそが大事であり、それこそが大学の意義だ、という一点において一致している、と指摘している。

その通りだと思う。大学が学生に提供すべきことは、さして役にも立たない専門をただの知識として授けることでもなければ、ともかくも単位を与えて企業へ送り出すことでもない。重要な問題を自分で見つけ、考える習慣を身につけることである。そして、それを可能ならしめるためには、「古典は時代感覚が違うから読んでも意味がない」という相対主義の思い込みから解放されねばならない。

数年前に政府が「社会人基礎力」といった。大学においても、企業で活躍できる人材を育成する教育の効率化が求められる、ということである。こうして「改革」が毎年のように続行される。しかし、一冊の「古典」も読まず、自分の愛読書も持たない「学士」がいったい「社会人基礎力」を持ちうるのであろうか。

民主主義への誤解

産経新聞
2012年12月16日

　このコラムの掲載は16日の朝、すなわち総選挙の投開票日である。今回の選挙は、とりわけ重要なものだと思うが、それはこの選挙を、これまでの流れに対してピリオドをうつものにすべきだと強く感じるからだ。「これまでの流れ」とは、それこそ橋下徹氏（大阪市長）のいう「ふわっとした民意」によって政治が浮遊し、また、政治がその「ふわっとした民意」を当てにすることでたえず政局へと流れてゆく、というこの数年間のわが国を覆う政治的風潮のことである。

　しかも、そこに「政治改革」といういうきわめて便利で聞こえのよい文言がさしはさまれた。「改革論」はいう。わが国の政治がよくならないのは、官僚行政などのおかげで「民意」がちゃんと政治に反映されていないからだ、と。

　確かに、行政機構にも既成政党にも問題はあったのであろう。それを改革すること自体は必要なことであろう。しかし、「政治改革」が世論の中心を占めるようになって数年、わが国の政治は、足場を失って右へ左へ、前へ後ろへと揺れ動く案山子《かかし》のように、風のふき具合でなんとも落ちつきのない不安定なものになってしまった。小泉純一郎氏が首相を辞めて以来、6年で6人の首相が交代するというのでは、まともな政治などできるわけはなかろう。

新しい内閣ができれば当初は支持率60％や70％はいく。しかし半年もたたないうちに50％、40％と低落し、そうなれば下方へ働く引力は加速度を増し、あっという間に20％前後へと落下するのである。支持率が20％をきると、「民意」は内閣を見はなした、とマスメディアは報ずる。こうなると、野党はここぞとばかり「民意」をたてに政権を攻撃する。こうしたことが、怨讐《おんしゅう》合戦のように、繰り返されている。

その責任を政治家にばかり負わせるのは間違っている。マスメディアも、また、われわれ「国民」もいわば共犯者としてこの政治文化を担い、またそれに巻き込まれてきた。その場合にやっかいなことは、まさしくそれが「民主政治」そのものだということである。

何かで読んだが、今日、各種新聞社やテレビ局が行う世論調査は1年間で総計200回を超えるそうで、確かなことは知らないが、いずれにせよ、間断なく世論調査をしている、という印象は誰もが持っているだろう。これではあまりに「民意」に媚《こ》びているというか、依存しすぎであろう。いくら主権者は国民であるといっても、そんなに毎日、主権を行使しておれば、主権はあまりに安っぽくなってしまう。しかもその「民意」なるものはいったい何ものなのか、誰もわかってはいないのである。

私には、ここに民主政治というものに対するある誤解が横たわっているように思われる。

いうまでもなく、われわれの政治システムは、議会制民主主義である。これは「議会主義」と「民主主義」が組み合わされたもので、それからもわかるように、もともと議会主義と民主主義はイコールではない。いやそれどころか、民主主義の捉え方によっては、両者は対立さえするのである。

議会主義とは、われわれが直接に政治に参与して政治決定にかかわるのではなく、それを代表の手に委ねる、というシステムであり、言いかえれば、主権者であるわれわれは、直接にはその主権を行使しないのだ。主権者にできることは、ただ代表を選ぶことだけなのである。

これに対して、われわれが通常考える民主主義とは、主権者が直接に政治に関わることをよしとする。つまり、できるだけ、個別の政策ごとに主権者の意思が反映されるべきだという。たえず「民意」が反映されるべきなのだ。

とすれば、議会主義とこの意味での民主主義とでは考え方に大きな違いがある。議会主義とは、むしろ「民意」を直接に政治に反映させない工夫といわねばならない。どうしてか。理由は簡単だ。この現実世界は複雑で、政策立案とはそれほど容易なものではない。われわれ一人ひとりがとても関与できるものではない。だからこそ、代表を選び、彼らの討議に委ね、また、官僚という「プロ」の協力を必要とするのだ。

これが議会主義の考え方である。それはあまりに不安定でご都合主義の「民意」によって政治が不安定化することを避けようというのである。

この十数年のわが国の政治改革の流れ、そしてこの数年の世論中心型政治は、議会主義を攻撃し、「民意」による民主主義をそこに持ち込もうとするものであった。そしてそれがますます政治を不安定にしたのだ。

今日、議会主義がうまく機能しているか、というと確かにイエスとは言い難い。われわれの「代表」の見識を疑いたくなる局面は多い。しかし、それでは、「民意」に主導された民主政治がよかったかとなると、そういうわけではない。この風にゆらぐ案山子のような政治的風潮にわれわれはうんざりしているのではなかろうか。

そうだとすれば、議会主義を立て直す以外になかろう。そして、議会主義とは、個々の政策それ自体よりも、「代表者」の信頼性や人物そのものを見極めるわれわれの眼力にかかっているのだ。今回の選挙によって、そろそろ安定した議会政治を取り戻せるか否かは、われわれの「人物を見る眼力」にかかっている。

アベノミクスは成功するか

産経新聞
2013年1月21日

安倍政権が誕生して約1カ月、株式市場は急騰し、円安が進行し、市場はアベノミクスを歓迎しているように見える。アベノミクスの柱は大胆な財政出動、インフレターゲットを含む超金融緩和、そして成長戦略である。これは従来の、緊縮財政、行政改革、規制緩和、市場競争強化などの「構造改革路線」からの決別といってよい。そして、まさにその「構造改革」をずっと支持してきたはずの市場は、今回アベノミクスを歓迎している。奇妙といえば奇妙なことなのだ。

だが理由は単純なことで、安倍首相の登場によってムードが変わったのである。構造改革とは、既得権益をかこち、非能率で無駄な制度や集団がある、これを排除し無駄を絞り取らねばならないという、いわば「否定の政治」であった。

しかし、アベノミクスは、既存の集団への批判や攻撃によってエネルギーを引き出すのではなく、脱デフレに向けた政府の全面的な積極政策によって景気を回復させるという。これは基本的に十数年におよぶ「改革」一辺倒であったわが国の経済政策の大転換である。そのことが現状ではムードを変えたのだ。

だがまた、同時に危惧の念が生じるのは、市場の心理などというものはいかにも気まぐれなものであって、つい先日までは「改革路線」一辺倒であったものが、今日はアベノミクスに喝采を送っているように、ほんのささいな動揺で、いつまた安倍政権を見はなすかもしれない。市場はともかく景気がよくなりさえすればそれでよいのである。だが思うように景気が回復しないとなると、また財政緊縮派や構造改革派、市場原理主義者などがそれみたことかとしゃべり始め、そこへリベラル派が群がるという構図が出現するともかぎらない。

アメリカの経済学者であるクルーグマンもアベノミクスを高く評価しているようだが、短期的にいえば、デフレ脱却、雇用促進、景気回復のために、大規模な財政・金融政策を活用するというアベノミクスは正当なものである。やたらインフレターゲットが強調されるが、基本は財政出動にあり、財政資金調達のための国債を市中から日銀が買い取ることで貨幣量を増加させるということだ。デフレ経済とは最終的に需要不足によって生じている限り、需要を増加しないとデフレ脱却は不可能だからである。そして、民間投資が活性化しない現状でいえば、需要は公共部門によって作り出されるほかない。

というわけで、アベノミクスは現状ではきわめて現実的であろう。しかし、いくら「危機突破内閣」と称しても、デフレが克服でき景気回復すればそれで危機は突破したというものでもあるまい。もっと大きな危機が待ち構えているともかぎらない。

というのも、今日の日本経済の混迷は、それほど容易に克服できるものではないからだ。そもそものデフレ経済をもたらした背景には、グローバル化のなかでの新興国との激しいコスト競争がある。新興国の低賃金労働との競争によって、日本国内における賃金も下がるほかないのである。

また、グローバルな金融市場の異常な発展によって、資本があまりに不安定に金融市場を飛び回る。それが時にはバブルを引きおこし、続いてバブルを崩壊させる。それがまた、国内経済を動揺させる。さらにいえば、日本の場合、いわゆる少子高齢化、人口減少社会へと突入し、それは将来の市場を縮小させるものと予測される。それが民間投資を萎縮させるひとつの要因となっている。

これらが重なり合って暗雲のようにわれわれの上に立ち込めており、それをすっきりと振り払うことは不可能に近い。仮に短期的には景気回復は可能だとしても、長期的にいえば、これらの不安材料はつねにわれわれの頭の上にぶら下がった剣のようにいつ落下するともかぎらない。

では、この長期的な不安材料を払拭することはできるのであろうか。払拭とまではいわなくとも、減じることはできるであろう。ただそのためには、大きな思考の転換が要求される。なぜなら、問題の本質は、グローバルな過度な競争にこそあり、このグローバル市場競争モデルから距離をおかなければならないからである。そしてそれは、一種の長期的な公共計画のもとに、できるだけ国内で資金が流動するような構造を作り出すという方向へかじを取るということであろう。

いずれにせよ日本は、今後10年、20年で大きく社会構造を変えてゆかざるを得ないのであって、そのための新たな社会基盤の整備が必要となる。そこには、防災も含まれるし、地域の再生もあり、教育や医療、介護の充実もある。それらを総合した公共計画を政府が推進するほかないであろう。しかもそれは、国内にある資金を国内で循環させ、結果として内需を活性化することになるであろう。

確かにこうした長期的公共計画は、ある程度安定した政権を必要とする。だから、安倍政権が、次の参院選を想定した即効性ある経済政策を打ち出しているのもよくわかるのである。しかし本当の問題は長期的な展望にあって、今ここでの公共投資も長期的な見通しと連動しつつなされるのが本筋なのである。

正論のススメ

体罰禁止がもたらすもの

産経新聞
2013年2月18日

学校での体罰問題は、いっさいの体罰厳禁という方向へ動いている。大阪の桜宮高校で生じた体罰による生徒の自殺をきっかけにしたものだ。

少し前までは、体罰は、程度はあれ、ほとんど日常的であった。私の子供のころは、授業中にしゃべったといって頬をひっぱたかれ、騒いだといって廊下に立たされ、ということは日常であった。今なら教師はすべて懲戒ものである。

今後は、体罰は、暴行、傷害に類した疑似犯罪とみなされることになる。さらに、過去へとさかのぼって体罰を加えた教師を告発するという事態まで生じており、体罰を加えた教師は半ば犯罪者扱いである。

教育上の体罰と教師による個人的な暴力とは紙一重であって、体罰の是非は個別のケースで論じなければならない。また、部活の体罰と校則違反や校内暴力での体罰も一緒にするわけにはいかない。しかも、ただの暴行としかいいようのないケースも多々あることは推測に難くない。徹底して話し合うというのが本来の教育であることも疑いない。

私は、桜宮の事例にせよ、細かい事情を知らないので、個別のケースについて論じるものではない。しかしそれでも、過去の事例にまでさかのぼって体罰教師を無条件に告発するという風潮には、いささかうすら寒いものを感じる。ここに横たわる「考え方」が私には何かいやなものを含んでいるように思われるのだ。

学校における一切の体罰厳禁とは、一種の「学級平和主義」のようなもので、確かに「学級民主主義」とともに「戦後」の教育理念そのものであろう。かつて体罰を容認すると述べていた橋下徹大阪市長が、はしなくも、その考えを「前近代的だった」と反省していたが、体罰（暴力）は「前近代的」で、話し合い（民主主義）と非暴力（平和主義）が「近代的」というのが、戦後日本の公式的立場であった。

そこで、仮に「前近代」と「近代」の区別を、社会学の通例にしたがって次のように考えよう。「前近代社会」の基軸は人と人との上下を含んだ人格的な関係にあり、「近代社会」の基軸は平等な契約関係にある。すると、教師と生徒が上下関係を伴いつつ人格的に触れあい、ぶつかりあい、交差するなどという教育は「前近代的」ということになる。近代社会の教育は、教師と生徒（保護者）の契約関係にあり、この中には、生徒の権利保護のために教師の体罰禁止も含まれよう。ここでは、教師と生徒の関係は、人格的な信頼関係に基づくのではなく、立場の相違からくる権力関係と双方の権利・義務の関係となる。

私には、このようなものは教育だとは思われない。そもそもここに「前近代」と「近代」を持ち出すことも場違いであるが、仮にこの言葉を使えば、教育とはどこまでいっても「前近代的」であるほかなかろう。教師と生徒の間の双方の立場を踏まえた上での人格的な信頼関係こそが教育の基盤であるほかあるまい。

したがって、信頼関係のすでに崩壊したところで体罰を行うことは許されない。あるいは、体罰によって信頼関係が崩壊するならば、これもまた許されない。

許されないのは契約上の権利や義務の問題ではなく、信頼を旨とする教育が成立しなくなるからだ。体罰を行うには、教師の側にもそれなりの覚悟が必要であって、それがなければ行うべきでない。

にもかかわらず、今日、この「信頼関係」を築くことそのものが相当に困難になっている。しかも、それは教師と生徒の関係だけではなく、友人同士、さらに家族も同じである。

かつては、教師に激しくしかられたり、あるいはいじめにあったりすれば、友人や先輩が相談にのり、家族や親類が支え、年長者が助力になったりしたものである。確かに、家族はあまりに密度が高すぎるのでかえって相談しがたいものはあろう。親には話しにくいものである。しかしそれでも、親や兄弟のまなざしを感じることができれば、何とか自らを立て直したものであった。今日、そういう「信頼」できる関係の場が失われてしまっているようにみえる。だから問題は、学校も家庭も地域もむしろ「近代化」してしまって、「前近代的」な人間同士の触れ合う場がなくなってしまった点にある。

今日、体罰教師の告発も、いじめの告発も、学校や教育委員会を通り越して、直接に地方自治体やマスコミにいってしまう。そこで首長がでてきて直接に学校や教育委員会を批判して事態を動かそうとする。例外的にはこのようなことが必要な事態もあろうとは思う。しかし、この風潮が一般化するのは問題であろう。「市民」からの苦情や告発が直接に首長に届く。「市民」の代表であり、行政の長である首長が、学校や教育委員会を批判する、という構図ができてしまうと、もっとも混乱するのは学校の現場である。すでにほとんど理不尽な不満を学校にぶつけてくる「クレーマー」は続出している。そこへ、学校や教師が悪者とみなされることになる。こうなると、教育の根本である、「信頼」はますます失われるだろう。子供たちが学校に不信感を抱くことを奨励するようなものであろう。ますます学校は荒れるだろう。

しかしそれに対抗するすべを教師はいっさい持たない。このような事態は十分に予想されるのではなかろうか。過度な体罰を糾弾することも必要であろうが、また、この過度なまでの体罰厳禁という風潮をどこかで食い止めなければならないであろう。

倫理観見つめる「震災2年」

産経新聞
2013年3月18日

新聞にせよ、テレビにせよ、さらにはネットにせよ、いわゆる情報媒体への貪欲さに欠けるせいかもしれないが、私には、この2年で何かが大きく変わったような気がまったくしない。いうまでもなく東日本大震災から2年と1週間たっての感想である。

もちろん、2年やそこらで大きな社会変化も生じるはずはないのかもしれないが、その兆しもないように見えるし、いや、もっといえば、地震後半年ほどの論壇、ジャーナリズムを舞台にしたあの「熱狂」はどうしたのだろうか。「熱狂」とはこの事態にそぐわない言葉ではあるが、あの半年は、「絆」やら「トモダチ」やら「創造的復興」などと、この大災害を語らなければ日本人にあらずといったような風潮であった。

2年がたってメディアにおいてもさまざまな検証がなされたりしているが、総じての印象は、復興というにはあまりに遅々としており、原発事故の放射線除染にしても、事態はきわめて深刻だということである。

むろん、復興と口では簡単にいうものの、容易ならざる事態であることは想像もつくし、想像を絶した大災害だったともいえるが、この2年を振り返れば、浮かび上がるのは何かわれわれの精神というか、倫理観のあまりの摩滅であるように思う。

一方では、2年たてどもいまだに生活の形も見えない人たちがいる。一家離散の憂き目にあっている人もいる。突然に家族を失った悲しみは年月の経過で消えるものではあるまい。いまだに行方のしれない人が2600人ほど存在する。避難所で疲れ果てて亡くなった人を含めれば、死者・行方不明者は、2万人を超すことになるのであった。

ところが、他方では、いわゆる「アベ・バブル」によって連日、株価はあがり続け、今日はどの株を買うのが得か、明日は何を売ればよいのか、次には土地と不動産だ、などという話でこの国は充満している。東北復興どころか景気の復興こそがわれわれの最大関心事になっている。たとえば、3月11日前後の報道番組でも思い出してみれば、「東日本大震災2年目の検証」などと称して被災者たちの苦難の生活を描き出したその次には、株価急騰、リーマン・ショック前の水準回復などといってはしゃいでいるのである。

もちろん、景気が良いことが悪いわけもなく、そもそも景気が回復しなければ復興財源もでてこないではないか、という理屈も成り立つであろう。しかし今ここで論じたいことは、カネをめぐるわれわれの懐具合の話ではない。カネが回ろうがどうしようが、決して懐が温かくもならないあまたの人々を一瞬のうちに生み出したこの圧倒的な力からわれわれは何を学んだのか、ということなのである。

一方には、あの大震災の傷を負いつづけて生きる人たちがおり、他方では、その東北復興の資金に群がる人たちがいる。1年もたてば、人々の関心は「維新の会」へ移り、さらには自民党大勝から「アベ・バブル」という話に移り変わる。もっとも坂口安吾のように、人間などもともとそんなもので、徹底的に堕落するのがよい、というのも明らかに一面の真理なのであろう。

しかし、安吾はそういいながらも心の深いところに強い倫理観を宿した人物であった。彼は、戦争によって一度はご破算になった日本人の倫理的精神が、徹底した堕落の底からこそ、もう一度、立て直されることを期待したのであろう。

もとより、今回の大震災は、あの戦争とはまったく異なっている。しかし、戦争とは異なった形であれ、平和をむさぼる戦後日本人を襲ったとてつもない事態であったことには変わりない。われわれは、この自然の途方もない脅威を凝視しつつ、何の申し開きもなく生死を牛耳るあまりに理不尽な偶然性というものを組み込んだ倫理観を作り直していかねばならないのだ。

大震災の直後にも書いたことなのだが、ここで問われているものは、われわれの死生観や自然観であるように思う。戦後の日本人は、「生命尊重主義」「自由と平等」「人間の基本的権利」「平和主義」「経済成長主義」などの価値をほぼ無条件で受け入れてきた。そして、この大震災は、これらの価値に致命的な打撃を与えたのではなかったろうか。それではどうにもならないものがある。というより、人間の生の根本には、このような近代的な価値ではどうにもならないものが横たわっているのだ。

もともと日本人の持つ死生観は、近代的な人権思想と結びついた「生命尊重主義」とは大いに異なるものであった。同じ生命尊重でも、死や無常の観念に発するものであった。またその自然観は、これまた近代主義的な、人が合理的理性によって自然を支配するという種類のものではなかった。自然はとてつもない脅威であると同時に、人を生かす恵みの源泉でもあった。人はいずれにせよ、自然のなかで自然とともに生きるほかないのである。この自然を前提にして、人々が「共に生きる」社会の形も組み立てられてくる。「絆」とはとってつけたような流行語であってはならない。日本人の倫理的精神の立ち現れる場所には、こうした死生観や自然観がなければなるまい。もちろんそれは即席にできるものではないが、「復興」への道は、われわれの根底にある価値を、もう一度、探りあてる試行とともになければならないだろう。

戦後憲法 正当性あるか

産経新聞
2013年5月27日

5月3日は何の日かとたずねても、すぐに返事が返ってくる学生はきわめて少ない。彼らにとっては連休の真っただ中の楽しい一日に過ぎないようだ。それは彼らに限ったことではない。「日本人」にとって現憲法はずっと「そこにある」もので、誰も制定に参加したわけではない。だからまた今日、改正論議がでてきても、どこかひとごとのようにも見える。

このようにいうと、「いや、あれは押し付けではない。日本政府も参加したし国民が歓迎した。だから日米合作だ」という意見がでてくるが、私には意味ある見解とは思われない。決定的な点は次のことなのである。昭和27年（1952年）の4月28日、サンフランシスコ条約の発効とともに日本は主権を回復した。ということは同20年（1945年）8月15日（正確には9月2日の降伏調印の日）から7年間、日本は事実上、主権を持たなかった。そして主権を持たない国がどうして憲法を制定できるのであろうか。

これは法的な問題ではない。憲法なるものの根幹にかかわることだ。憲法制定とは主権の最高度の発動である。ところが憲法を制定すべき主権がなかった。逆に憲法によって初めて国民主権が定義されるのである。

通常は、主権者であることを標榜《ひょうぼう》する国民（市民）が憲法を制定し、自らの支配を改めて正当化する。それが必要なのは、歴史的には、革命などによって旧体制が打倒され、新しい支配体制ができるからである。フランス革命のように市民革命が起きれば、それを正当化するために市民による憲法制定がなされる。だから「革命」のような歴史の断絶がなければ近代憲法を理解するのは難しい。

戦後の日本では、つじつまを合わせるために、20年8月15日に「革命」が生じて国民が主権者になったと「みなそう」とした。「8月15日革命説」である。もちろんいくら「みなす」といっても、黒いものを白いというわけにはいかない。事実は、20年8月15日から占領、つまり主権の喪失が始まった。したがって現憲法は、押し付けであるか否かというより以前に、近代憲法としての正当性を持たないのである。

実際には、現憲法は明治憲法の改正手続きをとることになった。だがそれはそれでまた矛盾がでてくる。いわゆる護憲派の憲法学者はしばしば、憲法なるものの性格上、憲法の根本的な部分は改正できない。だから現憲法の三原則は改正できない、という。しかし、だとすれば、明治憲法の根幹的な改正は、憲法の精神からすれば正当性を持たないことになるだろう。

いずれにせよ、まずは現憲法の正当性の基盤がきわめて脆弱《ぜいじゃく》であることを知っておく必要がある。今年（2013年）の4月28日に政府は主権回復の式典を執り行った。ということは実は、政府が現憲法の正当性について、暗黙のうちに大きな疑念を表明したことになると了解すべきなのである。もし改正をいうなら、このような前提のもとでの改正でなければならない。

事実隠す終戦「記念日」

産経新聞
2013年8月19日

8月15日は「終戦の日」であった。「終戦記念日」とも呼ばれる。しかしいったい何を「記念」しているのであろうか。

戦後に生まれた私など、このような極めてまっとうかつ素朴な疑問を持つようになるまで結構時間がかかった。そのことを今ではいくぶん恥じてはいるが、あえていうならば、それは、私がうかつだったということではなく、まさしく日本の「戦後」というものに直結した問題だったのである。少し大げさにいえば、戦後ずっと、8月15日を終戦記念日などということによって、ある大事なことを国民的規模で隠蔽《いんぺい》してきたのである。

「終戦記念日」とは、戦争の終結を記念する日であろう。したがって、8月15日から「戦後」が始まった、ということになる。だからこの「記念日」は、この日を境に新生日本が誕生した、という「戦後」の記念すべき出発点ということになる。

いうまでもなく、戦争が正式に一応終息するのは、9月2日の降伏調印であり、アメリカなどもこの日を戦争終結の日としているようである。もっと国際法的形式にしたがっていえば、本当の戦争終結（それも自由主義諸国との間で）は、1952年（昭和27年）の4月28日のサンフランシスコ講和条約によって、ということになろう。

そこまで形式にこだわる必要はない、ということすれば、それは決定的に大事なことを見落としたことになる。すなわち、１９４５年の9月2日から52年4月28日までは日本は主権を奪われた被占領国家であった、という厳然たる事実である。

ＧＨＱが日本の民主化を促し、戦後の再建の基礎を作ったかどうか、という歴史判断は本論とは関係のないことで、ＧＨＱの意図と作用が何であれ、45年の9月2日から日本の統治権はＧＨＱの最高司令官のもとに置かれた、ということが大事なのだ。降伏文書には、「天皇および日本政府の統治の権限は連合国最高司令官に従属する」と書かれているのである。

そうすると、改めていえば、8月15日とは一体何を記念した日なのであろうか。実際には、この日に日本はポツダム宣言を受諾し、降伏を宣言した。ポツダム宣言には、世界征服の挙《きょ》にでた打算的で無責任な軍国主義的勢力を日本から排除しなければならない、ということが書かれている。そして占領政策はポツダム宣言にしたがってなされたのであった。

つまり、8月15日は敗戦が確定した日にち以外の何ものでもない。そして9月2日に、日本は主権を失い占領下におかれる。これは自明の事実である。にもかかわらず、「戦後の神話」は、8月15日をもってあの戦争は終結し、「戦後」が始まった、ということにしたのである。まさか「敗戦記念日」というわけにはいかないだろうし、「被占領記念日」などというわけにもいくまい。しかし事実はそうなのである。少なくとも戦後の門出の日などではないのである。

TPP本質は経済観の差

産経新聞
2013年10月14日

私は若いころ主として経済学を学んでいたが、そのころからどうも譲り渡すことのできない信念というべき経済観があった。それは次のようなものだ。

確かに自由な市場競争は社会主義の計画経済よりは優れている。しかし、市場競争そのものは市場原理にのらない「社会」の安定性によって支えられなければならない。それが崩れてしまえば、市場経済それ自体が壊されてしまう、ということだ。

ところで、社会の安定性を確保するものは何か。まず人々の社会生活の安定がある。そのためには、医療、福祉、地域の安定が必要だろう。防災も必要となる。質のよい労働力の確保も必要となり、そのためには教育は重要な意味を持つ。また、社会秩序の確保のためには、人々の倫理観や道徳的精神もなければならないが、それは、その国の文化や伝統・習慣と不可分だろう。また、資源、食糧の自給率の向上も不可欠である。さらにいえば、国民生活の安全確保には、それなりの軍事力を整備しなければならない。

ところで、上にあげた事項は、市場で提供できるものではない。公共性の高いものであり、そもそも効率性や利益原理で測れるものではない。だが、こうした「社会」の安定があって初めて市場競争はそれなりに機能するのである。そして「社会」の秩序は基本的にその国の文化や習慣のなかで歴史的に作り出されてきたもので、容易に作り替えられるものではない。グローバルスタンダードなどといって標準化できるものでもない。いくら市場競争が効率的だといっても、自由な市場競争に委ねるわけにはいかないのだ。

日本のＴＰＰへの交渉参加が決まり、ルール作りの交渉が続いている。もちろん国によって経済構造が違い、得意分野が違うからこそルール作りが必要だということはできるだろうし、交渉によって各国の利益が実現できる、という言い方もできるだろう。しかし、ＴＰＰがあくまで域内という限定内ではあるものの、徹底した自由化と市場競争化を目指していることを忘れてはならない。ルール作りもあらゆる経済活動を原則、自由な市場競争にさらすという方向でのルール作りなのである。医療、教育から資源、知識（知的資源）、環境への権利まで市場取引に委ね、基本的にあらゆるものを市場化しようというのが、アメリカの経済観である。ここでいう「社会」の安定に関わるものまで、効率性と生産性という市場競争の原則に委ねようというのだ。この経済観は、個人主義や能力主義、成果主義、そして、すべてを客観的な数値で示すことで普遍性を確保できる、という価値観に基づいている。そしてこの価値観こそはまさしくアメリカ文化の中枢なのである。

だから、ＴＰＰにかかわる日米交渉も、その本質は、日米の経済観の相違、その背後にある文化や価値観の相違からくるものである。利害の調整という外観に踊らされて、経済観の対決という面を理解しないと、取り返しのつかないことになりかねない。

正論のスススメ

安倍政権この1年と今後

産経新聞
2013年12月16日

年のせいとはいいたくないが、1年が飛ぶ矢のごとく過ぎてゆく。若い頃には12月ともなると多少は1年を振り返り、春先はどうだった、夏には何があったのと、時間の経緯をたどりつつ思い起こしもしたものだが、いつのころからか、そうした時間の流れが実感されない。ほんの1年前でも過ぎ去ってどこかへ消えてしまっている。

もちろんこれは個人的な事情にもよるのであろうが、結構、若い人たちも似たような感想を持っており、どうやら、われわれのこの時代の特質なのかもしれない。ともかくも、日々がさしたる深みも味わいもなく、しかもただただあわただしく過ぎてゆく。

さて思い起こしてみると昨年（2012年）の今頃にはちょうど総選挙があり、自民党が政権に復帰したのであった。その後、安倍晋三首相の放った「三本の矢」によって社会のムードは一変してしまった。株価は上昇し、各種経済指標は景気回復を示し、オリンピックの招致決定や和食のユネスコ無形文化遺産登録で「おもてなし」満載となった。1年少し前のあの沈滞した社会ムードは、三本の矢によってどこかへ吹き飛ばされてしまった。

かくも急激に社会のムードを変えたのは安倍首相の功績であり、その経済政策への期待感の大きさを示している。しかし逆にいえば、それほど急激に変化する社会ムードに依拠せざるを得ない政治は、本質的に危うさを含んでいるともいえる。三本の矢の成果が今のところもっぱら株式市場におけるいくぶんバブル的な動向に示されている、という事実もまた危うさを秘めている。確かに経済は復調しつつあるようにみえ、それはそれで結構なことなのだが、この十数年、日本経済を低迷に陥れた状況そのものはほとんど変わっていない。また日本経済を取り巻く不安定要因も決して減じているわけではない。少子高齢化や人口減少からくる需要の低迷、グローバル化のもたらす過度なまでの競争圧力、各国による過剰な流動性供給による金融市場の不安定化、中国経済の先ゆき懸念、先進国の財政問題など、不安定要因を列挙すればきりはないのである。

今日の日本経済はいわば成熟経済であり、これから先、長期的にみてさして成長が見込まれるわけではないし、また無理に成長する必要もない。医療分野や教育分野など、成長戦略に名指しされている分野は、本来は「成長産業」などとは無縁の「公共的領域」なのである。

その一事からもわかるように、今日、真に必要なのは公共的領域の充実であって、高齢社会化、自然災害、地方の疲弊などに対処する公共的なインフラストラクチャーの整備こそが急務であろう。こういう社会は過度なまでの競争社会ではなく、むしろ共生社会でなければならない。せっかく景気が上昇しムードがよくなったいまこの時期にこそ、将来へ向けた新たな経済社会像を提示することが政治の責務というべきである。

正論のススメ

原発問題、争点にならず

幸か不幸か私は東京都民ではないので、来月の都知事選について格別の意見も感想も持ってはいない。とはいえ、脱原発か原発推進か、を大きな争点とした候補者が複数いることにはいささか違和感を覚えざるをえない。首相経験者が強く後押ししている候補者もいる。

実際、ここには都を動かすことで国を動かそうという候補者らの思惑があり、そうなると東京だけのことではなく、国民誰もが、一言もの申してよいということにもなろう。東京をだしにして国民を巻き込んだ脱原発運動を盛り上げようというのだから、都民もなめられたものというのか、見透かされたというのか、あるいは、国の方針は都が決めるというおごりなのか。

政治には、目的のためには手段をいとわずというマキャベリズムの面があるので、ともかく脱原発を実現するためなら、都知事の椅子を使おうというやり方はありうるだろう。しかし、また、政治の過度な混乱と権力闘争を避けるためには、一定のルールを守り筋を通すことも必要となる。私が違和感を持つのは、もうすでにいくらでもいわれていることだが、国の方向を左右する政策を東京都知事選の争点にすることは、筋違いだからである。

原発問題について、脱原発か推進か、が争点になるとは私には思えない。原則論でいえば、

産経新聞
2014年1月27日

短期的には安全性の高いものから再開すべきである。しかし、中・長期的には、代替エネルギーや将来の経済状態や社会生活の見通しに即して、漸進的に減原発に持ってゆくべきだと思う。それ以外の現実的な考え方があるとは私には思えない。そして、安倍政権の基本的な考え方もおおよそこういうものであれば、安倍政権はその長期的ビジョンを早急に明確な形で打ち出すべきであろう。しかし、さらに大事なことは、問題の本質は原発・脱原発にあるのではない。将来の社会像にこそあるのではないだろうか。

私も「脱」ではないが、「減」原発である。それは、われわれは、エネルギーを最大限に使用して成長を求め、物的豊かさを求めるような生活から脱却すべきだと思うからである。東京の方がどう感じたかは知らないが、あの大地震の後、時々上京した折、夜になれば暗くて静かな東京を見たとき、私はなにかほっとしたものだった。ヨーロッパの多くの都市の夜の暗さや静けさに少し近づいた気がしたものだ。一晩中、人工の光に照らされ、電灯に群がる蛾《が》のように（失礼）、人々が夜を徹して遊興に耽《ふけ》る方が異様なのではないだろうか。

あの地震は、エネルギーをふんだんに使い、経済を成長させ、金銭を膨らませ、そして富と幸福を追求するという戦後われわれが追い求めてきた生活を全面的に転換する契機だったのではなかろうか。もしも「脱原発」を訴える候補者が東京をもっと暗くし、物的な生活水準を落としてでも、脱成長あるいは脱近代のモデル都市にするというなら、これは十二分に重要な争点となったであろう。

ＳＴＡＰ細胞の夢どこへ

産経新聞
2014年３月24日

ＳＴＡＰ細胞という「夢」が消えかけている。「夢の若返り」どころか「夢の前へ逆戻り」という事態になりかねない。もっとも、まだＳＴＡＰ細胞自体の存在が否定されたわけではなく、今後の再現の可否を待つということである。

理化学研究所の責任はひとまずわきに置くとして、会見において野依良治《のよりりょうじ》理事長も述べていたが、今回の不祥事が例外的で特異なものなのか、それとも、今日の時代とカルチャーのなせるものなのか、少し検討してみる必要はあるだろう。

一般論としていえば今日の科学研究や学術研究の置かれている現状はかなり異常なものになりつつあるように思う。１９９０年代以降、市場競争が世界規模で著しく展開し競争における勝者が莫大《ばくだい》な利益を得るようになった。これは個人の単位でも国の単位でも同じことである。同時に利益を生み出す機会がモノ作りや土地を耕すのではなく、科学や専門的知識における革新に求められるようになり、とりわけ新たな産業技術を可能とする特定分野の科学知識は金の卵を生む鶏になってしまった。

その結果どうなるか。市場競争の論理と金銭的利益と科学研究がかつてなく密接に結びつけられてしまい、「有望」と見なされる分野には多大のカネが投ぜられる。研究者にはそれに見合った成果が強く期待される。しかもそれがグローバルな規模で行われるわけだから、ここに激しい競争が生じ、研究者は一刻を争って成果をあげなければならない。わずかな遅れによって、すべては無意味になりかねない。しかも、多くの場合、研究者自身が不安定な雇用状態にあって、成果を出さなければ首がつながらないのである。

こうしたことは、民間の研究機関だけではなく、大学も同様である。「有望」視されている分野には巨額の予算がつく。そうでない分野は縮小を余儀なくされる。この場合「有望」であるとは、将来、カネを生むと期待され、成長産業と見なされるということなのである。

うまくいけば、このやり方で成果をあげる分野はあるだろう。しかし、過度な市場競争、成果主義、能力主義を学術研究一般に適用することは、私には恐るべき事態のように見える。「有望」であるか否かの基準が市場の論理、営利の論理に偏りすぎ、また、分野間での条件の格差が開きすぎるのである。一見、何の社会的な役割も果たさないように見える、しかし長い目でみれば重要な意味を持つ研究はいくらでもあり、そのための場を提供するのが大学であった。とりわけ文系の学術には短期的な成果主義も市場競争もそもそもそぐわない。

知識はもともと公共的なものである。それを特許や知的財産権などという形で市場化し、競争をあおるというやり方は本当は望ましくない。公共性を持ったものは、利潤原理ではなく公的な形で運用するのが望ましいだろう。「有望」かどうかは、市場が決めるのではなく、公共的な意思が決めるべきことがらなのである。

正論のススメ

忘れられた4月28日

産経新聞
2014年5月19日

大型連休も終わり、当分、国民の休日はない。もっとも、大方のものにとっては、どうやら休日だけが大事で、何のために休んでいるのか、はさして関心がないようだ。

連休前に学生に聞いてみた。5月5日（こどもの日）はさすがに知らぬものはいないのだが、3日の憲法記念日は半数に満たない。4月29日の昭和天皇の誕生日になると、300人ほどの学生のうち10人程度になる。ついでに、休日ではないが4月28日は、と問うと、ほぼゼロである。サンフランシスコ講和条約発効の日だというと、ようやく、ああ、あれか、という。

サンフランシスコ講和条約にせよ、昭和天皇にせよ、憲法にせよ、すべてあの戦争絡みであって今の若者にとっては過ぎ去った歴史的出来事になってしまったようにも見える。しかし、実は、その彼らも、サンフランシスコ講和条約で固められた体制の中に生息し、憲法を当然のものとして受け止めている。となると、あの戦争は遠くなったどころか、本当は、あの戦争の産物である「戦後体制」のなかにどっぷりとつかっており、しかもその自覚をまったく失っている、ということになろう。

今年（2014年）は、沖縄に配慮したのか、中韓に遠慮したのか知らないが、政府主催の

「主権回復の式典」は行われなかった。この日から「戦後」が始まることを改めて喚起したメディアもほとんどなかった。しかし、確かに1952年の4月28日まで日本に主権はなかったのである。するとたちまち厄介なことが生じる。すなわち、主権を持たない国がそもそも憲法を作る（たとえ改正だとしても）ことができるのだろうか、という当然の疑問が生じるのである。

さらに、サンフランシスコ講和条約は、主として英米蘭などとの講和であって、中韓ともソ連とも結んでいない。もちろん北朝鮮ともである。その後、韓国とは日韓条約が締結され、中国との間には日中平和友好条約が締結された。しかし、韓国との間では竹島の帰属は曖昧にされ、中国との間でも尖閣はあえて議題からはずされた。日ソ共同宣言でも領土問題は先送りされた。となれば、いささか強引な言い方をすれば、東アジアにおいてすべての領土問題が決着したわけではない。すなわち厳密な意味では戦争は完全には終結していないことになる。

もちろん、私は、中韓、北朝鮮、ロシアといまだに交戦中だなどといおうとしているわけではない。ただ、サンフランシスコ講和条約で日本は主権を回復し、民主的平和国家として国際社会に復帰した、という「戦後話」で「あの戦争」を片付けるわけにはいかない。いやそれを簡単に「戦後」とさえもいうわけにはいかないのである。現に、韓国は慰安婦問題を繰り返し唱え、中国は南京事件を繰り返し持ち出す。太平洋はともかく、東アジア（大東亜）においては、いまだにわれわれはある種の緊張の中に置かれていることを知らなければならない。「こどもの日」だけは知っている、では甚だ心もとない限りである。

正論のスススメ

誰が国を守るのか

産経新聞
2014年7月21日

戦後日本は、民主主義と平和主義を高く掲げ、この二つの主義を両輪にしてきた。その結果、多くの者にとっては、民主主義イコール平和主義とみなされた。民主主義者は平和主義者でなければならなかった。両者とも「主義」であるからには思想的な立場の表明であり、その反対の立場もありうるだろう。しかし、わざわざ反民主主義を宣言する者などめったにいないし、戦争主義などを訴える者もいないので、誰もが、積極的か消極的かは別として、民主主義者であり平和主義者である。にもかかわらず、戦後日本の民主主義と平和主義の組み合わせが、どうもうさん臭いのは、この平和主義がもっぱら憲法9条の武力放棄を意味しているからにほかならない。平和愛好、構築なら誰も批判もしないだろうが、問題はその方法なのである。憲法9条といういささか特異な形態における平和主義という「方法」が問題なのである。

もっとも、いわゆる護憲派の平和主義者からすれば、憲法9条に示された平和主義こそが理想的理念だということになる。とすれば、その途端にまたうさん臭さが露呈してくる。それは、日米安保体制の存在である。平和主義を掲げながら米軍を駐留させ、他国との交戦になれば、米軍を頼みにするということの欺瞞《ぎまん》である。交戦とまではいかなくとも、少なくとも、戦争の抑止を米軍に依存していることは間違いない。憲法を前提とすれば、こういう形にならざるをえない。しかしそれを平和主義といって、何やら就職活動の履歴書のように、いかにも温厚、誠実、穏健を演出しても、その背後にあるものを想起すれば、欺瞞的というほかない。

実は、民主主義はイコール平和主義ではないのである。たとえば、戦後日本で民主主義の手本とみなされたジャンジャック・ルソーは、決してそんなことはいっていない。それどころか、統治者が国のために死ねといえば、市民は進んで死ななければならない、と明瞭に書いている。言い方は少々どぎついが、端的にいえばそういうことになるのであって、それが西欧政治思想の根本なのである。

どうしてかというと、近代国家は主権によって動かされる。そして、主権者の役割は何よりまず国民の生命財産を守ることとされる。とすれば、もし主権者が君主なら、君主は彼の国民の生命財産を守らなければならない。そして主権者が国民ならば国民が自らの手によって彼ら自身の生命財産を守らなければならない。これが道理というものであろう。とすれば、民主主義では国民皆兵が原則なのである。もちろん、具体的にはさまざまな形がありうる。しかし「理念」としてはそうなる。

こうしたいささか面倒なことを書いてきたのは集団的自衛権にかかわる論議において、この種の原則論がまったく確認されていないことに危惧をおぼえるからである。技術的・法的な手続き論も必要だが、本当に重要なのは「誰が国を守るのか」という原則論にこそあるのではなかろうか。

正論のススメ

歴史観の欺瞞示す朝日虚報

産経新聞
2014年9月15日

私が学生のころといってももう40年ほど前のことだが、朝日新聞は圧倒的な権威を持っていた。いわゆるサヨク全盛の時代である。とりわけ学生にとっては新聞といえば朝日であった。その朝日新聞が「炎上」している。例の「従軍慰安婦」に関する報道の一部の誤りを認めたためである。一部といっても、「慰安婦の軍による強制」の根拠になった吉田清治なる人物の証言の虚偽性を認めたのだから、この30年におよぶ朝日の一連の慰安婦に関する報道が虚偽であったというに等しい。今日の日韓関係の出口のない行き詰まりをみれば、この誤報もしくは虚報が与えた負の影響ははかりしれない。今頃になって記事を取り消しても、「大罪」は取り返しのつくものではない。

さてここで私が気になるのは次のようなことである。戦後日本は大東亜戦争を、日本のアジア進出が引き起こした侵略戦争とし、その反省に立って戦後の民主主義、平和主義国家へ転換を果たしたことになっている。戦争を引き起こしたのは世界制覇を意図した軍国主義的な勢力であるとするポツダム宣言を受け入れ、その下でアメリカの占領を認めたのである。

この歴史観を受け入れる限り、戦後の日本はアジア諸国に対して加害者となる。かくて戦後の日本人はアジア諸国に対するある種の負い目を感じてきた。とりわけ中国、韓国に対してはそうである。このような心理的な負い目を背景として、慰安婦問題を執拗《しつよう》に取り上げたのが朝日であった。韓国女性という被害者を持ち出せば、加害者である日本をいくらでも批判できる。しかもこの場合、より特定すれば、加害者は日本政府である。つまり「国」である。だから、慰安婦は「国」による強制でなければならなかった。

侵略戦争をはじめたのも「国」であり、現在、アジアへの謝罪に消極的なのも「国」である。こうして、韓国女性の慰安婦という被害者の側に立つことで「国」を批判したのがいわゆる進歩派知識人であり、その代表が朝日新聞であった。

こうなると、彼らは被害者に寄り添うことでいわば免罪される。悪いのは「国」であり、権力を持った政府である、ということになる。戦後民主主義とは、国民の名の下に権力者である「国」（政府）を批判するイデオロギーとなった。慰安婦は、戦後民主主義者にとって、「国」を攻撃する格好の材料となったのである。

こういうやり方はいかにもズルイ。いや、欺瞞《ぎまん》的といってもよい。しかしこの欺瞞を生み出したものは、あの戦争を、日本の「国」による侵略戦争であったとする連合国の歴史観であり、それを受け入れた戦後日本そのものともいえる。だから、進歩派知識人とは、この歴史観から出発した戦後日本の優等生であり、いわばアメリカの占領政策の産物でもあった。とすれば朝日の虚報問題とは、実は、アメリカ的歴史観、戦争観を受容して恥じない戦後日本の欺瞞を暴きだすものといわねばならない。

東京五輪の夢もう一度？

産経新聞
2014年10月20日

ちょうど50年前の今頃は、日本中が東京オリンピックに沸いていた。私は中学生だったが、いくつかの競技はテレビで見ていたのだから、学校で見たのか、授業休止にでもなったのか。ともかくも少年にとってはお祭りそのものであった。しかも、その直前に東京―新大阪間の新幹線開通があり、生徒会の代表がその新幹線に乗って上京していた。本当はオリンピックよりも新幹線の方により強くひきつけられていたのだった。

しばしばいわれるように、東京オリンピックはあの敗戦からの日本の復興を世界に印象付け、また同時に、この成功は日本人に強い自信を与えた。東京開催のオリンピックはまさに日本のオリンピックであって、東京はただ日本の中心というだけでなく、いわば日本を象徴していた。新幹線計画は、九州や東北を東京と結びつけ、高速道路網は、東京と地方の物流の動脈となるはずであった。

だから、東京が発展し活性化すれば地方も活性化し、日本全体が発展する、というロジックがそこにはあった。経済成長率は10%ほどであるから、仮に年々付け加えられる富の半分が東京へ流れても、残りの半分は地方へゆく。それを幅広くならせば、地方も年々、確実に豊かになっていったのである。

この頃、国民的スポーツであったプロ野球は依然、巨人を中心に動いていた。王と長嶋が打てば巨人が勝ち、巨人が勝てば野球は面白く、それが社会全体に活気を与えていた。東京オリンピックと似たような構図である。東京でオリンピックが開催されれば東京が活性化し、日本が活性化するのである。わかりやすい構造であった。

それから50年たって、今日、夢を再びというわけで、再度の東京オリンピックとリニア新幹線が予定されている。しかし、状況はあまりに異なっている。この十数年の構造改革やグローバルな市場競争政策のおかげで東京と地方の格差は著しく拡大し、東京一極集中はもはやその流れを逆転させることは大変に困難な状態である。私も時々、地方都市へ行くが、県庁所在地でさえも、中心部の空洞化はすさまじく、その代わり、郊外の国道沿いにズラッと並んだ量販店やショッピングモールは、どこへいってもまったく同じ光景を作り出している。

アベノミクスで少し景気回復とはいっているものの、この10年ほどの成長率はゼロに近く、これが一気に3％や4％に上がるとも思えない。とすれば、東京への一層の富の集中は、地方の一層の疲弊をもたらす。1960年代のように、誰もがそこそこ富をえるというプラス・サムではなく、今日、われわれはゼロ・サム・ゲームの中にいるのである。だから、このままでは、安倍政権の打ち出す地方創生と東京オリンピックは向いている方向が逆になる。東京オリンピックをただ東京だけのお祭りにするのではなく日本全体を巻き込むものにできるかどうかは、それを地方創生へどうつなげるか、という難問を突破できるか否かにかかっているのだ。

正論のススメ

価値についての議論欠如

産経新聞
2014年12月8日

今回の総選挙の最大の争点はアベノミクスの評価である、と一応はいえるのだが、この争点の意味がもうひとつはっきりとはしない。というのも、野党はアベノミクス批判は展開するが、それに代わる明快な代替的政策を打ち出すことができていないからだ。もともと野党は解散・総選挙に反対であった。奇妙なことである。政権側が民意を問うといい、野党が民意を問う必要はない、という。これでは野党の側が、政権を支持しているようなものなのである。

しかしもうひとつアベノミクスが争点となりにくい理由がある。それは、この政策がいまだ道半ばであり、まさにこの半年ほどが正念場になるだろうからだ。多くの者がアベノミクスに一定の評価を与えている。第一の矢（超金融緩和）と第二の矢（機動的財政出動）によってある程度の景気回復が達成され、脱デフレのめどがついた。何よりも経済についてのムードが一変した。これは民主党政権では成し得ないことであった。

しかしまた、今後の展望については十分な確信が持てないのである。当初の楽観的期待は悲観的観測をにじませ、どちらに振れるか予測がつかない。その理由は第三の矢である成長戦略が見えづらいからである。成長戦略はある程度の期間を必要とし、即効を期待する方が間違っているが、それにしてもその内実が見えにくい。地方創生にせよ、人口1億人維持にせよ、女性の社会進出にせよ、いまだ具体的な姿が見えてこないし、そもそも成長戦略たりうるのかもわからない。まだ何かが欠けているように思われる。では何が欠けているのであろうか。

私には、根本にあるはずの価値についての議論が欠如しているように見える。20年にわたる長期停滞と15年にわたるデフレ経済からの脱出は必要なことであった。そのためには成長戦略も必要であろう。しかし、ではそれなりの景気回復を果たした後に、どのような社会を創出するのか。その社会像が見えてこないのである。

いくら人口政策をとっても、せいぜい減少率を緩やかにする程度のことであろう。グローバル競争を前提とする限り、実質賃金を上昇させるのはかなり困難であろう。少子高齢化社会とは人々が活発に消費にいそしむ社会とはいい難いであろう。

これらのことは将来の社会像を描く場合の基本的な条件になる。良いも悪いもない。現実問題として日本は人口減少・少子高齢化へ向かい、おまけに巨大自然災害が予測されている。今後、多くの先進国が人口減少・高齢化へ向かうというものの、日本はその先頭を切るという意味でも相当に特異な状況に置かれているのである。とすれば、この10年、20年で、どのような社会を実現するのか、その将来像について、ある程度の見通しがなければならない。どのような価値に即して将来社会を構想するかという価値選択の問題でもある。大変難しい課題ではあるが、そうして初めてどの分野に中心的に資源を投入するかという成長戦略も有効になるだろう。

「表現の自由」はらむ危険

産経新聞
2015年1月26日

今日、「自由」とは何を意味するのだろうか。あるいは、われわれはまだそれほど「不自由」なのであろうか。そんな感想が浮かんだのはフランスで起きた連続テロ事件を機に欧米各地で生じた「私はシャルリー」のデモ報道に接したときであった。テロに対して「表現の自由を守れ」の大合唱である。

無差別テロを擁護するわけではまったくないが、「表現の自由を守れ」と口々に叫ぶほどのものであろうか。異国の異教徒の神を風刺する権利は誰にでもある。確かに表現の自由はある。しかしそんな権利をわざわざ行使するかどうかは、良識の問題であろう。表現の自由が、表現された当の相手を深く傷つけ、挑発し、場合によっては反撃をくらうことは想定できることで、それにもかかわらずその権利を行使するのは、それなりの切実な理由、覚悟があってのことでなければなるまい。さすがに今回の出来事は、風刺画を掲載した新聞社への批判も強く、イスラム諸国だけではなく、西洋諸国でも批判がでている。当然のことであろう。

私などまずは「自由」とは、果たしてそれほど普遍的で無条件に擁護されるべき価値か、と考えてしまう。自由、平等、博愛を掲げ、近代的自由を高々と掲げたフランス革命のなかでいったい何万人が殺されたのだろうか。自由とは第三身分の自由にすぎず、それに反対するものは「自由」の名の下に殺害されたり、国外に追放されたのだ。「テロ」という言葉はもともと革命派の恐怖政治に対して反対派が投げつけた言葉なのである。「自由と平等」を掲げた側がテロリストだったのである。

フランス革命から始まった西洋の近代的な「自由」は、それを「万人」が持つ普遍的な権利だという。だからこれに反対するものは人類に対する挑戦者ということになる。ところが、イスラム教徒は、神（アッラー）の教えに従った生活を至上のものとし、「自由」もせいぜいその範囲におさまるものでしかない。信仰と規律が価値の中心になっている。とすればイスラムの価値観はたちまち西洋流の近代的「自由」と対立する。

こうなると普遍的な「自由」などというものも、決して普遍的ではなく、あくまで西洋流の価値だということになる。「私はシャルリー」と叫ぶ人たちの「自由」も、あくまで彼らの都合に合わせた自由ということになる。現に、いくら表現の自由などといってもユダヤ人差別やナチス賛美を暗示する作品を掲載するはずはなかろう。

私にはむしろ「表現の自由」が今日、あまりに陰湿に他人を傷つけ、野放図に他人を攻撃する方が気になる。インターネット上の陰湿ないじめや心ない中傷や批判、ヘイトスピーチなど。さらにはこれもネットにあふれる過剰な性的、暴力的「表現」である。「表現の自由」は、当然、表現の仕方とその内容における良識を求める。ところが「表現の自由」それ自体の絶対化は、その良識を破壊しかねない。われわれにとってはそのことの方が危険なのではなかろうか。

「ピケティ」の置き土産

産経新聞
2015年3月23日

「ピケティ騒動」も一段落したようである。今年（2015年）の1月から2月にかけて、このフランス人経済学者の書いた『21世紀の資本』（みすず書房）をめぐるわが国ジャーナリズムの熱狂ぶりはいささか常軌を逸し、かつぶざまなものであった。来日した本人がまず間違いなくこの異例の「歓迎」ぶりと異常な「関心」の高さに驚き、おそらくはいささか辟易《へきえき》したのではなかろうかと思う。

日頃このような書物にまったく無縁な人を含めて、どこか愛嬌《あいきょう》のある響きを持ったこの名前は、日本のかなりの層にまで拡散したようである。

所得格差や資産格差が、今日の先進国において、急激に拡大しつつある、という彼の主張は、特に衝撃的というわけではない。多くの人が持っている印象であろう。その意味では、この書物は、特に「すごい」ことを論じているわけではない。おまけに、かくも格差が拡大するその理論的説明や理由の詳細はほとんど提示されていない、となれば、どうしてかくも大騒ぎをする必要があるのか、という気にもなるのだ。

ところが考えてみれば、この書物は、実は、大変に重要なことを暗示している。しかも、それはほとんど指摘されていないのである。

それは次のようなことだ。今日の格差拡大の背景には、資本の利潤率が経済成長率よりも高い、という統計的事実がある、とピケティは主張する。利潤率が高くなるのは、ひとつは金融資産からの収益率が高いからであり、もうひとつは、新たなイノベーションによって高付加価値の商品が作り出されるからであろう。ということは何を意味するのか。ピケティの統計からすると、新たなイノベーションが決して高い経済成長を生み出していない、ということになる。これは相当にショッキングな事実ではなかろうか。

1990年代以降、次々と新たなイノベーションが行われた。IT革命、金融革命から始まり、今日の、生命科学や遺伝子工学、ロボット技術などなど。次々とイノベーションが行われ、イノベーションこそが経済を牽引《けんいん》する、といわれてきた。イノベーションが競争力を生み出し、経済成長を可能とする、というのが今日の常識になっていたのである。

ところが、どうやら、この20年ほどのイノベーションは、決して高い経済成長をもたらしてはいない、という。ということは、今日の経済においては、ひたすら高額の研究開発投資を行って新たな技術を開発しても、それが必ずしも経済を成長させるとはかぎらない、ということになる。どうしてそうなるのか。私なりの考えがないわけではないが、それをここで述べるスペースはない。しかし、これは格差問題よりもより深刻なことなのではないだろうか。というのは、もしそうだとすれば、現在、政府や財界が後押ししている成長戦略も根本から見直さなければならなくなるからである。ピケティは去っても、この置き土産は残されている。

日本の産業革命 光と影

ユネスコの世界遺産に日本の「産業革命」にまつわる諸遺産が登録勧告された。長崎の端島《はしま》（軍艦島）や大牟田の三池炭鉱跡など、日本の近代化に大きく貢献した場所であり、施設である。登録されれば、明治の近代化を強力に推進した殖産興業の成果がそのまま世界遺産として認知されたことになる。それは、西洋発の技術の非西洋世界における最初の歴史的な成果というわけだ。

確かに、明治とは、何よりも富国強兵を目指した政府が率先して西洋の技術を導入し、産業革命を推進した時代であった。その見事な成果は、明治の末年にもなると、日本は西洋列強に比しても引けをとらない強国へと成長したことからもわかる。

しかし同時に、このことが、近代日本人の思考に、あるバイアスを与えたことも事実であろう。それは、常に西洋諸国にモデルを求め、彼らの成果を技術的で実用的な観点から取り入れる、という思考である。それは、日本の近代の教育にも反映しており、自らの頭で時間をかけて考え、創造的なものを生み出す、という思考よりも、技術主義的で実用主義的な成果を重視し、また、いち早く欧米での成果を導入するものが重宝されることとなった。

産経新聞
2015年5月11日

明治政府の課題は、アジアの植民地化をはかる西洋諸国と、いかにして対峙《たいじ》するかという点にあった。日本の近代化も、日本の独立を保つことが最大の目的であり、そのために、欧米に追いつくことが至上命令となったのである。日本の産業革命は、その裏面に多大な犠牲をも伴っていた。三池炭鉱は落盤事故の犠牲者とともにあり、製糸業は「女工哀史」とともにあった。地方は貧困にあえいでいた。それでも、その犠牲を受け入れたのは、ただそれが日本の独立と西洋並みの一等国となる、という「坂の上の雲」が遠望されたためである。こうした中で速成の技術導入を達成する技術主義へ傾斜したことはわからないわけでもない。殖産興業がわれわれにとって何の意味があるのか、などと問う必要もなかった。われわれの哲学や価値観など必要なかった。

では今日はどうなのであろうか。今日、再び、「新産業革命」の時代だといわれたりもする。ＩＴ革命や生命技術革命、新エネルギー革命などと掛け声が大きく、政府は、新たな戦略的産業を作り出さなければ日本は置いてきぼりをくう、という。その結果、産業界も教育界も著しく技術主義、実用主義、成果主義へと傾斜し、成果をだした分野へ巨額のカネが集まるようになった。明治近代化の裏にあった貧困の記憶もない。

しかし今日、われわれはもはや欧米に追いつくことが目的なのではない。欧米さえもはやモデルにはならない。新たな産業がわれわれを本当に幸せにするという見通しもない。とすれば、今日、真に求められているものは、われわれがどのような社会を作るかという「哲学」であり「価値観」ではないだろうか。産業の革命ではなく、思考の革命が本当は求められているのだ。

正論のスススメ

没後70年 西田哲学を思う

産経新聞
2015年6月22日

6月7日は西田幾多郎《きたろう》の70回目の命日であった。戦後70年とはまた、日本を代表する哲学者、西田の没後70年でもある。

西田は明治3年（1870年）に生まれているから、大東亜戦争と敗戦に至るまでの近代日本をほぼそのまま生きた人物であった。夏目漱石は明治の前年の生まれだから、ほぼ同世代といってよい。この時代の知識人に共通の特徴であるが、まず、儒学などの漢籍の基礎があり、その上に西洋の思想を摂取している。漱石は漢詩をよくしたが、西田は多くの和歌を残した。

そして、これも漱石と共通であるが、西田も、西洋の思想や文学を、当時の最先端のものまで渉猟《しょうりょう》したあげくに、日本人が西洋の学問をすることの意味を問わざるを得なかった。西田の場合には、西洋の哲学を突き詰めた後につかみ取ったものは、きわめて「日本的」（あるいは「東洋的」ともいっている）なものであった。若いときから、禅に強い関心を持っていた西田は、無私であれ、無我であれ、無心であれ、ともかく「私」を滅して「無」へ向かう、というところに日本的な精神をみた。しかし、「無」を言語や論理で表現することは難しい。それは、西洋のような合理的論理とそもそも合致するはずがない。それゆえ、西田幾多郎の哲学は、独特の晦渋《かいじゅう》な文体を持ったかなり難解なものとなる。

西田哲学といえば、戦後、しばしば戦争責任を問われた。近衛文麿（元首相）が西田の弟子であり、西田自身も海軍とつながりがあったためであり、西田の弟子の京都帝国大学の学者たちが戦争の意味づけに積極的であったためである。

しかし、西田自身が大東亜戦争に積極的であったことはない。ただ、戦争をする限り、それは、西洋の文化や思想に対する日本の文化や思想をかけたものでなければならない、と考えていた。西洋の生み出した近代思想が世界を舞台にした帝国主義へ至ったという現実を、日本の文化や思想で乗り越えることができるか否かが問われている、と考えたのである。

西田は日本の敗戦は知らない。しかし昭和20年（１９４５年）にもなると日本の敗戦は西田には明らかで、４月には弟子にあてた手紙で次のようなことを書いている。日本が今日の困難に陥ったのも、ただ武力を頼もうとした政治家に深い思想がなかったからだ。国は道義と文化に基礎をおかねばならない。一時の時勢に惑わされて、この根本的な原則を間違ってはならない。文化と道義さえ保てば、かりに戦争に負けることがあっても、また再起できるだろう、と。

それから70年がたった。日本は経済大国として再起し、平和国家ともなった。しかし、文化や道義となれば、どうであろうか。国際化やグローバル化の掛け声のなかで日本の学問は、ますます輸入学問風になり、日本的な精神を学問の基礎に据えるなどという関心を抱くものはめったにない。西田のような志を持った学術が日本の敗戦とともについえ去ったとすれば戦後70年とは日本の文化的敗戦というほかない。

正論のススメ

戦後70年 歴史観は妥当か

産経新聞
2015年8月24日

この夏は、各種メディアによる戦後70年特集の競演といった感があったが、それもこの15日の終戦の日を区切りに一段落ついたようである。その「クライマックス」は実は14日の安倍談話であった。15日の各紙は談話報道一色であったが、秋風が吹く頃には、誰も話題にはしなくなるのかもしれない。「全体によく考えられたバランスのとれた談話であった」というのが、おおよその評価のようである。

そこで、あえて14日の安倍談話に引き戻したいのだが、この談話でどうしても気になることがあった。メディアの大方の関心は、この談話の国際政治的な意味にあり、植民地支配、侵略、反省、おわびの四点セットが盛り込まれるか否か、がもっぱら焦点になった。一方、この談話が前提にしている歴史観については、ほとんど関心が払われなかった。これは私には奇妙なことなのである。この歴史観とは次のようなものであった。

19世紀は西洋列強による植民地主義、帝国主義の時代であった。しかし、第1次大戦以降、とりわけアメリカの出現によって、世界は、自由・民主主義を基調とする世界秩序形成へ向けた国際協調主義へと向かった。にもかかわらず、日本はこの潮流を読み違え、大陸へと侵攻し、自由・民主主義的な世界秩序に対する挑戦者となるにいたる。そこで、戦後の日本は、その痛切な反省にたち、自由・民主主義・人権・法の支配などの「普遍的価値」に基づく「国際社会」の形成に向けて貢献している、というものである。

この歴史観はアメリカが戦後に強力に打ち出したものであった。世界史とは、自由や民主主義といった普遍的価値の実現プロセスであり、それに対する敵対者は徹底して排除され処罰されねばならない、というのである。安倍談話はこうした歴史観に基づいている。そして安倍首相のいう「積極的平和主義」はその延長線上にある。

しかし70年前に時計の針を戻すと、当時、おそらく日本人の誰一人として、この種の歴史観を持ってはいなかったであろう。ただ英米本位の力による世界支配の口実だと思っていたであろう。あの戦争は、昭和天皇の終戦の詔勅にあるように「帝国ノ自存ト東亜ノ安定」のためのものだと考えていたであろう。それを全面的に覆したのはポツダム宣言と占領政策であった。

ポツダム宣言は、どこまで明瞭な意図があったかは別として、一定の歴史観を示していた。それは、大東亜戦争を、日本の軍国指導者による、自由や民主主義の世界秩序への挑戦であるとする。したがって、この戦争指導者は厳重に処罰されねばならず、民主国家として再生することで日本は世界秩序へと編入される、という歴史観である。占領政策は、この歴史観を徹底的に日本人に叩《たた》き込むものでもあった。日本の「戦後」とは、このアメリカ流歴史観を受け入れることによって立ち上げられたといってよい。戦後70年、われわれが本当に論じるべきは、この歴史観の妥当性なのではなかったろうか、と思うのである。

正論のススメ

ノーベル賞とエリート教育

産経新聞
2015年10月18日

今年（2015年）のノーベル賞を2人の日本人が受賞した。医学・生理学賞の大村智さんと物理学賞の梶田隆章さんである。大村さんは、父親が山梨で農業の仕事に携わっており、幼少期より自然にふれ農業を手伝っていたという。一方、梶田さんは子供の頃から本が好きで、親がわざわざ外へ遊びに出しても、また家に戻ってきて本を読んでいたといったエピソードが語られていた。格別に学校の勉学ができたわけではなかったようである。

近年の芥川賞の大騒ぎを見てもわかるように、どうも「賞」が大好きなわれわれ日本人にとって、ノーベル賞は特別な意味を持っているようで、学問世界の勲章の扱いである。日本人の受賞者数は世界で第7位だそうだ。近年の受賞ラッシュに便乗して日本人の知的水準の高さが証明されたかのような筋違いな誇りを持ってしまいかねない。

そのうちに韓国からも自然科学分野の受賞者が現れ、中国もこれを国策に位置づけ、10年もすれば、ノーベル賞が世界対抗の知的オリンピックの如《ごと》き扱いにならないとも限らない。

そうなると、わが国の文教政策もノーベル賞級の研究者を育成せよ、ノーベル賞級の研究に補助を与えろ、といった安直な成果主義、業績主義へと流れ、そこに巨額な研究費の獲得という世俗的な商業主義が割り込んでくるだろう。すでに近年の過度に短期的な成果を求められる研究環境をめぐる風潮はその方向を十分にさし示している。「世界に通用する一流の人材を養成する」というのが、この数年の教育のひとつの目標になっており、早い時期から英語教育や英才教育を施し、学業成績の優秀なものは飛び級で大学入学を許可し、特定の分野に飛びぬけて秀でたものにはそれなりの特権を与え、大学院レベルでは、国際的に活躍できる「スーパー・グローバル人材」を育成しようというわけである。少なくとも、文教政策の一つの柱はこの種の学問エリート育成の方へ向いている。

もしも、こうしたことが本当に実践され、学校教育を通じた、政府による「世界に通用する知的エリート養成」が教育の中心にプログラム化されるとなると、これは恐るべき愚行といわねばならない。「賞」が学問研究の目的でないことはいうまでもないが、いずれ、一流の研究者の持つ感性には独特のものがあって、それを学校のエリート教育と成果主義のなかで育成するのはきわめて難しい。

むしろ、子供時代にたっぷりと自然に親しみ、好きな読書にひたり、のびのびと自分自身の発見や思考を粘り強く追究できるような環境を与えることの方がはるかに大事であろう。ある種の美意識や倫理観を養うことは、真にすぐれた仕事をなしとげる条件でさえあるように思う。

そして、一時代前の日本にはまだしも、そのような余裕があったように思う。真に優れた研究者は、決して今日の性急な成果主義やエリート育成のなかで育ったわけではないことを改めて思い返すべきであろう。

正論のスススメ

精神の余裕失った日本

産経新聞
2015年12月28日

15日付の「正論」欄に日本思想史研究者の先崎彰容《せんざきあきなか》氏が「精神の荒廃を生む『微笑』の喪失」という文章を書いておられた。戦争終結の年の秋、奈良に遊んだ亀井勝一郎は、中宮寺の如意輪観音のあの静かな微笑に強く惹《ひ》かれる。敵を罵倒し、見せ掛けの勇ましさが闊歩《かっぽ》し、動脈硬化を起こしたような精神が支配したあの戦争のなかで、日本人はこの微笑を忘れてしまっている、というのである。先崎氏は亀井に共感しつつ、今日、われわれもまた微笑を喪失しているのではないか、と書いておられる。

確かに、この時代、われわれは、右であれ左であれ、自分と異なった意見には耳を傾けず、国会前であれ国会内であれ、大声で自己主張をし、中国・韓国に罵声を浴びせ（また、先方からも罵声が飛んでき）、ツイッターやＬＩＮＥで気に入らない者を誹謗《ひぼう》し、政治家であれ企業の幹部であれ学校の先生であれ、失態とみれば、すぐに責任を取れとばかりにつるし上げる。こういう時代にはなってきた。

新聞を見ていたら、今年（２０１５年）をあらわす熟語として「千客爆買」などというのが載っていたが、山ほどの商品を抱えて大声で騒いでいる海外からの観光客を、ＧＤＰをいくら押し上げてくれた、などと持ち上げて恥じない風潮も殺伐としたものである。

グローバルな大競争の時代になり、どの国もゆったりと成長できる世の中ではなくなった。競争は、国の単位においても、企業や組織の単位においても、あるいは個人を単位としても、勝者と敗者を作り出してゆく。構造改革で、勝てるところにカネをまわせ、勝てないところは切り捨てよといった政策を続けた結果も手伝い、この十数年のうちに、われわれは、すっかり余裕を失ってしまった。余裕を失ったのは、十分な経済成長を生み出すことができなくなった富の世界だけではなく、われわれの精神の方も同じである。いや、停滞の20年などといっても、日本は依然、経済大国である。富は十分にある。しかしこの豊かさのなかで、われわれは、精神的な安寧や余裕を失っている。自分を支えるために、少しでも自分に敵対する（と思われる）ものを攻撃し、自分を傷つける（と感じられる）ものを罵倒し、自己の存在を示すために大声で自己主張をする、という風潮へとなだれ込んでしまった。

こうしたことは、もともと、われわれ日本人がもっとも忌み嫌ってきたことではなかったろうか。大声で言挙げしない。強引な自己主張は控える。相手の気持ちを忖度《そんたく》する。ことにあたって冷静でいる。友を裏切らず、他人を誹謗しない。仁や義を重んじる。こういったことがらは日本人の精神文化の核にあったはずだ。それが、このグローバルな大競争の時代に失われつつある。古都奈良にも海外からの観光客がかつてなくやってきている。中宮寺にもやってきているのであろう。しかし、この観音の微笑（アルカイック・スマイル）は観光のためにあるのではない。われわれ自身の精神を映すものなのである。

米民主主義の「現実」

産経新聞
2016年2月29日

アメリカ大統領ほど「世界」に対して影響を与える人物はいない。だから、大統領選挙が世界の注目を集めるのは当然であろうが、今回ほどとまどいと好奇心を持ってみられるケースもめったにない。トランプ氏という相当に個性的なキャラクターが登場したからである。

民主党のオバマ大統領の実績も評判もいまひとつなので、通常ならば共和党圧勝となるはずなのだが、その共和党の一番手がこのトランプ氏なのである。テレビ画面を通す限りでいえば、トランプ氏の大仰《おおぎょう》な身ぶりも過激な発言もあまり品の良くないパフォーマンスと映る。支持者の喝采とは裏腹に、多くの者がとまどいを覚えるのも当然ではあろう。実像はよくわからないが、昨年（2015年）評判になった本の題名を借りれば、「アメリカの反知性主義」の代表であるかに見えるし、そのように振る舞っている。だが、その強引で過激な「反知性主義」こそ、アメリカ社会のひとつの伝統であり、大衆の期待するところなのだ。

今日の世界を見渡せば、イスラム教スンニ派過激組織「イスラム国」（ＩＳ）のテロや中東の混乱、中国やロシアの覇権的な行動、欧州連合（ＥＵ）の危機、経済の不調といった具合で、どこをとっても不安定な光景が広がる。通常の話し合いによる国際的合意や寛容の精神によって事態が打開できるとも思われない。この現実に対する責任のかなりは、ブッシュ前大統領によるイラク戦争にあるのだが、アメリカ自身がこの失政によって反撃をくらっている。とてもではないが「正統派」の政治家ではだめだという意識が強い。そこにトランプ氏の「オレこそがアメリカを強くしてみせる」という断固たるパフォーマンスが支持される理由がある。

アメリカ民主主義はふたつの構造を持っている。ひとつは、全国規模で1年かけて大々的に行われる大統領選挙であり、もうひとつは上院・下院の議会である。大統領選挙は事実上の直接選挙に近く、議会はもちろん間接民主主義である。前者を「集会民主主義」、後者を「代表民主主義」といってよいであろう。議会は多くの場合、さまざまな利益団体や各種集団の代表からなる。だから相互の論議を通じた利害調整の面が強い。

一方、大統領は、広く国民全体の支持を集めなければならないので、一般的に国民受けをねらう。実際上は、人物の持つ魅力や指導力といった人的要素への人気投票の様相を帯びてくる。各地での党大会における大衆の拍手喝采そのものがパフォーマンスになる。そして、メディアを通じたパフォーマンスという大衆民主主義の様相は大統領選のたびごとに強まっているのである。トランプ現象のなかにわれわれはアメリカ民主主義の現実をみている。ここにあるのは理性的な討論などではなく、伝染性の情緒や勢いといった「反知性主義」そのものだが、しかし、それを民主主義の逸脱形態と呼ぶわけにはいかないのである。3月1日に前半の山場がやってくる。とまどいと好奇心はまだ当分、収まりそうにない。

米混迷、攪乱されぬ日本に

産経新聞
2016年5月9日

民主政治というものにさして信頼を置いていないものからすれば、米大統領選にからむトランプ現象はさして驚くほどのものではないであろう。とはいっても、かくも平然かつ公然と民主政治の大衆化あるいはデマゴーグ化が現前で繰り広げられると、あまり心中穏やかというわけにもいくまい。トランプ氏の勢いは止まらず、共和党大統領候補の指名獲得は確実になった。民主党はヒラリー・クリントン氏が選出されるであろうから、実際にトランプ氏が大統領に就任するかどうかは不明であるものの、このかくも盛大な騒動は、それ自体が重要な意味を持っている。それはただトランプ氏の強烈な個性によるというだけではなく、それを生み出し、支える米社会の深い混迷を示唆しているからである。しかもそのことは日本にとっても決して無縁ではないからだ。

人によっては、トランプ氏は大変に頭のよい現実感覚を持った人物であり、あの物議をかもす物言いも、実は計算ずくだ、という。その真偽は私にはわからないが、この人物の一貫したメッセージは明白で、米経済を立て直して「強いアメリカ」を再現する。そのためにはアメリカの得にならないことはしないというものである。移民政策やアジアへの関与はアメリカの得にならないならやめよという。

ここには、これまで米大統領が曲がりなりにも掲げてきた、自由や民主主義の理想、世界秩序の牽引者《けんいん》という理想はない。世界秩序の構築や、世界を民主化するなどという理想などかなぐり捨てて、アメリカの現実的利益を優先するというむき出しの「アメリカ中心主義」である。そして、もはや、自由主義の理想も民主主義の理念も多民族の共存という理想も語られない。そして、トランプ氏への支持とは、そのパフォーマンスは別にしても、この「アメリカ中心主義」への共感であろう。そこまで米社会の閉塞《へいそく》感が強まったともいえるし、この20年ほどのアメリカの世界への関与がもはやアメリカの利益には直結しない、という事情もある。確かに、自由・民主主義の世界化、安定した世界秩序の形成といった「理念」を取り払って、いわば本音をむき出しにすれば、米国内が不調なのに、なぜアメリカはアジアや中東に関与し、自由貿易の擁護者でなければならないのか、ということにもなろう。なぜ、アメリカがわざわざ日本を守る必要があるのか。いったい、TPP（環太平洋戦略的経済連携協定）は誰の得になるのか、という本音が出てくる。この本音が公然と政治的公開性を帯びて語られることとなったのである。

誰が大統領になるにせよ、米社会の混迷の深さをわれわれは知るべきである。日米同盟さえ維持すれば、日本の安全は保障される、という時代ではなくなりつつある。また、良好な対米関係を維持するためにTPPを実現するなどというわけにもいかない。不安定なアメリカの民主政治に攪乱《かくらん》されることのない日本独自の防衛や経済の循環構造を構想するよいチャンスでもあるのだ。

ポケモンGOは誇り?

ポケモンGOというゲームが大人気だそうだ。ひとごとのようだが、致し方ない。この手のゲームには疎い上に、そもそもスマホを持っていないので、興味の持ちようがないのである。ゲームの中でのモンスター探しがGPS機能を使って、現実の街路や公園などに転移しているということだそうで、要するに、バーチャルな世界がいつの間にかリアルな世界へとスライドするらしい。

というわけで、別にポケモン・ブームを論評するつもりもなく、またその資格もない。ただ、報道番組を見ていると、この開発には任天堂がきわめて重要な役割を果たしており（任天堂子会社とグーグル子会社の共同開発）、この日本発のアイデアが世界を席巻するのはたいへんに誇らしい、というようなコメントが流れてきた。私は、とっさに二十数年前のことを思い出した。ある英国人と話していたおり、日英両国の文化論になった。世界をリードできる国は文化力がなければならない、というような話である。そのとき、彼はこういった。「日本は大丈夫だよ。いまや、ウォークマン、ファミコン、カップヌードルが世界を制覇しつつあるからね。カラオケもね」と、いかにも皮肉そうにニタッと笑ったのである。

産経新聞
2016年8月8日

こちらもつい笑ってしまった。わざと「すごいだろう」といわんばかりに、ニタッと。

もちろん、ポケモンＧＯと二十数年前のこれらのアイテムを同列に扱うことはできないであろう。しかし、共通するのは、どこかゲーム的で、バーチャル的で、デリバティブ（派生的）な感が否めない。そして、確かに二十数年もたてば、それがリアルなものとなって定着してしまった。このバーチャリティーとリアリティーが交錯し、重なり合う世界にあっては、ポケモンは実に適切な居場所を見いだしたというべきかもしれない。

折しもＮＨＫの朝の連続ドラマ「とと姉ちゃん」で、戦後の焼け跡を舞台に、女性たちに希望を与えるべく雑誌を創刊する女性の話をやっている。「暮しの手帖」の創刊者がモデルだそうだ。ヒロインはいう。生きることに精いっぱいな時代だからこそ、この貧しい現実のただ中でも何とか可能なちょっといい「暮らし」を届けたいのだ、と。これもまた、雑誌のなかのバーチャルな「暮らし」なのである。しかし、そのバーチャルな「暮らし」がリアルな「暮らし」を支えることもある。バーチャリティーとリアリティーがこういう形で交錯し、人々に勇気を与えたのである。

焼け跡に作られた闇市のなかに、人々はさまざまな「宝物」を探し求めた。詐欺師もいただろうし、まっ正直なものもいたであろう。しかし、人々は必死で本物の「モンスター」を探していたのであろう。それから約70年が経過した。人々は実に気楽で無邪気にモンスターを探している。そのことに苦情を述べる気は毛頭ないが、しかしまた、それを、無条件で日本の技術の進歩や日本の誇りというには抵抗を感じるのである。

大隅さんの危惧

産経新聞
2016年10月24日

今年（2016年）のノーベル生理学・医学賞に大隅良典《おおすみよしのり》さんが決まった。このところ日本人の、とりわけ生理学・医学や物理学の分野での受賞が目を引く。もともと地道で基礎的な自然科学の分野は日本の得意とするところではあったのだが、その大隅さんが、近年のわが国の大学を中心とした研究環境に対して苦言を呈し、話題となっている。

端的にいえば、近年、すぐに企業や社会で役に立つ短期的な成果ばかりが追求され、それが可能な分野やグループにもっぱら資金が流れてゆく。逆に、時間のかかる、しかも、その成果が確実には目に見えにくい基礎研究が軽視されている。これは長期的にみた場合、日本の科学研究にとって危惧すべき事態である、といった趣旨のことだ。

まったくその通りで、大学にいる多くの研究者はずっとそう感じていただろうし、その種の発言もなされていた。しかも、大学の研究者（特に若い人）は時として、この競争的資金獲得の営業マンさながらの仕事に忙殺されるという事態になる。

残念ながらそこらの研究者がいくら声をあげてもほとんど無視されるところが、ノーベル賞学者の意見となると政府もジャーナリズムもそれなりに反応するというのが、さびしいところではある。が、ともあれ、これを機に、学術研究の過度の短期的成果主義、社会的有用性への偏り、競争的資金獲得への、のめり込み、など根本的な改善にいたれば結構なことである。

しかし、改善されるためには、学術的な知識や大学という場の意味について、一定の共通了解が社会的になければならない。特に、社会科学や人文科学のようないわゆる文系の学問は、短期的成果主義や社会的有用性に直結するものではない。私も長年大学にいたので、大学の自治やら研究の自由やらを隠れみのに、あまりに世間からズレてしまった誇り高い研究者や、個人的な信条やイデオロギーを客観的学問であるかのように偽装して権威づける、という研究者にはいやというほどお目にかかってきた。だから、決して、大学は社会からできるだけ距離を置くべきだという気はない。それでも、この十数年に生じた「社会の役に立たねば研究にあらず」といわんばかりの風潮は、学問のあり方を根本から壊してしまいかねない。

人文・社会科学についていえば、その基本的な意義は、それぞれの専門を通して、人間の本質は何かと問い、現実社会のあり方について疑問を呈し、そのことによって、人間や社会に関するものの見方を論じ、また深めるところにある。唯一の正解など存在しないし、社会に役に立つ技術など存在しない。

こうした学術に短期的成果主義など、およそ似つかわしくないのである。研究の自由を口実に世間からズレてしまった研究者を排除し、学問の効率を高めるために成果主義を導入するのはあまりに危険である。それはただ職業的な倫理やエートス（個人の資質）に任せるほかないのだ。それくらいのことは共通了解にしてもよいのではなかろうか。

ポピュリズム 何が危険？

産経新聞
2017年1月16日

この20日に正式に米国でトランプ大統領が誕生する。事前にトランプ大統領の誕生を強く危惧し、ヒラリー・クリントン氏の勝利を予測していた大方のマスメディアは、トランプ氏の当選をポピュリズムに帰して納得しようとしている。製造業の失速で職を失った白人労働者層の怒りを巧みに票に結び付けるという戦略が成功したというのである。この場合の、ポピュリズムとは、実際にはできもしない大衆受けする政策を並べ、また大衆の情緒を刺激する文句を並べたてて、大衆の歓心を買うということである。この「大衆迎合主義」は危険だという。

このことに反対ではないのだが、都合の悪い政治現象をただポピュリズムのレッテルを貼っておしまいにするのでは、本当に大事なことが見えてこない。

米国でポピュリズムという言葉の歴史的な展開は、1890年代に成立した通称「ポピュリスト・パーティー」、すなわち「人民党」あたりにあるのだろう。西部フロンティア消滅のせいで農産物が安価となって生活が困窮した農民が中心となり、中央のエリートを批判して人民の生活の防衛を訴えた。それが「人民党」である。だから、もともとの「ポピュリズム」とは「大衆迎合」ではなく「人民主義」なのであった。

言葉とは便利なような不便なようなもので、ポピュリズムという言葉は、「大衆迎合主義」ともいえるし「人民主義」ともいえるのだ。しかし両者ではかなり意味合いが異なってくる。両者の区別についてより正確を期するのなら「大衆迎合主義」を「ポピュラーリズム」、つまり「人気主義」と呼んだ方がよいと思うが、逆にいえば「ポピュリズム」の語が大衆迎合主義と人民主義の両方を意味するということはかなり面白くも、また重要な問題をはらんでいる。

国民主権や人民主権にぴったり対応する英語は見当たらないのだが、多くの場合「ポピュラー・ソビリニティ」とされる。だから、「ポピュリズム」は、ほとんど「人民主権」を示す言葉でもあるのだ。人民の求めるものが政治によって実現する、ということで、これは「人民に評判のよい政治」である。そして、「ポピュラー」とは「一般に評判のよい」という意味を含んでいる。それは言いけえれば「大衆迎合」にもなる。

こうなると、「ポピュリズムは危険でけしからん」などと簡単に決めつけるわけにはいかなくなる。いや、確かに、それは危険なのだが、そのことの意味をもっと正確に理解しなければならない。ポピュリズムの語が、一方でほとんど「人民主権」を指すと同時に、他方では「大衆迎合主義」を意味する、ということは、実は民主主義の本質を示しているからである。

民主主義とは、多数の人民に支持される政治であるから、それが「大衆の評判」の獲得を目的にするのは当然であろう。つまり大衆迎合主義は、もともと民主政治の本質である、とまずは理解しておかねばならない。皮肉を込めていえば、米国はやはり民主主義の本場なのである。

西洋文明の拡大と没落

産経新聞
2017年３月13日

今から１００年前、世界は第１次大戦の最終段階に入ろうとしていた。この戦争は、ヨーロッパにとっては、第２次大戦と比較しても劣らない凄惨《せいさん》で絶望的な戦争であった。このようなただれた気分のなかで、ちょうど１００年前にオスヴァルト・シュペングラーの『西洋の没落』（第1巻）は書かれた（出版は１９１８年）。エジプト文明やギリシャ・ローマ文明とヨーロッパ文明を比較しつつ、ヨーロッパ文明の没落を予言するというこの闊達《かったつ》かつ膨大な内容の書物が、当時、大きな評判を得たのは、いうまでもなく、第１次大戦が、多くの人々に対して、まさにヨーロッパの没落を暗示したからであろう。

この書物の基本的な主張は、ヨーロッパ文化が生み出したさまざまな成果は、いずれ、世界的な文明になってゆく。するとその文明はすべてを形式化して本当の意味での生命力を失い、やがては衰退してゆくという。ヨーロッパが生み出した科学は、確かに世界化して、統計処理や事実の調査と組み合わされて実証科学になった。しかし、20世紀後半以降、ヨーロッパからは新しく驚くような学術は出てこない。ヨーロッパが作り出した民族国家は今日、大衆社会化し、国境は低くなり、国家はうまくいっていない。それが顕著なのは、まさに「ヨーロッパ自身」（EU＝欧州連合）なのである。

とりわけシュペングラーが重視するのは、経済の中心に「貨幣」が居座り、金融的な権力が世界化する、という点だった。もちろん、資本主義と呼ばれる経済活動を生み出したのはヨーロッパであるが、今日それは世界化し、いわゆるグローバル経済になった。その中心にあるのは貨幣（金融）であって、農業も産業も、すべてが、貨幣の形式（金融の取引）によって動かされてゆく。簡単にいえば、西洋は、確かに高度な文明を作り、それを世界化した。しかしそのことによって西洋は没落する、ということである。

１００年たって、この予言は、どうやら真実味を帯びてきている。西洋が生み出した科学も、大衆社会も大都市も、そして市場経済も、いまやグローバルな規模にまで拡大した。しかし、そのことが、人々の安定した生活や、道徳や人生上の価値観などを与える地域（コミュニティ）を崩壊させている。「大地」や「故郷」などという言葉は死語ではないにしてもめったに使われなくなった。金融はグローバルな市場を飛びまわって経済を攪乱《かくらん》している。移民の群れが国家を動揺させている。

そのことに不安を持つ大衆は、たとえばアメリカでトランプ氏を大統領の地位につけ、ヨーロッパでは移民排斥派のナショナリズムを舞台に上げようとしている。ヨーロッパが切り開いた近代文明が、あちこちでほころび、「没落」の様相を見せている。このような文明的な観点において、われわれはどこに腰をすえ、国の行く末をどう見通すかという議論がなければならないのではなかろうか。

正論のススメ

マクロン氏、勝利したが

産経新聞
2017年5月15日

欧州を特徴づけて「多なるものの一」といわれる。それぞれ異なった多様な国が、その多様性を保持し、政治的主権を持ったまま、ひとつの欧州を作っている、ということだ。もちろん「多」と「一」とのバランスを取ることは容易ではない。1990年代に始まったEU（欧州連合）の壮大な実験は、「多」を前提としつつも、「一」の方へ大きくバランスを傾けるものであった。そして25年ほど経過して、EUがうまくいっているとは誰もいわないだろう。

先日の仏大統領選は、EU派のマクロン氏が反EU派のルペン氏を破って、フランスのEU離脱はさし当たって回避された。マクロン氏の勝利に、日本の大方のマスメディアも安堵《あんど》し、株式市場はこれを好感して一気に値をあげた。何とか、排外主義の極右の台頭を食い止めたというわけである。

しかし、本当は安堵している場合ではないだろう。ルペン氏の「国民戦線」がかくも大きな支持を得、政治の中心に躍り出たこと自体が重要な意味を持っている。また、39歳の政治的キャリアが長くはない人物にこの国の将来を託するほかない、ということ自体が、今日のフランス社会の閉塞《へいそく》を示している。

しかも、マクロン氏が大統領になったからといって、ＥＵを動揺させている事態には何ら変化もないのである。

ＥＵの動揺をもたらしたものは何か。それは市場も通貨も「一」なるものにした。しかし、国の間の、地域の間の「多」の方はそのまま残る。いや、「多」が多様なままで共存できればよいのだが、この「多」が生活や雇用の格差を生み出した。「多」ではなく「差」になったわけである。これでは「差」において分の悪い国や階層や地域の人々はおもしろくない。そこへ、イスラム系の移民が押し寄せてくるという事態が発生するに及んで、人道主義を掲げてイスラム系移民を排除できないＥＵへの不満が爆発寸前になったというわけである。

これは、決して理解不能な事態ではない。民主主義はポピュリズムに陥っているなどといっても意味はない。問題は、グローバリズムによって徹底して「一」へと統合したはずの経済と、「多」を前提としている各主権国家の民主政治の間のバランスが取れないのである。グローバル競争が生み出す格差や経済の不安定が、民主主義を通して、それぞれの国の政治へ跳ね返ってくる。それは英国をＥＵ離脱に追い込み、米国ではトランプ氏を大統領にした。当然、グローバル競争の真っただ中にいる日本も同じ問題に直面しているはずなのである。

わが国会では、野党はいまだに森友学園問題を持ち出し、しばしばメディアも同調している。現状でいえば、問題にすらならない出来事である。これに費やす時間があれば、少しでもルペン氏の登場の意味について論議をしたらどうなのか。その方がはるかに意義深いだろう。マクロン氏の勝利はＥＵ危機をただ先延ばしにしただけにすぎないからである。

フェイクと民主政治

産経新聞
2017年7月10日

「フェイク（偽装）ニュース」という言葉はトランプ米大統領によって世界中に拡散したようだが、確かに今日の民主社会の様相を見事に言い表している。従来メディアは、「政府は本当のことを言わない」「政府は何かを隠している」などといってきた。これはメディアの政権批判の常套《じょうとう》であった。しかし、トランプ大統領は「メディアは本当のことを述べない」といい出した。それも、宴席や小さな会合でいうならともかく、まさにそのメディアを通して白昼堂々と大声でいい放った。

米国がそんな調子だから何事も米国追従型のわが国で似たようなことが起きるのも当然であろう。いや、実は、ありとあらゆる情報が「フェイクニュース」の可能性を排除できないということは今日の情報民主主義社会の本質ともいえよう。

加計学園の問題は現時点での情報だけからすれば、連日、メディアが大騒ぎするほどの大問題だとは私には思われない。内閣のなかで何があったのか、文科省のなかでどういう経緯があったのか、私にはわからないが、おおよその推察はできる。

安倍晋三首相は「特区の獣医学部新設、急いで進めてくれ」程度のことはいったかもしれないし、内閣官房は首相の「意をくんだ」か「威を借りた」つもりで、文科省に伝えたかもしれないし、文科省では内部で話を通すために「上からの要請だ」ということぐらいはあったかもしれない。むろん違うかもしれない。真相はわからないし、わかりようもないであろう。だから、「事実を明らかにせよ」と叫んでもあまり意味はない。この場合、「事実」とは何なのか、それさえはっきりしない。周囲の反対を押し切って誰かが強引に権限を乱用して無理を押し通したなどということではないのである。どこまでいっても客観的な事実など出てこないであろう。ところが、メディアは「事実を明らかにせよ」といい、事実が出てこなければ「政府は事実を隠蔽《いんぺい》している」という。政府はフェイクをしている、という。

私は、この問題で、政府の側に言い分がある、といっているわけではまったくないし、トランプ大統領が正しいといっているわけでもないが、そもそも「事実」がどこにあるのかわからないような問題において、「事実が明らかにならないから、政府は何かを隠蔽しようとしている」といってもこれまたフェイクになってしまうといいたいのだ。とすれば、この問題を過度に重視するメディアは政府を批判するためにフェイクに肩入れしていることになろう。

われわれは、いま、こういう厄介な時代に生きている。事実を突きあわせて白黒判定するという時代ではない。東京都の市場移転問題にしても何が「事実」かなど確定できない。フェイクであろうとなかろうと、もっともらしく見せて大衆の支持を得、世論に影響を与えることができればよいという時代なのである。しかし、それこそが実は、民主政治の本質であることを知らなければならないだろう。

正論のススメ

今も昔も変わらぬ「死」

産経新聞
2017年9月10日

今年（2017年）の夏は暑かった。その最中に奈良の国立博物館で開催されている源信展を見に行った。今年でちょうど千年忌だそうである。浄土教の基礎を作り、『往生要集』の著者として知られる源信ではあるが、それほどファンがいるとも思えない。が、この暑い中、多くの人が詰めかけていた。中国人の観光客らしき人も多数きている。ただの一時的な仏教ブームなのか、もう少し深い意味があるのか、よくわからない。しかし、『往生要集』の著者にこれほど関心が集まるのもまた、人々がどこかで「死」もしくは「死に方」を気にかけているからかもしれない。

インド仏教には地獄というものはあるが、それと対比した極楽という観念はなかったようで、わが国で地獄と極楽が対比されるようになったのは、源信のおかげだとされる。彼はこの穢《けが》れた末法の世ではただただ念仏によってのみ人は救われる、という。念仏によって、この穢れた世を離れ、浄土を求めるという厭離穢土《おんりえど》、欣求浄土《ごんぐじょうど》を説いた。そして、その穢れた迷いの領域の代表が地獄であった。展覧会では、前半の第1室で、この時期に描かれた多くの地獄図などを展示し、後半の第2室で極楽浄土と来迎図を展示することで、なかなか見事な対比を浮き上がらせていた。第1室の地獄絵を見てのいささか重苦しい気分が第2室の極楽や来迎図に出会うと、妙に爽快な気分になる、というわけである。

平安期に生きた人々が、日常のなかでわれわれよりもはるかに死に近い場所にいたことは容易に想像できる。病気、事故、争い、その他さまざまな要因が人々を死に追いやったであろう。それを因果応報で解釈した人々は、苦痛や悲惨な死の原因を前世の行為のせいにした。それを未来へ延長すると、現世でよからぬ行いをしたものは来世で因果に苦しめられる。それを地獄を代表とする六道で表現した。地獄に落ちるのが恐ろしいならば、この世で善行を積むほかない。悪行をすれば、念仏にすがるほかない。そうすれば、死に直面して仏の来迎を得るだろう、というわけである。

平安の人々がこういう思想を本当に信じていたのかどうかは別として、死の恐怖や、死の不可思議さは今も昔も変わるまい。どのように生きれば安らかな死を迎えることができるか、という「欣求浄土」の思想は、今も昔もさほど違わないように見える。源信が描いた地獄は、あの世のものではなく、欲に取りつかれた人間がまさしくこの世で陥る姿なのだ。

あと20年もすれば、日本社会ではほぼ3人に1人が高齢者になる、という。行き場を失う老人が多数出現するという。しかも医療は、人を容易には死なせてくれない。尊厳死も安楽死も容易ではない。源信から1000年たって、医療は発展し寿命は驚くほど伸びたが、現代にみあった死生観の方はいっこうに現れてこない。地獄も信じない代わりに極楽も信じられない現代人は、生を快楽に委ねたあげく、死を前にして戸惑うばかりなのである。

「排除の論理」の帰結

産経新聞
2017年10月29日

選挙とは面白いものである。安倍晋三首相の唐突な解散から始まった今回の選挙は、さしたる政策論争もなく、あまり意味ある選挙だとは私は思っていなかった。しかし、面白い選挙ではあった。面白くしてくれたのは、小池百合子氏の稀代のパフォーマンスから始まって、立憲民主党が大躍進するという大逆転の一連の流れである。選挙が面白いというのは不謹慎な言い方ではあろう。だが、この選挙を一時的であれ盛り上げたのは小池氏の演出になる「小池劇場」だったことを思えば、そういっても差し支えあるまい。

私にとって興味深かったのは一時は、自民党の過半数を脅かすとまでいわれた希望の党が、小池氏の例の「排除の論理」発言によって一気に失速し、「排除」された人たちへと票が流れるという、その変化である。「排除の論理」そのものは別におかしなことではない。小池氏からすれば、憲法問題などで見解を異にする民進党リベラル派と組むわけにはいかないということは、政党である以上、当然である。ある人たちを「排除」するのは当たり前であろう。にもかかわらず、それを「排除」と表現した点に決定的な失敗があった。せめて「お断りしたい」程度なら問題はなかったろうし、あるいは得意の英語で排除を意味する「エクスクルージョンさせていただく」ぐらいだったらまだましだったかもしれない。上から目線の「排除」とは何様だ、というわけである。

その結果、「排除」されてしょげ返っていた民進党リベラル派の人たちが、筋を貫いただの、志を曲げなかっただのと持ち上げられ、にわかに人気集団になってしまった。実は、彼らは、いってみれば小池氏に騙《だま》され、前原誠司・民進党代表にも騙され、路頭にほうり出されたところだったのである。もっとも、「騙され」というと騙した方が悪いようだが、希望の党への合流を決めた民進党の両院議員総会でも、誰も前原氏に強い反対もしなかった。本来なら、大荒れになって、前原氏に不信任をたたきつけても不思議ではないにもかかわらず、である。大半が、希望の党に入れてもらえると思っていたのだ。

この茶番から出た偶然の躍進を、何も筋を通したという必要はないが、それよりも、この舞台の急展開を作り出したものは、ここでもまた大衆の情緒（マス・センティメント）だった、という点は無視できない。いや、大衆というにはいささか規模は小さいのだが、それでもここに「判官びいき」の心情が生まれ、同情票が集まったことは疑いえないだろう。

一方の小池氏は、インテリ国際派の装いを持って古い日本を変える、日本的なしがらみを排する、といってきた。この小池氏が不用意に発した一言が、いかにも日本人的な情緒をたたき起こしてしまったのである。大衆の情緒を見事につかむポピュリストといわれた小池氏が、ポピュリズムによってしっぺ返しを食った、ということである。かほどに、ポピュリズムは恐ろしいものなのである。

「人づくり革命」から抜け落ちたもの

産経新聞
2017年12月18日

「人づくり革命」なる壮大な政策を政府は打ち出している。果たして「人づくり」が「革命」なのかという、言葉尻を捉えた皮肉をいう気はないのだけれど、幼児教育の無償化や低所得層の高等教育無償化がその内容だとすると、少し拍子抜けの感がある。武田信玄ではないが、私も「人は城」だと思っているので、将来の日本の立国においても、「人」の育成はまことに大切だと思う。特に、かなりレベルの高い技術力や知的な好奇心や倫理性、社会性を持った「人」が、日本という国家における大きな財産であり、また（こういう言い方はあまり好きではないが）資本である国はめったにない。「人」を育成することは重要なことである。そのことに間違いはないだろう。

しかし、保育所の無償化はともかく、幼児教育の無償化とは何を意味しているのか。いやそれよりも、大学教育の無償化の方向は何を意味しているのか。私にはよくわからない。

確かに、今日の経済格差のせいで大学に入学できない、やる気も能力も持った若者がいることまで否定する気はないし、何らかの救済策は必要であろうが、一般論としていえば、今日の大学生の平均的なレベルの知的好奇心や教養レベルの低下は著しい。進学率を上げることによって、定員割れの大学の救済にはなるかもしれないが、一部の大学を除いて、多くの大学ではますます学生の知的なレベルは低下するであろう。学生を集めるためにすっかり商業主義に組み込まれ、少し好奇心を刺激する新奇な学部を増設したり、やたら学生の面倒見をよくして就職率を高めるというのが、今日の多くの大学の実像である。これでは、いくら大学進学率を上げても「高い技術力」や「高度な知的好奇心」や「高い倫理性や社会性」を持った大学生が輩出されるとは思えない。むしろその逆になりかねない。

問題は、むしろ、今回の「人づくり革命」ではすっぽりと抜け落ちてしまった部分にあるように思う。それは幼児教育でもなく高等教育でもなく、その中間にある初、中等教育である。とりわけ、小中学の義務教育である。「知的な好奇心」や「倫理性や社会性」の基礎は、おおよそこの段階で作られる。だからこそ義務教育になっているのであり、本当の「人づくり」はまずはこちらにある。ところが、かなり多くの公立の小中学校の置かれた状態は、教育現場とは思えないほどに惨憺《さんたん》たる状態であり、深刻なものである。

超過労働などという言葉では済ませられないほどの教員の度をはずれた過剰負担は、近年、ようやく問題になってきた。「部活」という本来は「付録」である課外活動が教員の本職を圧迫するという実態も明らかになってきた。崩壊してしまった家族に代わって「生徒指導」もしなければならない。これでは「人づくり」などできるわけもない。ほとんど「バラマキ」に近いような教育無償化よりも、まずは、義務教育の実態を明らかにし、対策を講じる。そちらの「人づくり革命」の方は急務ではないのだろうか。

西部さんの不動の精神

産経新聞
2018年1月29日

去る21日、西部《にしべ》邁《すすむ》さんが逝去された。以前より自死の可能性を公言されていたので、一報を聞いても強い驚きはなかったが、私にはひとつの時代が終わったという実感が襲ってくる。自裁死というそのやり方について戸惑いもあるかもしれない。しかし、西部さんほど、徹底して物事を考え抜き、自らを意思の統率のもとに置こうとした人はまずいない。その人があらゆる可能性を排除した後で選択した結論であった。その激しい生き方の至極当然の選択であったように私には思われる。

西部さんというと、決まって「保守の論客」として紹介される。しかし、西部さんの唱えた保守とは何か、いったいどれぐらいの人がわかっているのであろうか。親米保守と対立する反米保守だの、左翼からの転向であるなどという党派的なおしゃべりは西部さんの保守とはほとんど何の関係もない。

私が初めて西部さんに出会ったのは、40年以上前、まだ大学院生だったころである。その時、経済学者として東大に赴任してこられた西部さんとは、毎週夜を徹して議論するという極めて濃密な時間を持っていた。その時間の大半を使って西部さんが、われわれに向かって話されたのは、いわば生きる上での基本的な価値観、つまり生の信条であり、精神の覚悟であった。時と場合をわきまえた会話、しゃべり方、そしてそこに現れてくるその人の生きざま、それこそがすべてである。この社交の場で、西部さんが最も大事にしたのは、言葉であり、誠実さであり、礼節であり、勇気であった。どんなにくだけた酒場の社交においても西部さんは常に真剣な会話を求めたし、ご本人もそれに徹しておられた。逆に、西部さんが最も嫌ったのは、無礼であり、虚飾であり、独善的な自己陶酔であり、不誠実な物言いであった。

この基本的な態度は死の直前まで全く変わることはなかった。西部さんの保守主義とはこの種の精神の産物であり、この種のモラリズムを根底に持つものなのである。だから彼はことさら言葉遣いには敏感であり、楽しくも意味のある会話こそが保守の神髄だと考えていた。なぜなら言葉こそは伝統そのものであり、まともな言論とはそこに伏在するコモンセンスからしか出てこないからである。西部さんの極めて厳しい大衆社会批判も、煎じ詰めれば、それが意味ある会話という伝統を破壊するからであり、またその知識人批判も、知識人こそが、言葉と論理に対して誠実であること、つまり伝統を大切にするはずの存在だったからである。

私がお会いしたときから、西部さんは不動の人であり、確固たる人であった。しかし、時代は大きく変わりゆく。もうすぐ平成も終わる。西部さんは戦中の生まれである。このような真の知識人を今日の日本が生み出すとはもう思えない。私のような平凡な人間には、ささやかながら、西部さんの意を次の世代に伝えることしかできないが、それで多少なりとも故人の恩義に報えればと思う。

正論のスススメ

日のシャドウの中で

産経新聞
2018年3月26日

このコラムは、今回でひと区切りにしたい。数年前まで、日本はデフレを伴った長期的停滞に陥り、政治は混迷をきわめていた。「日の蔭りの中で」という表題は、そのような日本の状態を暗示する意味もあったが、それは日本だけのことではなく、イスラムと欧米の対立、ロシアの強国化や中国の大国化のなかで方向を見失った世界を暗示する意味もあった。

そして今日の状況はどうであろうか。われわれは未だに「日の蔭りの中」にいるのだろうか。それとも日向《ひなた》に出ているのであろうか。実は、この表題は、100年ほど前に活躍した文明批評家であり歴史家であるホイジンガの『朝の影のなかに』という書物からとったものである。先ごろ逝去された西部邁《にしべすすむ》氏は、このタイトルを「朝の気配（シャドウ）のなかで」と訳されておられた。確かに英語の「シャドウ」には「蔭り」のほかに「気配」という意味もある。で、われわれはいま、どちらの「シャドウ」にいるのだろうか。

今日、日本経済は戦後2番目の長期的景気回復とやらで企業業績もきわめて良好である。株価も数年前より2倍以上値を上げており、日本は「日の蔭り」どころか「日の気配」のなかに入りつつあるようにも見える。しかし、世界を見れば話はそれほど簡単ではない。プーチンのロシアも習近平の中国も強権的な指導者のもとで強国化の道を突き進み、ＥＵの政治舞台には再び極右政党が進出しつつある。そして、世界秩序の保護者であったはずのアメリカではトランプが操縦台に乗っかっている。今日、われわれは「グローバリズム」という巨大な船のなかで、誰が操縦桿《かん》を握るかという主導権争いによってまったく方向を見失っている。

ちょうど１００年前のドイツで、シュペングラーの『西洋の没落』が出版された。第１次大戦のさなか、まさにヨーロッパが崩壊する時代であった。シュペングラーが述べた「没落」とは西洋が切り開いたいわゆる近代文明についてである。高度な科学や思想を生み出し、産業を作り出し、優れた政治体制を生み出した西洋文明は、アメリカを軸にした世界化（グローバル化）を図るにつれて「没落」してゆく、というのである。自由や民主主義は形だけのものとなり、実際的応用だけを目的とする技術主義が席巻し、形式的な論理や貨幣的な計算が支配するようになるというわけである。

驚くべきことに、１００年を経過して、世界はおおよそこの方向に向かっているようにみえる。近代文明の根幹が徐々に腐食し出しているといってもよい。日本においてもそうである。われわれは、ともかくも経済成長を目指し、技術革新を急ぎ、明日は今日より豊かでなければならない、という強迫観念に縛られてきたのではなかろうか。近代文明が限界までできた時代には、この文明を無理に先に進めるよりも立ち止まって伝統的な知恵や精神を掘りおこす方が大事ではないのか。真夏の日差しを避ける「シャドウ（蔭り）」にも快適さはあることも忘れてはならない。

あとがき

世の中では、左翼でなければ右翼、右翼でなければ左翼ということになっている。思想的、あるいは政治的な発言はたいていこのいずれかに振りわけられる。そこからさらに、リベラルは左翼、保守は右翼とされ、新聞でいえば朝日と産経がそれぞれを代表するとされる。この真ん中に一線が引かれて、それぞれ犬と猿の状態にある。

確かに、世の中、複雑になればなるほど、人はわかりやすい白黒論法を使いたがり、白が正しければ黒は間違い、黒が本当なら白はいんちきだという。しかし、複雑な世界では、実は山ほどの灰色があり、また灰色にも濃淡さまざまあり、それを仕分けすることこそが実は大事なことなのではなかろうか。

私は、自分でも保守の立場にたつと自認してきたし、誰かに紹介される時にも、「保守の論客」などと、ありがたくも畏れ多い言葉を頂戴することが多い。そのせいであろうが、ずっと以前から、私は、産経新聞の「正論」欄に書いてきたし、この十年は同紙に「日の蔭りの中で」と題する連載コラムを書いてきた。そのことを別に不思議がる友人、知人もいなかった。

ところが、三年ほど前に朝日新聞の記者がやってきて、月一回、朝日のオピニオン欄に論評を寄せてもらいたい、という。しかも記者さんはいう。「佐伯さんが朝日と立場を異にしていることは重々承知である。だから頼みに来たのだ。朝日の通常の論調（リベラル的論調）とは違ったものを書いてもらいたいのだ」と。

当時、朝日新聞は、従軍慰安婦問題の失策で信用を失い、しかも、民主党政権の失敗などで、いわゆるリベラル派はすっかり意気消沈していた。このような状況にあったから、一瞬、私は「朝日もあざといな」とも思った。しかし、それよりも、敵地に乗り込んで、というほど大げさなものでもないが、いわばアウェイで試合するのも面白い、という好奇心の方がまさっていた。

実際には、すでに以前から、私のもとには産経の記者だけではなく、朝日の若い記者たちもよくやってきて、いろいろと議論したりしていた。そんなことはもう三十年近く続いていたのである。だから、世間でいうような、朝日＝左翼、産経＝右翼、そして両者は水と油などという白黒図式にはかなり違和感を持っていた。もう、こんな簡単な図式で割り切れる時代でもないし、思想的対立ならともかく、感情的、イデロオギー的対立ばかりではどうにもならない、とも思っていた。それよりも、右でも左でもない、あるいは、部分的には右でも左でもある本当の「保守」の立場にたって、産経であろうと朝日であろうと、社会評論をやる方が、今日、はるかに重要なのではなかろうか、と思ったのである。

同じようなことを考えている人はいるもので、昨年の末だったか、私の本の装丁を手掛けてもらっているブック・デザイナーの芦澤泰偉さんが、突然、産経のコラムと朝日のコラムを合わせて本にしたら面白い、と言い出した。つい「それもそうだな」と答えた時、本書はすでに動き出していた。朝日のコラムと産経のコラムでは、少し性格が違う。朝日のコラムは、あくまでオピニオン欄の「論説」である。産経の方は、いわば肩の力を抜いた一種のエッセイ風評論である。だからどうしても朝日の方が説明的になっている。他方、産経のコラムはできるだけ平易に書くことを意識していた。しかし、私の基本的な立場は同じであって、両者をまとめて読んでもらうのもまた面白かろうと思う。

こうして、産経の「正論」(「日の蔭りの中で」)と朝日の「異論」(異論のススメ)を合わせ一書にすることにした。そしてそれを、もともとアウトドア・グッズの販売大手であるA&Fの会長、赤津孝夫さんが出版したいと申しでられた。まったく思いもかけない展開であった。

本書は、このほぼ十年の日本社会の動向を、「保守」の立場から論じたものである。時計の針がやたらと早く進む昨今の日本で、この十年、何があったのかを改めて思い起こしてもらいたいとも思うし、また、それは、私なりの「保守」が審判にかけられることでもあろう。最後に編集にあたっていただいた今井章博さんにも感謝の意を伝えたい。

平成30年10月31日

佐伯啓思

佐伯啓思 さえき・けいし

1949年奈良市に生まれる、1972年東京大学経済学部卒業、1979年東京大学大学院経済学研究科博士課程単位取得退学、1979年広島修道大学商学部講師、1981年滋賀大学経済学部助教授、1985年サントリー学芸賞、1993年京都大学総合人間学部教授、1994年東畑記念賞、1997年読売論壇賞、1997年京都大学大学院人間・環境学研究科教授、2007年産経正論大賞、2015年京都大学同研究科退官、2015年京都大学名誉教授、2015年京都大学こころの未来研究センター特任教授。

【著作】『死と生』（新潮新書 2018年）『「脱」戦後のすすめ』（中公新書ラクレ 2017年）『経済成長主義への訣別』（新潮選書 2017年）『さらば、民主主義』（朝日新書 2017年）『反·民主主義論』（新潮新書 2016年）『大転換』（中公文庫 2016年）『さらば、資本主義』（新潮新書 2015年）『従属国家論』（PHP新書 2015年）『日本の愛国心』（中公文庫 2015年）『20世紀とは何だったのか』（PHP文庫 2014年）『西欧近代を問い直す』（PHP文庫 2014年）『「アメリカニズム」の終焉』（中公文庫 2014年）『アダム・スミスの誤算』（中公文庫 2014年）『ケインズの予言』（中公文庫 2014年）『西田幾多郎』（新潮新書 2014年）『正義の偽装』（新潮新書 2014年）『日本の宿命』（新潮新書 2013年）『反・幸福論』（新潮新書 2012年）『貨幣と欲望』（ちくま学芸文庫 2013年）『経済学の犯罪』（講談社現代新書 2012年）『現代文明論講義』（ちくま新書 2011年）『日本という「価値」』（NTT出版 2010年）など。

初出
異論のススメ　「異論のススメ」朝日新聞２０１５年４月３日～２０１８年８月３日
正論のススメ　「日の蔭りの中で」産経新聞２００９年４月28日～２０１８年３月26日

A&F

異論のススメ 正論のススメ

2018 年 11 月 30 日　初版発行

著者
佐伯啓思

発行者
赤津孝夫

発行所
株式会社 エイアンドエフ
〒 160-0022　東京都新宿区新宿 6 丁目 27 番地 56 号　新宿スクエア
出版部 電話 03-4578-8885

装幀
芦澤泰偉

本文デザイン
児崎雅淑（芦澤泰偉事務所）

編集
今井章博

印刷・製本
中央精版印刷株式会社

Published by A&F Corporation
Printed in Japan
ISBN978-4-909355-07-2　C0030